方李邦琴北京大学人文学科文库出版基金赞助

本书为教育部人文社会科学研究一般项目"过渡性理论观照下的俄语语法研究"的研究成果
（项目编号：13YJA740085）

北大外国语言学研究丛书

过渡性理论观照下的俄语语法研究

The Transitional Phenomena in the Grammar of the Russian Language

周海燕 著

北京大学出版社
PEKING UNIVERSITY PRESS

图书在版编目（CIP）数据

过渡性理论观照下的俄语语法研究 / 周海燕著. — 北京：北京大学出版社，2021.2
（北京大学人文学科文库. 北大外国语言学研究丛书）
ISBN 978-7-301-31965-9

Ⅰ.①过… Ⅱ.①周… Ⅲ.①俄语–语法–研究 Ⅳ.①H354

中国版本图书馆CIP数据核字（2021）第015465号

书　　　名	过渡性理论观照下的俄语语法研究 GUODUXING LILUN GUANZHAO XIA DE EYU YUFA YANJIU
著作责任者	周海燕　著
责 任 编 辑	李　哲
标 准 书 号	ISBN 978-7-301-31965-9
出 版 发 行	北京大学出版社
地　　　址	北京市海淀区成府路205号　100871
网　　　址	http://www.pup.cn　　新浪微博：@北京大学出版社
电 子 信 箱	pup_russian@163.com
电　　　话	邮购部010-62752015　发行部010-62750672　编辑部010-62759634
印 刷 者	大厂回族自治县彩虹印刷有限公司
经 销 者	新华书店
	650毫米×980毫米　16开本　15.75印张　260千字 2021年2月第1版　2021年2月第1次印刷
定　　　价	65.00元

未经许可，不得以任何方式复制或抄袭本书之部分或全部内容。
版权所有，侵权必究
举报电话：010-62752024　电子信箱：fd@pup.pku.edu.cn
图书如有印装质量问题，请与出版部联系，电话：010-62756370

总 序

袁行霈

人文学科是北京大学的传统优势学科。早在京师大学堂建立之初,就设立了经学科、文学科,预科学生必须在五种外语中选修一种。京师大学堂于1912年改为现名,1917年,蔡元培先生出任北京大学校长,他"循思想自由原则,取兼容并包主义",促进了思想解放和学术繁荣。1921年北大成立了四个全校性的研究所,下设自然科学、社会科学、国学和外国文学四门,人文学科仍然居于重要地位,广受社会的关注。这个传统一直沿袭下来,中华人民共和国成立后,1952年北京大学与清华大学、燕京大学三校的文、理科合并为现在的北京大学,大师云集,人文荟萃,成果斐然。改革开放后,北京大学的历史翻开了新的一页。

近十几年来,人文学科在学科建设、人才培养、师资队伍建设、教学科研等各方面改善了条件,取得了显著成绩。北大的人文学科门类齐全,在国内整体上居于优势地位,在世界上也占有引人瞩目的地位,相继出版了《中华文明史》《世界文明史》《世界现代化历程》《中国儒学史》《中国美学通史》《欧洲文学史》等高水平的著作,并主持了许多重大的考古项目,这些成果发挥着引领学术前进的作用。目前,北大还承担着《儒藏》《中华文明探源》

《北京大学藏西汉竹书》的整理与研究工作,以及"新编新注十三经"等重要项目。

与此同时,我们也清醒地看到,北大人文学科整体的绝对优势正在减弱,有的学科只具备相对优势;有的成果规模优势明显,高度优势还有待提升。北大出了许多成果,但还要出思想,要产生影响人类命运和前途的思想理论。我们距离理想的目标还有相当长的距离,需要人文学科的老师和同学们加倍努力。

我曾经说过,与自然科学或社会科学相比,人文学科的成果,难以直接转化为生产力,给社会带来财富,人们或以为无用。其实,人文学科力求揭示人生的意义和价值,塑造理想的人格,指点人生趋向完美的境地。它能丰富人的精神,美化人的心灵,提升人的品德,协调人和自然的关系以及人和人的关系,促使人把自己掌握的知识和技术用到造福于人类的正道上来,这是人文无用之大用!试想,如果我们的心灵中没有诗意,我们的记忆中没有历史,我们的思考中没有哲理,我们的生活将成为什么样子?国家的强盛与否,将来不仅要看经济实力、国防实力,也要看国民的精神世界是否丰富,活得充实不充实,愉快不愉快,自在不自在,美不美。

一个民族,如果从根本上丧失了对人文学科的热情,丧失了对人文精神的追求和坚守,这个民族就丧失了进步的精神源泉。文化是一个民族的标志,是一个民族的根,在经济全球化的大趋势中,拥有几千年文化传统的中华民族,必须自觉维护自己的根,并以开放的态度吸取世界上其他民族的优秀文化,以跟上世界的潮流。站在这样的高度看待人文学科,我们深感责任之重大与紧迫。

北大人文学科的老师们蕴藏着巨大的潜力和创造性。我相信,只要使老师们的潜力充分发挥出来,北大人文学科便能克服种种障碍,在国内外开辟出一片新天地。

人文学科的研究主要是著书立说,以个体撰写著作为一大特点。除了需要协同研究的集体大项目外,我们还希望为教师独立探索,撰写、出版专著搭建平台,形成既具个体思想,又汇聚集体智慧的系列研究成果。为此,北京大学人文学部决定编辑出版"北京大学人文学科文库",旨在汇集新时代北大人文学科的优秀成果,弘扬北大人文学科的学术传统,展示北大人文学科的整体实力和研究特色,为推动北大世界一流大学建设、促进人文学术发展做出贡献。

我们需要努力营造宽松的学术环境、浓厚的研究气氛。既要提倡教师根据国家的需要选择研究课题,集中人力物力进行研究,也鼓励教师按照自己的兴趣自由地选择课题。鼓励自由选题是"北京大学人文学科文库"的一个特点。

我们不可满足于泛泛的议论,也不可追求热闹,而应沉潜下来,认真钻研,将切实的成果贡献给社会。学术质量是"北京大学人文学科文库"的一大追求。文库的撰稿者会力求通过自己潜心研究、多年积累而成的优秀成果,来展示自己的学术水平。

我们要保持优良的学风,进一步突出北大的个性与特色。北大人要有大志气、大眼光、大手笔、大格局、大气象,做一些符合北大地位的事,做一些开风气之先的事。北大不能随波逐流,不能甘于平庸,不能跟在别人后面小打小闹。北大的学者要有与北大相称的气质、气节、气派、气势、气宇、气度、气韵和气象。北大的学者要致力于弘扬民族精神和时代精神,以提升国民的人文素质为己任。而承担这样的使命,首先要有谦逊的态度,向人民群众学习,向兄弟院校学习。切不可妄自尊大,目空一切。这也是"北京大学人文学科文库"力求展现的北大的人文素质。

这个文库目前有以下17套丛书:
"北大中国文学研究丛书"(陈平原 主编)
"北大中国语言学研究丛书"(王洪君 郭锐 主编)
"北大比较文学与世界文学研究丛书"(张辉 主编)
"北大中国史研究丛书"(荣新江 张帆 主编)
"北大世界史研究丛书"(高毅 主编)

"北大考古学研究丛书"(赵辉 主编)
"北大马克思主义哲学研究丛书"(丰子义 主编)
"北大中国哲学研究丛书"(王博 主编)
"北大外国哲学研究丛书"(韩水法 主编)
"北大东方文学研究丛书"(王邦维 主编)
"北大欧美文学研究丛书"(申丹 主编)
"北大外国语言学研究丛书"(宁琦 高一虹 主编)
"北大艺术学研究丛书"(彭锋 主编)
"北大对外汉语研究丛书"(赵杨 主编)
"北大古典学研究丛书"(李四龙 彭小瑜 廖可斌 主编)
"北大人文学古今融通研究丛书"(陈晓明 彭锋 主编)
"北大人文跨学科研究丛书"(申丹 李四龙 王奇生 廖可斌 主编)[①]

这17套丛书仅收入学术新作,涵盖了北大人文学科的多个领域,它们的推出有利于读者整体了解当下北大人文学者的科研动态、学术实力和研究特色。这一文库将持续编辑出版,我们相信通过老中青学者的不断努力,其影响会越来越大,并将对北大人文学科的建设和北大创建世界一流大学起到积极作用,进而引起国际学术界的瞩目。

2020年3月修订

---

① 本文库中获得国家社科基金后期资助或入选国家哲学社会科学成果文库的专著,因出版设计另有要求,会在封面后勒口列出的该书书名上加星号标注,在文库中存目。

丛书序言

北京大学外语学科的历史最早可以追溯到1862年成立的京师同文馆，经过150多年的锤炼与磨砺，已经成长为中国综合性大学中拥有最多语言资源的外语学科，共有20个招生语种专业、50余个教学和研究语种。与此同时，北大外语学科不断努力开拓学术前沿，从最初以语言教学、文学作品翻译为重点，到今天语言教育与学术研究并重，具有鲜明的传统和特色，在外国语言文学研究领域独树一帜、成果卓著。

尤其是从20世纪80年代起，语言学作为一门独立学科开始与文学研究逐渐分野。一批研究外国语言学的专家和学者汇集北大，胡壮麟、祝畹瑾、王逢鑫在英语学界引领前沿、桃李天下，田宝齐、龚人放、吴贻翼在俄语学界潜心致学、泽被后学，陈信德、安炳浩、汪大年、潘德鼎在东方语言学界著书立说、薪火相传。全国很多院校的外语专业和学科的建立发展都与北大外语学科的支持密不可分，有着深厚的血缘、学缘之渊源。

进入21世纪，世界范围内语言学研究取得了迅猛的发展，这要求从事外国语言学研究的学者必须摆脱以往研究的局限性，重新定位自己研究的使命、目标和意义。植根于北京大学百年造就的深厚学术传统，北大外语学科无论是从历史传承还是从当前实力而言，都有能力在外国语言学研究领域守正创新，不断取得有价值的新进展。

我们认为，在进行外国语言学研究时，只有融入目的意识、本土意识、问题意识和创新意识，才会最终形成具有突破性、原创性意义的研究成果。

在强调研究创新的同时也需要看到，引进介绍国外先进的语言学成果仍是十分必要的，可以弥补我国语言学界研究中存在的理论来源不足的缺陷。尤其是引进那些被屏蔽在欧美语言学理论体系之外的其他国家的语言学理论成果，其中有很多有别于西方学者的认识和看法、有关语言学研究的独到见解和独特方法，对语言学研究的发展极具价值。借此可以充实国内语言学研究的理论和方法，拓宽语言学理论研究的视野，活跃并推动语言学研究的多元化发展。

运用国内外先进的语言学成果，对作为外语的目的语进行深入的研究，研究中要注意将基于具体语言的语言学研究与普通语言学研究相结合，外国语言学研究与中国语言学研究相结合，互为借鉴、互为补充。

瞄准国际语言学研究的前沿，运用国内外先进的语言学成果，充分利用中国本土的语言条件进行研究，将有助于推进汉语和少数民族语言的研究，同时为世界语言学研究提供重要补充和支撑。

2016年春，为弘扬北京大学人文研究的学术传统、促进人文学科的深入发展，北京大学人文学部开始着手建设"北京大学人文学科文库"，"北大外国语言学研究丛书"成为其中一套丛书，这让从事外国语言学研究的北大学者感到十分振奋。这是一个开放的外国语言学学术高地和研究平台，重积累、求创新、促发展，将汇聚北大外语学科从事语言学研究的学术骨干力量，努力奉献代表北大水平、具有学术引领作用的创新性研究成果，加强与国际国内同行的交流，展示北大外语学科的整体实力和研究特色，为拓展和深化当代外国语言学研究、推动中国语言学研究做出自己的贡献。我们将努力把本套丛书打造成为体现北大外语学科独特的学术个性和卓越的学术贡献的标志性品牌。

本套丛书的研究和出版得到了北京大学、北京大学外国语学院以及北京大学出版社的大力支持,在此表示衷心的感谢和诚挚的敬意。

宁琦　高一虹
2016年7月

前言

正如在自然界中不仅有黑与白，还有大量的中间色调一样，在语言学研究中也是如此。大量的言语事实表明，许多语言现象并不能简单地按传统方法进行归类和阐释，它们往往不具有某一类范畴的区分性特征，其构成俄语语法研究领域的不确定现象。过渡性理论(теория переходности)正是以不确定的语言现象为研究对象，从历时和共时的视角阐释语言事实间的相互关系和相互作用，并剖析语言现象发生过渡变化的原因。历时过渡性(диахронная переходность)反映的是语言系统发展、变化的过程，体现的是在时间上互相替代的语言成分间的相互关系；而共时过渡性(синхронная переходность)反映的则是在现代语言系统中相互对立的典型范畴间带有边缘环节及中间环节的综合现象。

本书是针对现代俄语语法中的共时过渡现象所做的综合研究。分析过渡现象涉及很多语言学基本理论问题，诸如词法中的词类划分原则，句法体系中的简单句、复合句划分标准和分类等等。本书尝试在探讨语言学基本理论问题的基础上，以丰富的言语实例为依托，对现代俄语词法和句法的过渡现象进行梳理和分析，然后将其置于语言发展变化的大背景下进行考察，从而兼备微观分析和宏观探讨，成为对共时过渡现象进行综合研究的成果。

本书的研究内容主要分两大部分：俄语词法中的过渡现象和俄语句法中的过渡现象。词类划分问题一直是各派语言学家争论的焦点，在不同时期有过不同的分类标准。但不管以哪种分类标准为准，总有些词很难确定其词类归属，如напротив是副词还是前置词？больной是形容词还是名词？这就构成读音相同、意义相近，但属于不同词类的功能同音词（функциональные омонимы）。功能同音词的出现和语言的词汇化及语法化问题密切相关；而另一类词虽有明确的词类归属，但却兼有两个或多个词类的特征，如俄语中的动名词、副动词、形动词等，这就构成混合型词（смешанные или гибридные слова）。因此，有必要对功能同音词和混合型词这两类过渡现象的分类、成因以及句法功能进行分析，从而丰富和完善俄语的词类划分体系。简单句和复合句都是句法学的研究对象，但在简单句和复合句内部以及简单句和复合句之间都存在着过渡现象。这中间既涉及简单句中单部句和双部句的划分、人称句和无人称句的定义和划分等问题，又涉及简单句的繁化手段和复合句的简化手段问题以及由于口语和书面语的相互渗透和相互影响而形成的一系列过渡现象的问题。

  本书的一些章节曾在各大学术杂志发表过，收入本书时又做了一些补充修改。由于水平所限，本书中一定存在一些不当甚至错误之处，恳请同仁学者批评指正。

  本书是2013年度教育部人文社会科学研究项目成果，在此特向项目设立单位表示感谢！感谢北京大学外国语学院将本书列入"北京大学人文学科文库——北大外国语言学研究丛书"！感谢我的俄罗斯导师——著名语法学家维拉·瓦西里耶夫娜·巴巴依采娃（В. В. Бабайцева）教授，是她开启了我对俄语过渡现象进行研究的大门！感谢我的导师吴贻翼教授多年来的帮助和扶持！感谢北京大学出版社张冰主任和李哲责编的辛勤付出和帮助！我在指导李莹莹、蔡捷、尹旭、王梓和李麟寅同学撰写硕士论文的过程中也颇受启迪，加深了对过渡性问题的思考。本书在研究和写作过程中，得到许多专家同行和同事的指导和帮助，在此一并致谢。

目　录

绪　论 ··· 1

上部

俄语词法中的过渡现象研究

第一章　词类研究史 ··· 17

第二章　混合型词研究 ·· 29

　　第一节　俄语副动词的过渡性特征分析 ················ 30
　　第二节　俄语动名词的过渡性特征分析 ················ 46
　　第三节　透过动词不定式看动词与名词的关系 ········ 63

第三章　功能同音词研究 ······································ 75

　　第一节　功能同音词的分类 ······························· 79
　　第二节　功能同音词的成因分析 ·························· 83

下部

俄语句法中的过渡现象研究

第四章　俄语简单句的过渡现象研究 …………………………… 89
　　第一节　читать трудно 类句式分析 ………………………………… 90
　　第二节　у кого（есть）Y 类句式分析 …………………………… 101

第五章　俄语简单句和复合句间的过渡现象研究 ………………… 115
　　第一节　繁化句概述 ……………………………………………… 116
　　第二节　形动词（短语）的半述谓性分析 ………………………… 127
　　第三节　简化句概述 ……………………………………………… 145
　　第四节　俄语溶合结构分析 ……………………………………… 149

第六章　俄语复合句的过渡类型研究 ……………………………… 173
　　第一节　俄语复合句的过渡类型概述 …………………………… 173
　　第二节　俄语接续关系综论 ……………………………………… 188

结　　语 …………………………………………………………… 217

参考文献 …………………………………………………………… 219

绪 论

1. 过渡性理论研究概述

自罗蒙诺索夫（М.В. Ломоносов）的《俄罗斯语法》（«Российская грамматика»）于1755年问世至今，语法研究，可以说一直是俄语语言学研究的重中之重。数百年来，众多语言学流派和语言学家几乎对各个层次的语法学问题都进行了多层面、多视角的研究和论述，但大量的言语事实表明，许多语言现象并不能简单地按传统方法进行分类和阐释，它们往往不具有某一类范畴的区分性特征，而是兼有两类甚至几类范畴的特征，这就构成语法领域"非此非彼"或"亦此亦彼"的特殊问题[①]。这些现象因具有非典型性和特殊性，更应引起语言学家的关注。正如谢尔巴[②]（Л.В.Щерба）曾讲："在语言中明确的只是典型极端现象，中间现象在最初阶段——在说话人的意识里——是动摇的，是不确定的，但是正是这种不确定的、动摇的现象最应引起语言学者的注意。"语言中这种不确定的非典型现象便构成过渡现象。

---

① 吴梅在论述俄汉语句子中的过渡现象时指出，在众多典型句子中间存在着大量"非此非彼"和"亦此亦彼"的句型。"非此非彼""亦此亦彼"可以说形象地概括了过渡现象的典型特征，参见吴梅，《俄汉语句子中过渡现象对比研究》，上海外国语大学博士学位论文，2009年，第1页。
② Щерба Л. В. Некоторые выводы из моих диалектологических лужицких наблюдений//Избранные работы по языкознанию и фонетике. Т. 1. Л., ЛГУ, 1958, стр. 35.

俄罗斯语言学家对语法中的过渡现象研究由来已久。谢尔巴不但指出了研究语言不确定现象的重要性，而且在自己的著述中也对这种现象进行了分析。他在《论俄语词类》一书中详细分析了俄语词类的各种情况，着重指出词类划分中的特殊问题之一便是物质上相同的词可以出现在不同的范畴中，如кругом一词可以是副词，也可以是前置词；另外，他还指出几个范畴特征在一个词身上并存的情况，比如形动词就兼容了动词范畴和形容词范畴[①]。

彼什科夫斯基（А.М. Пешковский）曾专门论述分析了俄语词类的混合、替换和过渡现象，在具体谈及形容词名词化问题时，他指出，俄语里存在一些具有形容词词尾的变色龙词（слова-хамелеоны），它们可以是形容词，也可以是名词，词性的确定取决于与之相搭配的词。他还区分出形容词名词化现象中已经完成过渡的情况和正在发生过渡的情况[②]。

维诺格拉多夫（В.В. Виноградов）一直强调语言范畴之间的相互影响和相互作用，他在论及词的基本结构—语义类型时曾明确指出，对词进行划分时需要考虑词的结构的方方面面，因为形态形式就是固化的句法形式，词法范畴和句法范畴始终处于持续不断的紧密联系中[③]。他在论述词的意义时又指出："词的意义边界可以非常宽泛，有时又不是很明确。词（甚至很多科学术语）的意义层面具有临界区域和很多中间过渡的意味。"[④]

[①] 谢尔巴，《论俄语词类》，宋南天等译，时代出版社，1957年，第5页。
[②] 请参见 Пешковский А. М. Русский синтаксис в научном освещении. М., Учпедгиз, 1956, стр. 103, 133-135.
[③] Виноградов В.В. Русский язык. Грамматическое учение о слове. Москва-Ленинград, Учпедгиз, 1947, стр. 29.
[④] Виноградов В.В. Основные типы лексических значений слова//Вопросы языкознания, 1953, № 5, стр. 6.

切尔卡索娃（Е.Т. Черкасова）[①]在1967年就出版了专著《实义词向前置词的过渡》（《Переход полнозначных слов в предлоги》），书中详细论述和分析了来源于名词、形容词以及动词的前置词的种种情况。

对俄语语法中的过渡现象研究得最全面、最系统的是俄罗斯语言学家巴巴依采娃（В. В. Бабайцева）。如果讲，她于1955年发表的《形容词短尾向无人称—述谓词的过渡》[②]是对过渡现象研究的开篇之作，1969年的博士论文《句法中的过渡结构》[③]是对过渡性这一语言/言语复杂现象深入研究的阶段性总结，那么，2000年由莫斯科"Дрофа"出版社出版的《俄语语法中的过渡现象》[④]一书则是巴巴依采娃几十年来对过渡现象潜心研究的结晶，该书详细阐述了巴巴依采娃过渡性理论体系和她在语法结构过渡性研究方面所取得的成果。巴巴依采娃在出版的十余本专著、教材以及众多的学术论文中都对语言/言语现象的相互作用以及过渡现象有所论述和涉及。近些年，很多年轻的俄罗斯学者，如波利托娃[⑤]（И. Н. Политова）、波格丹诺夫（С. И. Богданов）、斯米尔

---

① Черкасова Е. Т. Переход полнозначных слов в предлоги. М., Издательство «Наука», 1967.
② Бабайцева В.В. Переход кратких прилагательных в состав безлично-предикативных слов//Избранное 1955-2005: Сборник научных и научно-методических статей. Москва/Ставрополь, Издательство СГУ, 2005, стр. 20-46.
③ Бабайцева В.В. Переходные конструкции в синтаксисе. Автореферат. Л., 1969.
④ Бабайцева В.В. Явления переходности в грамматике русского языка. М., «Дрофа», 2000.
⑤ Политова И. Н. Переходность в системе подчинительных словосочетаний в современном русском языке. Коломна, Коломенский государственный педагогический институт, 2008.

诺夫（Ю.Б. Смирнов）[①]、科波捷夫（М.В. Копотев）、斯捷克索娃（Т. И. Стексова）[②]等也将注意力集中到语言的过渡交叉现象上来。

所谓过渡性（переходность），巴巴依采娃[③]是这样定义的："过渡性是指这样一种语言属性，它将语言事实连接为一个完整的系统，反映出语言事实间的共时性的联系和相互作用，从而也保证了历时转变的可能性。"她区分出历时过渡性和共时过渡性，历时过渡性反映的是语言系统，反映其个别成分发展的历史，反映其进化的过程，体现的是在时间上互相替代的语言成分间的相互关系；而共时过渡性则表现在现代语言系统中对立的中心（典型）范畴（结构、类型）间的相互关系和相互作用所形成的带有边缘环节及中间环节的综合区域。如果用过渡率（шкала переходности）来表示，则А→Аб→АБ→аБ→Б表示历时的转变，А—Аб—АБ—аБ—Б表示语言/言语现象之间的共时关系。过渡率上的两个端点А与Б分别代表具有一系列区分性特征的作为对比的两个平等成分，它们表示对比的中心并且是某种划分的典型结构。在А与Б之间存在着多个过渡环节Аб、АБ、аБ，它们构成交叉领域。处于交叉领域的语言现象在获有特征方面是不同的，这里用大小写来表示获得特征的比例。比如：处于Аб环节的占有А的特征多，处于аБ环节的占有Б的特征多，处于中间环节的则是兼有А与Б的特征。巴巴依采娃首创地应用过渡率来一目了然地解释语言中的过渡现象。

过渡性理论和西方认知语言学的原型范畴理论（The Prototype

[①] Богданов С. И., Смирнов, Ю.Б. Переходность в системе частей речи. Субстантивация. СПб., Филол. Фак-т СПбГУ, 2004.

[②] Копотев М.В., Стексова, Т.И. Исключение как правило: Переходные единицы в грамматике и словаре. М., «Языки славянской культуры», 2016.

[③] Бабайцева В.В. Явления переходности в грамматике русского языка. М., «Дрофа», 2000, стр. 15. 关于历时过渡性、共时过渡性以及过渡率的论述，详见该书第16-44页。

Theory)、功能语言学中的功能语义场(функционально-семантическое поле)理论以及语法化(grammaticalization, грамматикализация)和词汇化(lexicalization, лексикализация)理论有异曲同工之处。

认知语言学认为范畴是"指人们在互动体验的基础上对客观事物普遍本质在思维上的概括反映,是由一些通常聚集在一起的属性所构成的'完形'概念构成的"①。"实体的范畴化是建立在好的、清楚的样本之上的,然后将其他实体根据它们与这些好的、清楚的样本在某些或一组属性上的相似性而归入该范畴。这些好的、清楚的样本就是原型,是非典型实例范畴化的参照点。"②这样,"范畴的所有成员在其内部的地位是不同的"③,范畴具有"中心"(典型成员)和"边缘"(非典型成员)的内部结构,也就是"隶属同一范畴的各成员中,只有共同的家族相似性,隶属是个程度大小的问题","这种认为同一个范畴的诸成员有资格大小或优劣的观念,被称作'原型论'"④。也就是说,范畴的中心是范畴的典型成员(原型),与原型相似性较低的成员即属于非典型成员。在认知语言学中,"范畴的边界是不确定的、模糊的,范畴具有开放性……由于客观世界具有无限性、连续性、不可穷尽性,很多事体是一个连续体(又叫连续统),这就很难在它们之间划出一个确切的界限"⑤;"一个范畴的外围成员与另一个范畴的外围成员之间经常重叠"⑥。原型范畴涉及语言的各个层次。

---

① 王寅,《认知语言学》,上海外语教育出版社,2007年,第91页。
② 同上书,第128页。
③ Croft W., Cruse D. A.,《认知语言学》(*Cognitive Linguistics*),北京大学出版社,2006年,第77页。
④ 王寅、赵永峰主编,《认知语言学著作述评》,高等教育出版社,2010年,第21页。
⑤ 王寅,《认知语言学》,上海外语教育出版社,2007年,第125页。
⑥ 王寅、赵永峰主编,《认知语言学著作述评》,高等教育出版社,2010年,第37页。

邦达尔科（А.В. Бондарко）是彼得堡功能语法学派的代表人物，功能语义场是其理论的核心概念之一。所谓功能语义场，是指由建立在语义功能共性和相互作用基础上的不同层级的语言手段构成的系统，也就是对建立在语义—功能基础上的相互作用的语言手段及其系统—结构组织而进行的分类①。功能语义场贯彻从"意义到形式"的研究原则，研究在一个统一的系统中表达同一个语义范畴的不同层级的各种方式和手段。换言之，功能语义场是表达同一语义范畴的各个层级的表达手段的一个聚合体。既然是聚合体，就必然会有层次之分，也就是功能语义场具有结构性，有核心区、近核心区和边缘区之分，论及表达手段就有典型结构和非典型结构之别②。

过渡现象也引起了邦达尔科的关注，他在论述功能语义场时就指出，功能语义场存在中心和边缘空间，也存在和其他场的交叉区域。他在阐述语言的语法构造（грамматический строй языка）时也提及到过渡现象，他指出，在构词和词类层面存在着广阔的过渡区域，有常规的类别（比如动物名词和非动物名词，及物动词和不及物动词等等），也有次常规、不常规甚至只包含几个有限数量词汇单位的类别③；并且对立特征和非对立区别（неоппозитивное различие）还常出现在成分间

---

① Бондарко А. В. Функциональная грамматика. Л., «Наука», Ленинградское отделение, 1984, стр. 21-22.
② 参见王铭玉、于鑫，俄罗斯功能语法探析，《现代外语》，2005年第4期；杜桂枝，简述А. В. Бондарко 的功能语义场理论，《外语学刊》，2000年第2期；邓滢，俄语功能语义场和意义系统理论对教学的启示——兼评俄语功能—交际语法的教学观，《外语教学》，2010年第4期。
③ Бондарко А.В. Принципы функциональной грамматики и вопросы аспектологии. М., Эдиториал УРСС, 2001, стр. 20-21; 姜宏、许汉成，俄罗斯功能语法理论与系统功能语言学的基本学理对比，《外语研究》，2018年第4期，第14-15页。

的同一种关系中，他以俄语中的人称范畴、格范畴以及汉语里的体的形式来举例说明①。

如果讲范畴理论和功能语义场侧重的是范畴内部中心与边缘现象的聚合关系，那么过渡性理论关注的则是两个甚至多个范畴之间的过渡现象，兼顾聚合和组合角度来揭示范畴间的相互作用和相互关系。

语法化和词汇化是语言演变的两个重要方面，近年来已成为国内外语言学界关注的焦点。"语法化"一词作为术语首次是由法国学者梅耶（A. Meillet）提出的，他用这个术语来描写一个词汇形式如何演化成一个语法标记并提出三个观点：1.由虚化产生的新的语法形式会引起整个语法系统的变化；2.语法化是个连续不断的过程，虽然也可以分出阶段来；3.虚化的程度跟使用频率成正比。②语法化这一术语迄今仍没有一个被所有学者都接受的定义。语言学家常将语法化理论和分析阐释语言现象的历时发展变化相结合，如霍珀（P. J. Hopper）、布林顿（L. J. Brinton）和特劳戈特（E. C. Traugott）③等。语法化理论引入我国是从沈家煊的《"语法化"研究综观》④一文开始的，此后我国的语言学者针对汉语中的语法化问题进行了多角度多层面的探讨，如刘坚、吴福祥、

---

① Бондарко А.В. О структуре грамматических категорий(отношения оппозиции и неоппозитивного различия) //Вопросы языкознания, 1981, № 6, стр. 19.
② 参见沈家煊，"语法化"研究综观，《外语教学与研究》，1994年第4期，第17页。
③ Brinton L.J. & Traugott E. C., *Lexicalization and Language Change*. Cambridge: Cambridge University Press, 2005; Hopper P. J. & Traugott E. C., *Grammaticalization*. New York: Cambridge University Press, 2003; Hatch, E. & Brown C., *Vocabulary, Semantics and Language Education*. Beijing: Foreign Language Teaching and Research Press, 2001.
④ 沈家煊，"语法化"研究综观，《外语教学与研究》，1994年第4期。

石毓智、罗耀华[①]等的论文和著作，也涌现了很多综述语法化理论的文章，如胡壮麟的《语法化研究的若干问题》[②]等。

相对于语法化而言，词汇化的概念则有狭义和广义之分、历时和共时之别。狭义的词汇化被用在和语法化对举时，专指从语法成分变为词汇成分的变化；广义的词汇化是指非词汇性的(non-lexical)成分变为词汇性的(lexical)成分，或者词汇性较低的成分变为词汇性较高的成分[③]的过程。共时意义的词汇化通常是指概念范畴的编码形式，"目前大量的研究是关于谓语(谓项)和有关复杂的概念结构合并到一种单一的词汇形式的跨语言证据，以及少量的事件类型(如行为、运动、状态的演变)与大量的有特殊意义的词根(或特定语素)结合起来的方式"；而历时意义的词汇化关注的主要是"进入词库的也就是最宽泛意义的词汇化——向词库中添加成分或不再具有语法规则的能产性"。[④]

[①] 参见刘坚、曹广顺、吴福祥，论诱发汉语词汇语法化的若干因素，《中国语文》，1995年第3期；罗耀华，《副词化、词汇化与语法化——语气副词探微》，华中师范大学出版社，2015年；石毓智、李讷，《汉语语法化的历程——形态句法发展的动因和机制》，北京大学出版社，2001年；石毓智，《语法化理论——基于汉语发展的历史》，上海外语教育出版社，2011年；吴福祥，《汉语语法化研究》，商务印书馆，2005年。

[②] 胡壮麟，语法化研究的若干问题，《现代外语》，2003年第1期。

[③] 《语言学大百科词典》对词汇化的定义是："词汇化是指某些语言单位(如词素、词形、词组等)转化为独立的实词或者是和实词相对等的语言单位(如成语)。"参见 Большой энциклопедический словарь. Языкознание. М., Научное издательство «Большая Российская энциклопедия», 1998, стр. 258. 关于对词汇化狭义和广义的理解，请参见董秀芳，《词汇化：汉语双音词的衍生和发展》(修订本)，商务印书馆，2011年，第2-3页。

[④] 罗耀华，《副词化、词汇化与语法化——语气副词探微》，华中师范大学出版社，2015年，第15, 19页。

词汇化的研究视角和研究主题也呈现出多样化态势。语言学家从词汇化类型及词汇化程度、词汇化制约因素、词汇化与语法化的关系等主题进行探讨。英美语言学家在论及语法化和词汇化的历时和共时关系、语言现象的演变和变异时也提到了过渡问题，"演变总会牵涉变异，原有形式和新现形式会在同一个说话人或同一个团体中共存……，典型的情况实际就是 A>$\left\{\begin{array}{c}A\\B\end{array}\right\}$>(B)"，"过渡问题涉及的是界定由 A 到 B（通常两者至少会共存一段时间）的中间阶段是什么？演变是以小步伐而非大步跳跃逐渐进行（尽管演变的累积可以产生导致大量演变的层叠效应）"[①]。这个从 A 到 B 的过渡与 А—Аб—АБ—аБ—Б 的共时过渡率有着极大的相似度。

如果说，汉语语言学中和语法化及词汇化研究密切相关的是两种不同的语言变化现象[②]的话，那么在俄语语言学中，与语法化和词汇化紧密相连的是词类的过渡和转化。俄语词类系统并不是封闭和固化的，关于词类的过渡和转化问题，早在谢尔巴、彼什科夫斯基、维诺格拉多夫等语言学家的著作中就有论述。可以说，语法化和词汇化为分析俄语词

---

① Brinton L. J. & Traugott E. C., *Lexicalization and Language Change*. Cambridge University Press, 2005, pp. 6-7; 劳蕾尔·J. 布林顿，伊丽莎白·克洛斯·特劳戈特著，《词汇化与语言演变》，罗耀华等译，商务印书馆，2013 年，第 8-9 页。

② "语法化"通常指语言中意义实在的词转化为无实在意义的表语法功能的成分这样一种过程或现象，中国的传统语言学称之为"实词虚化"，换言之，语法化在汉语表达中就是虚化，就是一个语素的使用范围逐步增加较虚的成分和演变成一个较虚的语素。参见沈家煊，"语法化"研究综观，《外语教学与研究》，1994 年第 4 期，第 17 页；罗耀华，《副词化、词汇化与语法化——语气副词探微》，华中师范大学出版社，2015 年，第 20 页；而词汇化在汉语语言学界常指历时词汇化，是指一个短语或由句法决定的其他语言单位在语言的发展演变中变成一个稳固词项的过程。请参见王灿龙，词汇化二例——兼谈词汇化和语法化的关系，《当代语言学》，2005 年第 3 期，第 225 页。

类的过渡和转化问题提供了新视角①。过渡性理论、语法化及词汇化理论在阐释分析语言现象的变化时有很多共通之处。

我国学者也从不同侧面和角度对过渡现象进行过介绍和研究。许崇信教授②可以说是在我国最早对俄语过渡结构进行研究的学者,他早在1959年就发表文章《论俄语语法中的过渡现象》,介绍和论证了俄语中的过渡结构。吴贻翼教授、张会森教授、李勤教授等也对语法中的过渡现象有过论述。但从国内目前关于俄语语法过渡现象的研究来看,多是关于某类具体过渡现象的论文,如:陶源的论文《从俄语词的过渡现象谈某些'词类外词'的归属问题》、周瑞敏的论文《语法过渡现象研究》、曹越明的论文《关于并列/主从复合句中过渡现象的成因》、陈国亭的论文《主从？并列？——谈某些复合句形式和语义分离的现象》、江鹏的论文《并列复合句和主从复合句间构中间性句子》、吴梅的博士论文《俄汉语句子中过渡现象对比研究》等③,尚没有对过渡现象进行全面系统分析和综合研究的成果。

语言是人类最重要的交际工具,它随着社会的发展而发展变化,这就要求语言学研究也要与时俱进,动态性地发展。动态就要求研究者关注由于语言各层次间的相互联系和作用而产生的过渡交叉现象,从而在

---

① 已经有俄罗斯学者采用词汇化和语法化的视角来探讨俄语词类的过渡和转化问题,请参见 Виноградова Е.Н. Грамматикализация в русском языке: от формы существительного к предлогу// Вопросы языкознания, 2016, № 1.

② 许崇信,论俄语语法中的过渡现象,《福建师范学院学报》,1959年第2期,第47-59页。

③ 参见陶源,从俄语词的过渡现象谈某些"词类外词"的归属问题,《山东外语教学》,2004年第4期;周瑞敏,语法过渡现象研究,《中国俄语教学》,2013年第2期;曹越明,关于并列/主从复合句中过渡现象的成因,《中国俄语教学》,2015年第2期;陈国亭,主从？并列？——谈某些复合句形式和语义分离的现象,《中国俄语教学》,1988年第2期;江鹏,并列复合句和主从复合句间构中间性句子,《外语研究》,1989年第2期;吴梅,《俄汉语句子中过渡现象对比研究》,上海外国语大学博士学位论文,2009年。

整体上把握语言发展的脉络和趋势。正如吴贻翼教授[①]所言:"随着句法结构研究得越来越深入,对句法结构间的过渡结构研究的要求也越来越强烈。这一趋势逐渐发展成为当前句法研究中的一个重要倾向。"

2. 研究目标和内容

本书是针对现代俄语语法中的共时过渡现象的综合研究。分析过渡现象涉及很多语言学基本理论问题,诸如言语和语言的界定、词法中的词类划分标准、句法体系中的简单句及复合句划分标准和分类等等。我们尝试在探讨语言学基本理论问题的基础上,以丰富的言语实例为依托,对现代俄语词法和俄语句法的过渡现象进行梳理和分析,然后将其置于语言发展变化的大背景下进行考察,尽量兼备微观分析和宏观探讨,成为对共时过渡现象进行综合研究的成果。此外,与俄罗斯学者不同的是,本书是以将俄语作为外语的学习者和研究者的视角来分析研究过渡现象,并以汉语和英语语法作为参照,尤其侧重于对给中国俄语学习者和研究者造成困难的过渡现象进行阐释和分析,解决俄语教学实践和语法研究中遇到的现实问题,进一步推动中国俄语语法教学和研究。

由于过渡现象兼容语法上对立的两类甚至几类范畴特征,所以常常很难对其进行准确的分析和阐释。一方面,需要对典型语言现象的划分标准有清晰明确的认识,另一方面,更需要对过渡现象的成因、性质和发展趋势有准确的把握。这对俄语不是母语的研究者来说构成巨大挑战。俄语语法中的过渡现象研究的重点和难点表现在以下几个方面:

(1)需要研读大量俄语语言学(尤其是语法学)著作,要求准确把握各个时期针对各个语言现象的语言学基本理论,进而较准确地对过渡现象进行定位。过渡现象因其不具有范畴的典型特征,常常处于语言学

[①] 吴贻翼,现代俄语句法研究中的某些重要倾向,《外语学刊》,1988年第3期,第6页。

"争议问题"之列，这更需要综合各派语言学流派所长，较客观地提出各层次过渡现象的理论基础，进而构建一个包含过渡现象在内的现代俄语语法体系。

（2）需要搜集大量的言语实例，并对其进行较客观准确的分析。理论层面的准确定位必须有丰富的言语实例作依托。我们从俄语国家语料库（Национальный корпус русского языка, http://www.ruscorpora.ru）收录的俄罗斯经典文学作品及权威报刊中的大量实例出发［部分契诃夫短篇小说的译文参考了俄汉翻译语料库检索系统（http://rucorpus.cn/）］，对过渡现象进行形态、结构、语义、功能等多层面的分析，力求使研究做到有理有据。

（3）需要结合中国俄语教学实际，为促进语法教学服务。语言作为交际的工具，其最重要的功能是在交际中运用。对于俄语教学而言，不仅需要学生们掌握语法规则，更要教会他们活学活用。采用过渡性理论及过渡率分析语法现象，有助于简洁明了地揭示语言现象之间的关系，帮助学习者领会俄语语法的精髓。

3. 选题意义和价值

针对俄语语法中的过渡现象进行研究具有重要的理论意义和实用价值，主要表现在它可以：

（1）拓宽语法学研究视野，丰富和完善现代俄语语法体系。以往的语言学研究多注重典型的语言现象，对处于边缘地位的过渡现象并未给予足够的重视，但正是过渡现象体现着语言的灵动性和复杂性，反映着语言表达手段的丰富性。因此，过渡性理论有助于拓宽语法学研究视野，将研究者的学术重点从典型的语言现象中解放出来，关注鲜活生动的过渡现象。同时，只有将典型语法现象和非典型（过渡）现象兼顾，才能对俄语语法体系有总体和全面的把握，以边缘的过渡现象串起中的典型现象,从而架构起完整的现代俄语语法体系。正如王铭玉教授所言:"它们构成语言体系的联结环节,我们只有对这些现象做出理论上的阐述,才能看到一个完整的语言面貌。"[①]

(2)梳理语言发展的脉络,探究语言变化的趋势和原因。语言系统具有相对的稳定性和潜在的动态性。动态性体现着语言鲜活的生命力,预示着其变化和发展的方向和趋势,过渡现象便是语言动态性的具体体现。对过渡现象进行研究有助于梳理语言发展的脉络,分析语言发展变化的具体表现,进而探索语言发展的宏观规律,剖析语言发展变化的内因和外因。

(3)以汉语和英语中的类似现象做参照,推动跨学科和跨语种的研究。过渡现象具有语言的普遍属性,普遍性包括两个方面:跨语言和跨范畴。前者指过渡性特征广泛存在于不同语言的类似现象中,不仅在俄语中存在,在汉语和其他语言中也同样存在;后者则指过渡性特征广泛地存在于同一种语言的不同范畴中,不仅在俄语语法中存在,在俄语语言学的各个学科(音位学、词汇学、修辞学等)中也存在。因此,研究俄语语法中的过渡现象对于俄语语言学的其他学科研究和对于其他国别的语言学研究将是它山之石,对分析和探讨语言学的共性问题具有极强的借鉴和启发作用。

(4)直观展示语言现象之间的关系和作用,促进我国的俄语语法教学。语法在外语教学中有着举足轻重的地位和作用。俄语语法教学一直是俄语教学的基础,也是俄语教学的重点和难点。俄语语法艰深且庞杂,对于学生的学与教师的教都带来困难和挑战。在教学实践中经常遇到各种各样的语法问题,其中很多问题就涉及过渡现象,不能简单地用语法经典理论中的规则去解释和说明。因此,以过渡性理论阐释语法问

---

① 王铭玉,二十一世纪语言学的八大发展趋势(中),《解放军外国语学院学报》,1999年第5期,第5页。

题，有助于直观地将语言现象之间的复杂关系展示给学生，帮助学生更加准确灵活地掌握俄语语法，从而优化和促进我国的俄语语法教学。

4. 研究思路和研究方法

研究来自于实践。本书以俄语国家语料库的经典作家作品及权威报刊的言语实例为基础，考察分析各类过渡现象的"量"的情况，然后结合俄语语言学经典论著，分析过渡现象的"质"，从而对过渡现象进行从量到质、从微观到宏观、从具体现象分析到对语言规律性的探讨。

研究更要用之于实践。过渡现象可以分为历时过渡现象和共时过渡现象。历时过渡现象反映的是语言现象发展进化的纵的关系，揭示的是变化的起点和终点，而共时过渡现象体现的则是语言现象之间横的关系，揭示的是语言现象的相互作用和影响。语言现象之间错综复杂的关系，我们可以借助过渡率来清晰地解释，从而推动俄语语法教学。

另外，语言单位具有多层面性，只有对其进行结构、语义、交际修辞特色的综合分析才能揭示其实质。本书将对过渡现象进行多角度的分析，并且将采用对比法、翻译法等展现俄语过渡结构的独特之处。

上部
俄语词法中的过渡现象研究

第一章
词类研究史

词类(части речи)问题可以说是语言学的"永恒问题"之一，它既是普通语言学的共性问题——因为每门语言都会涉及词类的划分原则和分类标准，也是语言学的个性问题——每门语言又都有自己独特的形态、结构和语义特点，因此很难为词类下一个万能的定义和划定一个适合所有语言的标准。

词类这一术语是古希腊语法术语"μέρος τοῦ λόγου"的俄文仿译词，亚历山大学派将其理解为组成句子的词[①]。最早关于词类的认识可以追溯到公元前四世纪，亚里士多德在《诗学》中指出言语包括静词(имя)、动词(глагол)、连接词或系词(союз или связка)、冠词(член)。他将字母、音节、词形变化和语段也纳入言语[②]。亚里士多

---

① Петерсон М.Н. О частях речи в русском языке// Вопросы грамматического строя. М., Издательство Академии наук СССР, 1955, стр. 175-176; Сичинава Д.В. Части речи. Материалы для проекта корпусного описания русской грамматики. На правах рукописи. Москва, 2011. (http://rusgram. ru.); Петрова М.С. Учебные тексты и грамматическая наука на рубеже античности и средневековья// Диалог со временем. М., 2015, № 51, стр. 113.

② 参见 Аристотель. Сочинения в четырех томах. Т. 4. М., Издательство «Мысль», 1983, стр. 667-668; Лукин О.В. Части речи в античной науке (логика, риторика, грамматика)// Вопросы языкознания, 1999, № 1, стр. 131-141; 亚里士多德,《诗学》，陈中梅译注，商务印书馆，1996年，第143-145页。

德进一步对名词和动词做了阐述和说明,"名词是因约定俗成而具有某种意义的与时间无关的声音","动词是不仅具有某种特殊意义而且还与时间有关的词。动词的部分没有独立的意义"①。亚里士多德关于词类的认识和"主语—谓语"的结构框架紧密相连,名词能充当主词(体词),动词能充当宾词(谓词),句子的结构和逻辑判断(命题)相对应,②,可以说,亚里士多德的语法理论和逻辑思维形式密不可分。

其后斯多葛派语言学家(Stoicism, Стоицизм)继承和发展了亚里士多德的词类学说,提出五个词类分类法〔包括专有名词(имя собственное)、普通名词(имя нарицательное)、动词(глагол)、连接词(союз)和冠词(член)〕,后又把副词(наречие)补充进来③。当然,这些关于词类的论述只是最初的雏形,它只将词类与哲学逻辑的基本范畴联系在一起。④亚历山大学派(the Alexandrian

---

① Аристотель. Сочинения в четырех томах. Т. 2. М., Издательство «Мысль», 1978, стр. 93-94.《亚里士多德全集》(第一卷),苗力田主编,中国人民大学出版社,1990年,第49-50页。

② 参见徐通锵,《语言论——语义型语言的结构原理和研究方法》,商务印书馆,2014年,第44-45页,第96页。

③ Лукин О.В. Части речи в античной науке (логика, риторика, грамматика)// Вопросы языкознания, 1999, № 1, стр. 137; Большой энциклопедический словарь. Языкознание. М., Издательство «Большая Российская энциклопедия», 1998, стр. 495.

④ 关于词类发展史的论述,请参见 Супрун А.Е. Части речи в русском языке. М., Издательство «Просвещение», 1971;郅友昌主编,《俄罗斯语言学通史》,上海外语教育出版社,2009年;Большой энциклопедический словарь. Языкознание. М., Научное издательство «Большая Российская энциклопедия», 1998; Сюй Инь, К характеристике ранней лингводидактической традиции: представление о частях речи в первых учебных пособиях по церковнославянскому языку//Слово. Грамматика. Речь: Материалы VI Международной научно-практической конференции «Текст: проблемы и перспективы. Аспекты изучения в целях преподавания РКИ»: Москва, фил-фак МГУ имени М.В. Ломоносова, 26-28 ноября 2015 г., М.: МАКС Пресс, 2015, Выпуск XVI, стр. 592 – 594.

school, Александрийская школа)视语言学为相对独立的学科，将语法学独立于逻辑学，尤其值得一提的是狄俄尼索斯·特雷克斯［D. Thrax, Дионисий Фракийский (Фракиец)］的词类分类法，他在《希腊语语法》一书中将词类分为静词（имя）、动词（глагол）、形动词（причастие）、冠词（член）、代词（местоимение）、前置词（предлог）、副词（наречие）和连接词（союз）这八大类，特雷克斯的词类划分法对后世的语法研究产生了极大的影响，这本《希腊语语法》被视为印欧语语法研究的权威著作[①]。古罗马的语法研究者也主张词类的八分法。古希腊-罗马的词类理论不仅为后来的词类学说奠定了基础，也对现代语言学的发展大有裨益，可以说，古典时期的词类理论影响了欧洲语法学十几个世纪的发展[②]。

对俄语词类的研究要追溯到16—17世纪的两部斯拉夫语语法书，一是大司祭兹扎尼（Лаврентий Зизаний）出版的第一部斯拉夫语语法《八个词类及其他所需的斯洛文纯艺术语法》（«Грамматика Словенска съвершенаго искусства осьми частей слова и иных нуждых, новосоставленная»），第二部是斯莫特里茨基（Мелетий Смотрицкий）的语法《斯洛文语法·正确的组合结构》（«Грамматики

---

① Лукин О.В. Части речи в античной науке (логика, риторика, грамматика)// Вопросы языкознания, 1999, № 1, стр. 138; Большой энциклопедический словарь. Языкознание. М., Издательство «Большая Российская энциклопедия», 1998, стр. 27; 徐通锵，《语言学是什么》，北京大学出版社，2007年，第272-273页。

② Лукин О.В. Части речи в античной науке (логика, риторика, грамматика) // Вопросы языкознания, 1999, № 1, стр. 138-139; 陈勇，词类理论的历史流变，《解放军外国语学院学报》，2002年第5期，第42页。

словенские правильное Синтагма»）。这两部语法①中都将词类划分为八类，包括静词（имя）、代词（местоимя/местоимение）、动词（глагол）、形动词（причастие）、冠词（различие）/感叹词（междометие）、副词（наречие）、前置词（предлог）和连接词（союз）。可以说，这种分类对俄语词类的划分产生了非常深远的影响。

  虽然说，词类的界定和划分具有语言的共性，是语言学的核心问题之一，但与此同时，每门语言又具有自己个性化的特征。俄语词类的研究也必须充分考虑到俄语自身的特点。罗蒙诺索夫在《俄罗斯语法》中关于俄语词类的论述就是深深根植于俄语的土壤。"这部语法已经不是与俄语相适应的拉丁语法或希腊语法，也不是含有俄语元素的教会斯拉夫语语法，而是从对俄语本身的语言事实研究中诞生的语法。"②

  罗蒙诺索夫在该书第四章③"论实词（О знаменательных частях человеческого слова）"中详细论述了八大词类，他认为静词（имя）用于指称事物，代词（местоимение）用来替代静词，动词（глагол）用于表示行为，形动词（причастие）兼容了静词和动词特点，副词（наречие）用来简短地表达状语，前置词（предлог）表示状语对事物或行为的归属性，连接词（союз）用来表达我们概念间的关系，感叹

---

① 参见 Хрестоматия по истории русского языкознания, под редакцией Ф.П. Филина. М., «Высшая школа», 1973, стр. 6-7; Попова Л. А. Грамматика Лаврентия Зизания//Омский научный вестник, 2006, №9, стр. 218; Самарин Д.А. «Грамматика» Мелетия Смотрицкого как предтеча русских лингвистических концепций XVIII-XIX веков// Вестник Череповецкого государственного университета, 2017, № 5, стр. 112；郑友昌主编，《俄罗斯语言学通史》，上海外语教育出版社，2009年，第5页。

② Супрун А.Е. Части речи в русском языке. М., Издательство «Просвещение», 1971, стр. 9.

③ Ломоносов М.В. Полное собрание сочинений. Т. 7. Труды по филологии. 1739-1758 гг. Москва-Ленинград, Издательство Академии наук СССР, 1952, стр. 405-420.

词（междометие）用来简短表达精神活动。这其中静词和动词是最主要的，他称为实词（знаменательные слова），其他六类被称为虚词（служебные слова）或辅助类词（вспомогательные слова）。在罗蒙诺索夫的分类中名词和形容词都被称为静词，他明确指出："性质脱离开事物本身是不能存在的，因此，用于表示事物本身的静词是名词（существительные），如：огонь, вода；表示特征的静词被称为形容词（прилагательные），如：быстрая, чистая, великой。"① 从上述罗蒙诺索夫关于词类的定义可以看出，他更侧重的是词类的功能句法特征（функционально-синтаксический подход），当然他也对词类进行了具体而详细的形态角度的分析②。

在罗蒙诺索夫之后，俄罗斯语言学的各个流派都对词类做过相关论述，提出过不同的分类标准，丰富和完善了词类研究。沃斯托科夫（А.Х. Востоков）③取代形动词将形容词纳入词类系统，形动词和数词都被列入形容词范畴。在沃斯托科夫看来，形容词典型的语义特征是可以表示事物的特征。

福尔图纳托夫（Ф.Ф. Фортунатов）④视词类是以形态变化为原则对词进行的语法分类（грамматические классы слов），按照形态标准（морфологическая классификация）他将词二分为有词形变

---

① Ломоносов М.В. Полное собрание сочинений. Т. 7. Труды по филологии. 1739-1758 гг. Москва-Ленинград, Издательство Академии наук СССР, 1952, стр. 409.
② Супрун А. Е. Части речи в русском языке. М., Издательство «Просвещение», 1971, стр. 11.
③ Востоков А.Х. Русская грамматика Александра Востокова, по начертанию его же Сокращенной грамматики, полнее изложенная. Санкт-Петербург, 1831, стр. 4, 53.
④ Фортунатов Ф.Ф. Избранные труды. Т.1. М., Учпедгиз, 1956, стр. 131-172; Березин Ф. М. История русского языкознания. М., Высшая школа, 1979, стр. 176-182.

化形式（包括有变位形式的动词、有变格形式的名词和形容词等）和没有词形变化的形式（包括副词和不定式）。他将词区分为完整词（полные слова）、部分完整词（частичные слова）和感叹词（междометие）。完整词表示思维对象，可以作为句子的一部分，也可以单独成句；部分完整词包括前置词、系词、连接词、疑问词、插入词等，它无法脱离开完整词独自使用；感叹词既不同于完整词，也和部分完整词有区别。

波捷布尼亚（А. А. Потебня）[①]强调语言和思维的紧密联系，他视语言为一种活动，视语法形式为历史发展的范畴，他强调不能一成不变地看待动词、名词、形容词、副词这些语法范畴，需要在句子层面分析词类。可以说，"词类对于波捷布尼亚来说是只在句子中存在的语法范畴"[②]。波捷布尼亚将词分为实词（знаменательные слова）和虚词（служебные слова），实词包括名词、动词、形容词和副词，虚词包括连接词、前置词、语气词和辅助动词，后来他将代词和数词作为独立的词类划分出来，并在《俄语语法札记》（第四卷）做了翔实的描述和分析。

词类在沙赫马托夫（А. А. Шахматов）看来是语法体系的基石，在词类划分中不应该仅仅秉承形态原则，形态标准只是词类划分的出发点，还需要兼顾句法特点和语义特点。他在《俄语句法》（«Синтаксис русского языка»）第三部分"词类句法"导言中就明

---

① Потебня А.А. Из записок по русской грамматике. Т. 1-2. М., Учпедгиз, 1958, стр. 35-39, 81-82; Потебня А.А. Из записок по русской грамматике. Т.4. Глагол. Местоимение. Числительное. Предлог. Москва-Ленинград, Издательство Академии наук СССР, 1941, стр. 215-251; Березин Ф.М. История русского языкознания. М., Высшая школа, 1979, стр. 173-174.

② Супрун А.Е. Части речи в русском языке. М., Издательство «Просвещение», 1971, стр. 22.

确指出，"词类是语法中同句子或者言语相关的词"①。沙赫玛托夫将俄语词分为四个类型，在句法层面则分别对应于具有独立意义的词（знаменательные части речи）（包括名词、动词、形容词和副词）、不具有独立意义的词类（незнаменательные части речи）（包括代名词、代形容词、数词和代副词）、虚词（служебные части речи）（包括前置词、系词、连接词、前缀和语气词）以及作为词的等价物的感叹词②。沙赫马托夫大大扩大了词类系统的数量。

谢尔巴③力图寻找一条现实主义的词类划分之路，他指出：在进行词类划分的时候任何一种划分都带有主观性因素，各种范畴的外部表现形式是多种多样的，同时任何一个语法范畴的存在都以它的意义和它所有的形式特征之间密不可分的联系为条件。"他（谢尔巴）的语义—词法分类方法也是20世纪30年代苏联语言学在词类分类研究中的主流方法"④，谢尔巴指出实词和虚词的区别在于：1）实词具有独立的意义，虚词只是表达思想对象之间的关系；2）实词本身可以使该词或词组扩展，虚词本身不能使词扩展；3）实词可以带句重音，虚词任何时候都没有句重音，除非对比时要特别强调某些词。谢尔巴将词类划分为名词、形容词、副词、动词、数词、状态词、疑问词（代词）、系词、前置词、连接词、感叹词等。

---

① Шахматов А.А. Синтаксис русского языка. М., Эдиториал УРСС, 2001, стр. 420.
② Шахматов А. А. Очерк современного русского литературного языка. М., Учпедгиз, 1941, стр. 275-276; Супрун А.Е. Части речи в русском языке. М., Издательство «Просвещение», 1971, стр. 30-34; Березин Ф. М. История русского языкознания. М., Высшая школа, 1979, стр. 194-195.
③ Щерба Л.В. Избранные работы по русскому языку. М., Учпедгиз, 1957, стр. 63-84; 汉语译文参见：谢尔巴，《论俄语词类》，宋南天等译，时代出版社，1957年。
④ 郐友昌主编，《俄罗斯语言学通史》，上海外语教育出版社，2009年，第197页。

论及词类划分，不能不提维诺格拉多夫的词类学说，他关于词类划分多级性的论述对后来的词类划分产生了深远的影响。维诺格拉多夫认为划分词类要受制于以下五种因素：1）词的不同范畴在连贯话语和句子结构中履行句法功能的不同；2）词的形态构成和词形的差异；3）词的词汇（物质）意义的差异；4）词在反映现实的方式上的差异；5）同词类相联系的相关和并列主从语法范畴本质上的差异[①]。他[②]认为词类的范围应该局限于能起称名功能的词或能替代称名的词。这样，他把词类划分为七类，包括名词、形容词、数词、代词、动词、副词和状态词；这个词类系统在句子结构中和小品词（частицы речи）发生联系，小品词包括语气词/系词、前置词和连接词。和词类以及小品词类平行的还有情态词和感叹词。维诺格拉多夫的词类划分见下表：

Категория слов（词的范畴）	Части речи（词类）	Имя существительное（名词）
		Имя прилагательное（形容词）
		Имя числительное（数词）
		Местоимение（代词）
		Глагол（动词）
		Наречие（副词）
		Категория состояния（状态词）

---

① Супрун А. Е. Части речи в русском языке. М., Издательство «Просвещение», 1971, стр. 51；陈勇，词类理论的历史流变，《解放军外国语学院学报》，2002年第5期，第44页。

② Виноградов В. В. Русский язык. Грамматическое учение о слове. Москва-Ленинград, Учпедгиз, 1947, стр. 41-44.

（续表）

Категория слов（词的范畴）	Модальные слова（情态词）		
	Частицы речи（小品词）	Частица/связка（语气词／系词）	
		Предлоги（前置词）	
		Союзы（连接词）	
	Междометия（感叹词）		

众所周知，任何语言单位都有其内容层（план содержания）和表现层（план выражения）。对于词而言，"每个词都有内容和形式两个层面，是词汇意义、语法特征和语音外壳的统一体。词汇意义构成词的主要内容层面。词表达词汇意义，是语言的基本语义单位。就形式层面而言，词是语言的基本结构单位。词在语法上既有内容方面的特征，又有形式方面的特征"[①]；另外，任何词都不是孤立存在的，它的句法功能也不容忽视。鉴于此，关于词类的划分标准和类别多围绕这三个层面，也就是形式—意义—功能层面而展开。苏联科学院1980年出版的《俄语语法》[②]（以下简称《80年语法》）对词类的定义和分类便采取了这种分析方法，"词类是指词的语法类别，它们具有以下共同的特征：1）具有从这个类别中的所有词的词汇意义和语法意义中抽象而来的泛指的意义；2）一定词法范畴的综合体；3）具有共同的聚合体系统；4）具有共同的主要的句法功能[③]。词的概括范畴意义、词法形态特征和

---

① 张家骅，《新时代俄语通论》（上册），商务印书馆，2006年，第16-17页。
② 苏联科学院分别于1952-1954年、1970年和1980年出版了三部语法著作，以下简称《54年语法》《70年语法》和《80年语法》。
③ Русская грамматика. Т. 1. М., Издательство «Наука», 1980, стр. 457；刘同英，俄语词类的实质及其划分——介绍《80年语法》有关词类部分的论述，《中国俄语教学》，1988年第3期，第34页。

句法功能可以说是词类划分中应考虑的主要因素，但任何一种因素独立出来都不能涵盖俄语所有的词类，可以说，目前的词类分类标准是综合考虑这三个因素，最终互相妥协的结果，"也正是在传统词类划分原则中体现出来的妥协的性质决定了词类划分中无法达成共识。……正是这种妥协性使俄语词类划分成为语法学的永恒问题之一"①。

目前俄罗斯语法学界关于词类的数量也尚未达成共识，一种是遵循《54年语法》《70年语法》和《80年语法》的10种词类分类法，即词类包括名词；代词；形容词；数词；副词；动词；前置词；连接词；语气词和感叹词。前六种词类为实词，具有独立的词汇意义；前置词、连接词和语气词为虚词，它们没有独立的词汇意义，用来表示各种句法关系（前置词和连接词），以及构成分析形式或表达句子的句法意义与情态意义（语气词）；感叹词既不属于实词，也不属于虚词，用来表达感情态度和主观评价②。另一种方法是在前面10类词类的基础上添加一些新的词类，比如添加状态词和情态词的12类分类法③；还有学者，

---

① Современный русский язык, под редакцией В.А. Белошапковой. М., «Высшая школа», 1989, стр. 401-402.
② Грамматика русского языка. Т. 1. М., Издательство Академии наук СССР, 1953, стр. 20; Грамматика современного русского литературного языка. М., Издательство «Наука», 1970, стр. 304; Русская грамматика. Т. 1. М., Издательство «Наука», 1980, стр. 453-457; Русский язык. Морфология, под ред. Г.Г. Инфантовой. М., Академический проект, 2010, стр. 17; 信德麟、张会森、华劭编，《俄语语法》，外语教学与研究出版社，1990年（2004年第12次印刷），第236页；我国的俄语语法书和教科书多遵循这十类分类法，参见黄颖编著，《新编俄语语法》，外语教学与研究出版社，2008年，第2页；《大学俄语（东方）》（新版）第2册，外语教学与研究出版社，2010年，第14页。
③ 关于词类12类分类法的论述，请参见 Современный русский язык, под редакцией В.А. Белошапковой. М., «Высшая школа», 1989, стр. 403-523. 我国也有学者采用12类的分类法，参见张会森主编，《现代俄语语法新编》（上册），商务印书馆，1979年，第6-8页；李勤、孟庆和，《俄语语法学》，上海外语教育出版社，2006年，第167-169页。

如列卡恩特（П.А.Лекант）采用13类分类法，他取消状态词，将述谓词（предикатив）和拟声词（звукоподражания）作为单独的词类划分出来①；尚斯基（Н.М. Шанский）②等又将形动词和副动词单列出来，提出了15类分类法。

从以上简单的列举可以看出，词类的划分标准和分类是一个仁者见仁、智者见智的问题。俄语的词类更为复杂的原因之一是俄语属于屈折语，它有丰富的形态变化体系，词的词法特征往往又和句法特征交叉在一起，因为"在词法中存在的，一定是先前在句法中或者词汇中就已经存在的"③，所以很难找到一个可以涵盖所有特征的标准来对词类进行统一且具有连续性的划分。分析词类需要采取综合的方法，兼顾词法、句法特点，兼顾其语义和功能的方法，"对词类特点的全面揭示需要深入词汇和语法的联系机制，深入在语篇创建尤其是句子生成过程中表现出来的联系机制"④；众所周知，新词的产生和旧词的消亡是持续不断的过程，词类系统因而也不是一个固定不变的系统，这就要求研究者以动态的视角来观察和分析词类。与此同时，词类的研究还受到语言学发展水平，研究者认知水平等诸多方面的限制。正如维诺格拉多夫所言，"在词类体系中反映着这种语言的发展阶段，反映着它的语法结构"⑤。另外，语言现象是复杂的，很多情况下不能对其进行一刀切的分析，词

---

① Современный русский литературный язык, под редакцией П.А. Леканта. Москва, АСТ-ПРЕСС, 2013, стр. 551, 569.
② Шанский Н.М., Тихонов А.Н. Современный русский язык. В 3 частях. Ч. 2. М., Просвещение, 1987, стр. 88-89.
③ Виноградов В.В. Русский язык. Грамматическое учение о слове. Москва-Ленинград, Учпедгиз, 1947, стр. 29.
④ Супрун А.Е. Части речи в русском языке. М., Издательство «Просвещение», 1971, стр. 92.
⑤ Виноградов В.В. Русский язык. Грамматическое учение о слове. Москва-Ленинград, Учпедгиз, 1947, стр. 39.

类更是如此。在词类之间不存在坚实的壁垒，词类之间的过渡交叉现象和兼容现象不胜枚举，这也为词类的分析带来挑战。"过渡现象为词类的划分带来很大困难，因为词类过渡的结果是形成功能同音词和混合型词，形成中间交叉混合领域。"①综上所述，语言现象相互作用的持久性、复杂性和多样性，可以说决定了词类的研究是常研常新的。

---

① Бабайцева В.В. Зона синкретизма в системе частей речи современного русского языка//Филологические науки, 1983, № 5, стр. 36.

第二章
混合型词研究

词类划分的难点之一就是在典型的词类之外还存在着大量兼具两类甚至三类词类特点的词。语法学著作中曾采用不同的术语来描述它们，如：гибридные слова（混合词）、промежуточные слова（中间词）、периферийные слова（边缘词）、синкретичные слова（兼类词），或者是使用已经存在的词类来描述，比如субстантивированные прилагательные（名词化的形容词）、субстантивированные причастия（名词化的形动词）等①。我们采用"混合型词"这一术语来描述这类词。所谓混合型词是指"兼容了不同词类的区分性特点的词，而词类正是由于具有一系列区别特征而被划分出来"②。正如彼什科夫斯基具体指出："一种词类的某些典型范畴也会部分地成为另一个词类的某种固有范畴，比如体、态、时这些和动词性相联系的范畴也会在某种程度上扩展到其他词类。"③俄语中存在着大量的混合型词，如兼有

---

① Бабайцева В.В. Избранное 1955-2005: Сборник научных и научно-методических статей. Москва/Ставрополь, Издательство СГУ, 2005, стр. 164-165.
② Бабайцева В.В. Избранное 1955-2005: Сборник научных и научно-методических статей. Москва/Ставрополь, Издательство СГУ, 2005, стр. 169.
③ Пешковский А.М. Русский синтаксис в научном освещении. М., Учпедгиз, 1956, стр. 104.

动词和名词特征的动名词、兼有动词和形容词特征的形动词、兼有名词和数词特征的数名词等。和典型词类相比，混合型词语义丰富，具有更多样化的配价特征并可以履行多样化的句法功能①。需要注意的是，混合型词虽兼有不同词类的特点，但在具体的使用中所体现出来的具体词类特征却并不相同，比如副动词并不是平均地显现动词和副词的特性，其动词性和副词性的特点需要依据其在具体上下文中所履行的实际功能而定。本章将主要探讨俄语副动词、动名词和动词不定式的过渡性特征②。

第一节　俄语副动词的过渡性特征分析

副动词的词类归属问题在语法学界一直存有争议，综合起来大致有三种看法。一是巴巴依采娃、弗谢沃洛托娃（М.В. Всеволодова）等③将副动词作为单独的词类划分出来，"副动词是实词，它表示补充行为并限定动词谓语表示的主要行为"④，"不定式、形动词和副动词从动词的变化系统中排除出来，被看作是独立的词类，因为它们不具有动词的

---

① 参见 Бабайцева В.В. Зона синкретизма в системе частей речи современного русского языка//Филологические науки, 1983, №5, стр. 38.
② 形动词的过渡性特征与其在句中的半述谓性体现程度紧密相关，为避免重复叙述，关于形动词（短语）的描写详见本书下部。
③ 参见 Бабайцева В.В. Русский язык. Теория. 5-9 классы. М., «Дрофа», 1997, стр. 250-253; Чеснокова Л.Д., Печникова В.С. Современный русский язык. Морфология. Ростов-на-Дону, «Феникс», 1997, стр. 189-194; Всеволодова М.В. К вопросу о методологиях и методиках лингвистического анализа （на примере категорий пространственных, временных и причинных отношениях）（Статья первая） // Вестник Московского университета, 2005, серия 9. филология, стр. 30.
④ Бабайцева В.В. Русский язык. Теория. 5-9 классы. М., «Дрофа», 1997, стр. 250.

人称变化这一典型形态特征"①；二是彼什科夫斯基②等将副动词作为混合型的词类来处理；三是将副动词作为动词或副词的特殊形式来看待，最常见的是将副动词视为动词的形式，如：谢尔巴认为副动词是动词的一种形式，"我们把不定式、形动词、副动词和人称形式看作是一个词的不同形式……因为在这些形式中虽然每个形式都有它自己的意义，但所有的形式都有一个共同的行为（动作）意义"③。这一观点获得了大多数语言学家的支持，如《80年语法》④将副动词和形动词看作是在词法意义及构词层面与动词的述谓形式（变化形式）相区别的动词的修饰性形式，而《70年语法》⑤则将副动词、形动词和动词不定式一起看作是动词的聚合体形式，我国的俄语研究者⑥也多将副动词归属于动词这一词类范畴，都指出副动词兼容了动词和副词的特性。

副动词的这种兼容性尤其表现在句法功能层面，副动词在句中既可以作次要谓语⑦，又可以表示各种疏状意义。语法学著作中多将副动

---

① Жирмунский В.М. О границах слова//Вопросы языкознания. 1961, № 3, стр. 9.
② Пешковский А.М. Русский синтаксис в научном освещении. М., Учпедгиз, 1956, стр. 104.
③ Щерба Л.В. Избранные работы по русскому языку. М., Учпедгиз, 1957, стр. 78；谢尔巴，《论俄语词类》，宋南天等译，时代出版社，1957年，第24页。
④ Русская грамматика. Т. 1. М., Издательство «Наука», 1980, стр. 664-674.
⑤ Грамматика современного русского литературного языка. М., Издательство «Наука», 1970, стр. 417.
⑥ 请参见张会森，《现代俄语语法新编》（上册），商务印书馆，1979年，第478页；张家骅，《新时代俄语通论》（下册），商务印书馆，2006年，第131页；周春祥等，《俄语实用语法》，上海译文出版社，2003年，第176页；黄颖，《新编俄语语法》，2008年，外语教学与研究出版社，第246页。
⑦ 次要谓语（второстепенные сказуемые），顾名思义，是指相对于句中动词谓语而言的次要、补充行为。《54年语法》明确指出，相对于动词谓语而言，（副动词表示的）独立状语可以表达动词谓语的伴随和次要行为，就其意义而言可以称之为次要谓语。参见 Грамматика русского языка. Т.2. Ч. 1. М., Издательство Академии наук СССР, 1954, стр. 652.

词的句法功能归纳为两类，即表示伴随句中谓语的次要行为和充当疏状语成分，表示时间、原因、目的、让步以及行为方式等意义。但学者们都提及副动词表示行为方式或状态意义与其他疏状意义在词法属性和聚合组合关系特征方面有很大不同[①]，为了更好阐释副动词履行不同功能时的过渡性特征，本书将副动词的句法功能分为充当次要谓语，表示时间、原因、目的等状语，表示行为方式或状态三大类。但需要注意的是，在具体语言环境中，在履行一定的句法功能时，副动词的动词性[②]和副词性的体现程度并不相同，因此，"不能把副动词词法特征的双重性简单地归结为它在句法功能上的双重性"[③]，换言之，副动词的词法特征和句法功能并不是稳定的，在一系列因素作用下可以发生变化，这种变化可以通过过渡率得到揭示。

这样，我们将动词和副词作为两个具有鲜明区分性特征的词类置于过渡率的两端А和Б，副动词形式根据其履行的句法功能分别占据Аб、АБ及аБ环节。其各个环节的类型句分别为：

А: Анна *сидит* и печатает./安娜坐着打字。

Аб: *Сидя* в классе, мы записывали весь ход урока./我们坐在教室里记录着课程的整个进程。

---

① 段世骥先生曾撰文专门论述作方式状语的副动词，非常有借鉴意义，请参见段世骥，作方式状语的副动词，《俄语句法论文集》，商务印书馆，1980年。
② 彼什科夫斯基将动词性和体、态、时这些主要范畴相联系，杰维亚托娃 (Н. М. Девятова) 将动词性定义为"是成为动词的能力，也就是具有动词的语法范畴，诸如式、时、人称或性、数、及物和不及物，有完成体与未完成体之别等等"。简言之，体、时、态、式和人称这五种范畴常被认为是动词区别于其他一切词类的鲜明特征。参见 Пешковский А. М. Русский язык в научном освещении. М., Учпедгиз, 1956, стр. 104；苏联国立莫斯科大学，《现代俄语形态学》，商务印书馆，1959年，第335页；Девятова Н.М. Одиночное деепричастие и проблемы его обособления в русском языке// Русский язык в школе, 2012, № 2, стр. 17.
③ 段世骥，用作次要谓语的俄语副动词，《俄语句法论文集》，商务印书馆，1980年，第118页。

АБ: *Сидя* рядом с учителем, Антон не волнуется./尽管和老师挨着坐，但安东并不感到紧张。

аБ: Отец, *сидя* на корточках, перелистывал журнал./父亲蹲着翻阅着杂志。

Б: Анна спала *сидя*./安娜坐着睡着了。

在A环节动词сидеть的变位形式сидит和печатает一起在句中作谓语，体现着动词的结构和语义特点，因为动词作谓语是其最典型的句法功能，所以动词句也是俄语简单句中最重要的句型。如：

（1）В последние годы мы *встречаем* Новый год «на боевом посту». (С. Ткачева)①/最近这些年我们都在"战斗岗位"迎接新年。

（2）Брат *занял* для него денег, княгиня посоветовала уехать из Москвы после свадьбы. (Л. Толстой)/哥哥为他借款，公爵夫人建议他婚后离开莫斯科。

Аб－АБ－аБ环节虽同为сидя这一副动词形式，但其履行的句法功能截然不同。Аб环节履行次要谓语功能，АБ环节表示让步状语意义，аБ环节充当行为方式状语，直至过渡为Б环节的副词。

副动词在Аб环节充当次要谓语，如：

（3）И она вышла, *хлопнув* дверью. (Л. Толстой)/她砰一声关上门，走了。

段世骥②曾从副动词与主要行为的意义联系、时间关系及词序位置关系层面详细分析阐述了副动词用作次要谓语的种种情况。他指出：当副动词与主要行为之间不是说明附属关系，而是平行关系时，即充当次

---

① 本书取自知名作家作品的例子译文参考了其中文译本，另有极个别例子转引自权威俄语语法著作。
② 段世骥，用作次要谓语的俄语副动词，《俄语句法论文集》，商务印书馆，1980年，118-133页。

要谓语。实际上，这种平行关系主要建立在语义基础之上，需要综合全句内容来对副动词的功能进行判断。

当副动词充当次要谓语时，副动词具有较强的动词性，动词特征具体表现在以下几个方面：

1. 能很好地实现其配价能力，构成独立的副动词短语①，如：

（4）И, *окончив разрешительную молитву*, священник благословил и отпустил его.（Л. Толстой）/神父祷告完毕，在列文面前划了十字，祈求上帝保佑他，然后就让他走了。

2. 具有完整的相对时间意义，可以表示和主要行为同时、在前和在后发生的行为②，如：

（5）"Профессиональный" читатель, *имея* дело со многими изданиями одновременно, твердо знает: нет источника более ненадежного, чем исторические справки в ежедневных газетах.（А. Носик）/同时和众多出版物打交道的"职业"读者熟知，没有比日报中的历史资料更不可靠的资讯了。（同时关系）

（6）И еще раз *погладив* ее плечико, он поцеловал ее и отпустил ее.（Л. Толстой）/他又摸摸她的小肩膀，吻了吻她，这才放她走。（在前关系）

（7）Он бросил папиросу на землю, *растоптав* ее двумя слишком сильными ударами ноги.（М. Горький）/他把烟卷抛在地上，用脚狠狠

---

① 副动词可以单独使用，也可以与它所支配的词、说明它的词一起构成副动词短语。
② 副动词的时间意义还可以借助于句中出现的其他词汇手段来得到进一步明确，如：Однажды, гуляя по зоопарку, я увидел очень странное явление природы.（Н. Носов）/ 有一天，我在逛动物园的时候，看到了非常奇怪的自然现象。Лет пять назад, имея большой опыт в продажах, но никакого в руководстве фирмой, я был абсолютно уверен в своих силах.（коллективный）/ 大约 5 年前，有很多销售经验、却没有任何领导公司经验的我，对自己信心十足。

地踩了它两下。(在后关系)

但需要注意的是，只有这个环节的副动词可以表示在后行为，换言之，凡是副动词表示在后行为时，都是充当次要谓语，和主要行为构成一种平行并列的关系，而不是依附从属关系，并且常使用完成体副动词形式，且位于主要动词之后，如：

(8) Они (акции протеста) сразу же приняли широкомасштабный характер, *сыграв значительную роль в подъеме профсоюзного движения в стране.* (А.Кацва)/示威行动越来越声势浩大，在掀起全国范围的工会运动方面起到很大的作用。

3. 副动词短语可以替换为动词谓语，从而和动词句构成同义关系。如：(9) Джордж, *стоя* перед зеркалом, *разглядывал* себя в новой одежде (乔治站在镜子前面端详着穿着新衣服的自己) 和 Джордж *стоял* перед зеркалом и *разглядывал* себя в новой одежде 构成同义结构。

就语义内容而言，处于Аб环节的副动词除了表示后续行为，还可以含有解释说明的意味。可以说，副动词表示的动作是谓语动词所表示动作的内涵，和动词谓语构成一个整体。①如：(10) Чем дольше мы ехали, тем я все более отчетливо понимал, что допустил роковую ошибку, *выбрав* на роль жены Настю. (А. Дышев)/我们走得越久，我就越清晰地意识到：选纳斯佳扮演妻子是犯了一个致命的错误。副动词短语解释说明究竟犯了一个什么样的错误，再如：

(11) И (Дантес) умер в своей постели на восемьдесят четвертом году жизни, более чем на полвека *пережив свою русскую жену.*

---

① 参见张会森，《现代俄语语法新编》（上册），商务印书馆，1979年，第486页；段世骥，用作次要谓语的俄语副动词，《俄语句法论文集》，商务印书馆，1980，第131-132页。

(С. Бестужева-Лада)/丹杰斯在84岁时卧病去世，比他的俄罗斯妻子多活了半个世纪。句中副动词短语是对主要行为信息的进一步补充。

АБ环节为中间环节，可以说处于这一环节的副动词对动词和副词的兼容性特征得到了最大程度的体现。如：(12) А главное — водитель нисколько не устал, *проехав за 6 часов почти 500 км.* (Ф. Александров)/重要的是，司机一点儿也不疲劳，尽管他在6个小时内行驶了500公里。句中副动词保留了动词的支配能力，并具有时间范畴（表示相对于主句时间而言的在前行为），同时从整个句子的语义内容而言，副动词短语具有让步意义，承担起副词的疏状功能，可以替换为相应的从句：А главное — водитель нисколько не устал, хотя он уже проехал за 6 часов почти 500 км.

处于АБ环节的副动词所具有的时间范畴和Аб环节的副动词略有不同，在时间范畴层面，АБ环节的副动词形式可以表示和主要行为的同时行为和在前行为，如：(13) Большинство выпускников, *стремясь к высшему образованию,* вовсе *не идут «по стопам» родителей* (Ю. Флоринская, Т. Рощина)/大多数的毕业生向往着接受高等教育，因此并不仿效父母。句中副动词表示同时关系，且通常使用未完成体副动词形式；(14) Через 10 лет, *выйдя на пенсию,* эти люди *потребуют* объяснений, почему их пенсия значительно ниже зарплаты... (Н. Биянова)/等10年后，等这些人退休的时候，他们就会要求做出解释，为什么他们的退休金比工资低……句中副动词表示在前关系，且通常使用完成体副动词形式。

处于这个环节的副动词的词序位置比较自由，可以位于主要行为之前，如：(15) *Решив свои денежные доходы,* парламентарии поставили вопрос о повышении в два раза оклада своим многочисленным помощникам (Б. Варецкий)/解决了货币收入以

后，议员们提出了将自己众多助手的工资提高一倍的问题。也可以位于主要行为之后，如：(16)...тогда я думала, что главная проблема общения с компьютером – это порча зрения..., что он будет садиться за него, только *сделав* уроки и все домашние дела, ...(Е. Павлова)/当时我以为，使用电脑最大的问题是损坏视力，以为他会在做完所有作业之后使用电脑……

该环节的副动词可以表达多种多样的疏状意义[①]，如：

1. 时间意义：(17)*Приехав* к месту своего служения, Степан Аркадьич, провожаемый почтительным швейцаром, с портфелем прошел в свой маленький кабинет, надел мундир и вошел в присутствие.(Л. Толстой)/到了办公地点，斯捷潘·阿尔卡季奇由毕恭毕敬的门房陪同，拿着公文包，走进他的小办公室，穿上制服，然后走到大办公室来。(异时关系)(18)Я к вам с поручением от жены, – продолжал он, *подавая* ей руку, – Вы должны помочь нам. (А. Чехов)/"我是受内人的委托来看您的。"他接着说，一面向她伸出手去，"您应该帮帮我们的忙。"(同时关系)

2. 原因意义：(19)Впервые *попав* в театр, он радовался и изумлялся как ребенок, сцена, оркестр, зрительный зал завораживали его.(И. Во)/因为是第一次来到剧院，他那么高兴，那么惊讶，像个孩子一样，舞台、乐队、大厅都如此吸引着他。(20)*Не имея* никаких средств к существованию, она стала работать корректором в типографии.(С. Марлинская)/由于没有任何生活来源，她只好开始在印刷所做校对员。

[①] 在各类语法书中对副动词所表示的疏状意义类型都有较详尽的描写，请参见张会森，《现代俄语语法新编》(上册)，商务印书馆，1979年，第484-485页；黄颖，《新编俄语语法》，外语教学与研究出版社，2008年，第252-253页。

3. 目的意义：(21) Я в ужасе оглядываюсь, *надеясь за что-нибудь ухватиться*, но гладкая стена не оставляет никаких шансов на спасение. (А. Дышев) / 我恐惧地四处张望，想着或许可以抓住些什么，但光滑的墙不给人任何求生的机会。(22) - Матвей, сестра Анна Аркадьевна будет завтра, - сказал он, *остановив на минуту глянцевитую*, пухлую ручку цирюльника, расчищавшего розовую дорогу между длинными кудрявыми бакенбардами. (Л. Толстой) / "马特维，我妹妹安娜·阿尔卡季耶夫娜明天要来了，"他边说边做手势要理发匠的光滑丰满的手停一会儿，理发匠正在从他的长长的、鬈曲的络腮胡子中间剃出一条淡红色的纹路来。

4. 让步意义：(23) Хотя, *родившись в 1940 году*, Андреевский не мог наблюдать жизнь довоенной Москвы, он много работал в архивах, общался с очевидцами тех лет, записывал их воспоминания. (А. Гулина) / 尽管由于出生在1940年，安德烈耶夫斯基无法观察战前莫斯科的生活，但他长时间泡在档案馆，和那个年代的过来人交流并记录下他们的回忆。

5. 条件意义：(24) А разве никак нельзя получить эти деньги, *не вступая в должность*? (А. Дышев) / 如果不入职，就无论如何也拿不到这些钱吗？(25) *Убрав компьютер или запретив ребенку ходить в компьютерный клуб*, вы скорее всего ничего не добьетесь, потому что ваш запрет обязательно будет нарушаться. (Ю. Ковалева) / 如果拿走孩子的电脑或者禁止他去网吧的话，那么你们很可能达不到任何目的，因为你们的禁令是一定要被打破的。

在AB环节，副动词从词法特征而言，其动词性和副词性都得到了很好的体现，"它既可以表示次要的行为，同时又说明主要行为进行的状况。它一方面作各种状语（时间、原因、条件、让步、目的状语），另一方面，又可以恢复为相应的从句中的动词谓语"①。可以说，副动词可以转换为从句和动词谓语两种形式，如：(26) *Вернувшись к машине*, я сел за руль и позвонил Календулову... 和 Я вернулся к машине, сел за руль и позвонил Календулову... 以及 Когда я вернулся к машине, я сел за руль и позвонил Календулову/等我回到车上，坐下来准备开车时就给卡连杜洛夫打了电话……构成同义结构。但需要注意的是，有些副动词兼容了不同的疏状意义，具有模糊性，"副动词结构表示的独立状语意义并不总是明确清晰，很多时候是一个意义和另一个意义叠加在一起"②，如：(27) *Проехав сотни километров по степи*, Даренский почувствовал, как тоска осилила его (В. Гроссман)/在草原上行驶过几百公里后，达列斯基感到无边的忧愁向他袭来。句中副动词проехав（行驶过）兼有时间意义和原因意义。再如：(28) Когда машина остановилась, мы с Чемодановым стали толкаться на краю тротуара, *борясь* за право сесть с Настей на заднее сиденье. (А. Дышев)/车一停稳，我就和切莫达诺夫开始在人行道边上推搡，争着和纳斯佳一起坐后座。这句话中的副动词兼容了目的和原因意义。

另外，一个句子中也可见多个副动词并用，分别说明同一个主要行为。如：(29) *Не рискуя* свернуть себе шею накануне новой жизни, я задержался на ступенях, *выискивая* более безопасный путь (А. Дышев)/可别在新生活开始前夕去做掉脑袋的冒险事……我在楼梯上停了下来，试图寻找更安全的路。在这个句子中，对于主要行为задержался而言，前一个副动词指明了主要行为发生的原因，而后一

---

① 段世骥，用作次要谓语的俄语副动词，《俄语句法论文集》，商务印书馆，1980年，第118页。
② Грамматика русского языка. Т.2. Ч. 1. М., Издательство Академии наук СССР, 1954, стр. 652.

个副动词指示了行为的目的。再如:

（30）*Успокоившись*, я стал прохаживаться туда-сюда, *контролируя* все подходы.（А. Дышев）/安静下来以后，我开始走来走去，来检查所有的途径。这句话中前一个副动词指明了主要行为发生的时间，后一个副动词则表示行为的目的。

处于aБ环节副动词的主要句法功能是在句中作行为方式状语，说明句中主要行为进行的方式或状态，如:（31）- Поздравляем вас! - сказала ему Кухарка, *ухмыляясь во все лицо*.（А. Чехов）/"祝贺您！"厨娘对他说道，她满脸都笑开了花。句中副动词ухмыляясь（微笑着）相对于句中的谓语сказал（说话）而言，具有明显的依附说明关系，对说话这个行为进行了限定，"是满脸带笑地说"。再如:（32）...дьякон сказал, что он запишет, и, *бойко звуча новыми сапогами по плитам пустой церкви*, прошел в алтарь.（Л. Толстой）/助祭说，要把列文的名字登记下来，然后他的新靴子踏着空荡荡的教堂的石头地，咯噔咯噔地迈上祭坛。

如果说AБ环节的副动词是兼备动词性和副词性的话，那么aБ环节的副动词的副词性则大大增强，具体表现为：由于处于这一环节的副动词是对主要行为发生的方式或状态做限定，因此，只能表示和主要行为同时发生的伴随行为，"这是副动词的相对时间意义弱化的一种表现，是作方式状语的副动词和作其他成分的副动词的主要区别之一"[①]。处于这一环节的副动词常使用未完成体形式，且在句中位置比较自由，可以位于主要行为之前，如:（33）Девочка, любимица отца, вбежала смело, обняла его и, *смеясь*, повисла у него на шее...（Л. Толстой）/小姑娘是父亲的宝贝，她大胆地跑了进来，搂住父亲，笑着吊在他

---

① 段世骥，作方式状语的副动词，《俄语句法论文集》，商务印书馆，1980年，第179页。

脖子上。也可以位于主要行为之后，如：(34) Вскоре она заснула, *всхлипывая*...(Е. Белкина)/很快她就抽噎着睡着了……

用作方式状语时，也可以使用完成体副动词形式，如：(35) Степан Аркадьич постоял несколько секунд один, отер глаза, вздохнул и, *выпрямив грудь*, вышел из комнаты.(Л. Толстой)/斯捷潘·阿尔卡季奇一个人站了一会儿，揩了揩眼睛，叹了口气，挺起胸膛，走出房间。完成体副动词выпрямив（挺直胸膛）限定вышел（走出房间）的具体状态，是挺着胸膛走出房间。再如：(36) – Лучше я приеду к тебе. Очень люблю смотреть на тебя, когда ты сидишь в своем кресле, *завернувшись в плед*.(А. Дышев)/最好还是我到你这里来，最喜欢看你裹着方格子毛毯坐在扶手椅里的样子。句中副动词短语 *завернувшись* в плед很好地再现了坐在扶手椅里的状态，是裹紧着方格子毛毯坐着。使用完成体副动词形式表示状态，可以理解为是行为结果的延续和保持，也就是副动词表示的行为结果伴随主要行为的过程，如：(37) Она сидела на подоконнике, *подтянув* колени к груди. (В. Клюева)/她坐在窗台上，把双膝抱在胸前。句中副动词подтянув колени к груди表示的"把双膝抱在胸前"这一状态伴随句中主要行为"坐在窗台上"整个过程。正如维诺格拉多夫①所言："在适当的语义条件下，完成体副动词的结果意义可以转化为状态意义，这种状态是行为完成后所产生的结果，同时（在某些句法—修辞条件下）作为另一行为的方法或方式状语而伴随该行为。"

аБ环节作方式状语的完成体副动词和主要行为的同时性特征还表现在可以和未完成体副动词一起对主要行为做限定，如：

(38) Варя, *сидя на полу, положив голову на узел с платьем*, тихо

---

① Виноградов В.В. Русский язык. Грамматическое учение о слове. Москва-Ленинград, Учпедгиз, 1947, стр. 389.

рыдает.(А. Чехов)/瓦利亚坐在地板上，把头埋在衣服包里低声抽泣着。

句中两个副动词短语сидя на полу和положив голову на узел с платьем作为同等成分，很好地再现了Варя哭泣时的身体姿态。但使用完成体副动词作行为方式状语时，句中表示主要行为的多是"状态""言语""感知"等意义的未完成体动词以及少数具有这几类意义的完成体动词①，如：

（39）Ваня Цыганков *смотрит на меня, приоткрыв рот ...* （Б. Окуджава）/瓦尼亚·齐甘科夫微张着嘴巴看着我。

（40）Коваленко *сидел, надувшись,* и молчал.（А. Чехов）/柯瓦连科坐在那儿生闷气，不说话。

аБ环节的副动词副词性增强的另一个表现是：副动词对句中的主要行为具有很强的从属性和依赖性，常和副词构成同等成分来共同修饰限定谓语。如：

（41）Когда мы поравнялись, я взглянул на нее. Она прошла мимо меня быстро, легко, *держа в руках раскрытую книгу*.（К. Паустовский）/她就是那样飞快、轻盈地从我身边擦过，手里还拿着一本打开的书。句中副动词держа（拿着）和副词быстро（飞快地）、легко（轻盈地）一起来肩负描写女子从身边走过时的状态的使命：她走得那样快捷，那样轻盈，手里拿着一本打开的书。前面两个副词更有力地说明了副动词的副词性特征。

值得一提的是，随着副动词副词性的不断增强，有些副动词已经发生向副词的转化，过渡为Б环节的副词，它们虽然和其他环节的副动词是同一个词形，但通常丧失配价能力而独自使用，且不需要独立，如：

---

① Виноградов В.В. Русский язык. Грамматическое учение о слове. Москва-Ленинград, Учпедгиз, 1947, стр. 390；邵欣，关于完成体副动词的一个用法，《中国俄语教学》，1985年第6期，第23页。

(42) Дома у себя читал он всегда *лежа*. (А. Чехов) /他在家老是躺着看书； (43) Он встал, *не спеша* снял с шеи орден, снял фрак и жилет и надел халат. (А. Чехов) /他站起来，不慌不忙地从脖子上取下勋章，脱掉上衣和坎肩，穿上长袍。

但并不是所有副动词都可以转化为副词，而是只有表示方式状语的未完成体副动词可以转化为副词，这也从另一个层面证明表示方式状语的副动词具有非常强的副词性。如：(44) После выступления делегаты аплодировали бывшему ректору *стоя* (А. Гулина) /演讲后代表们站着给前任校长鼓掌； (45) Первую бутылку выпивают тоже *молча*: доктор – задумавшись, а Михаил Аверьяныч – с веселым оживленным видом, как человек, который имеет рассказать что-то очень интересное. (А. Чехов) /他们仍默默无言地把第一瓶酒喝完，医师在沉思，米哈依尔·阿威良内奇则面露快乐活泼的神情，像是有一件有趣的事要讲似的。

纵观过渡率上副动词的词类属性、句法功能及同义结构的变化，可以发现：影响副动词履行不同句法功能的既有与其构成组合关系的因素，也有构成聚合关系的因素。所谓"组合关系是指构成线条性序列的语言要素之间横的关系，而聚合关系是指在一个结构中占据同一位置具有同一作用的语言要素之间的纵的关系"[①]。影响副动词句法功能的组合关系因素包括副动词本身配价能力的体现、体的范畴及其与句中主体和述体的关系等，而聚合关系是指副动词结构可以进行哪些同义转换。

具体而言，副动词的配价关系体现得越充分，显示其动词性越强，而当副动词配价关系体现减弱，甚至独自使用时，则其副词性加强，有些则直接过渡为Б环节的副词。

另外，副动词和句中主要行为的时间关系、其自身体的范畴以及在

[①] 吴贻翼，《现代俄语句法学》，北京大学出版社，1988年，第96页。

句中的位置也影响其句法功能。副动词表示的和主要行为的时间关系类型在过渡率的各环节呈递减趋势，由Аб环节表示三种（同时、在前和在后）时间关系，到АБ环节表示同时和在前两种时间关系，而到aБ环节则只能表示同时关系。"时"作为动词最重要的范畴，时间关系的弱化可以说是副动词的动词性减弱、副词性增强的另一个标志。

副动词的聚合关系在过渡率的各个环节体现得也各不相同。副动词在Аб环节充当次要谓语，最大限度地保留了其动词性特点，可以替换为动词谓语；在АБ环节，副动词可以转换为从句和动词谓语两种形式；而在aБ环节，用于此意义的副动词很接近副词，是对主要行为特征的限定。这类副动词无法像处于Аб及АБ环节的副动词一样替换为带有动词变位形式或从句的句子，但可以和表示状态或特征的其他结构形成同义关系，如：

（46）Да она и не смотрела, лежала на кровати, *открыв глаза*, лицом к потолку.（М. Харитонов）/她连看也没看，躺在床上，睁着眼睛，面朝天花板。Елена же почти не спала, лежала *с открытыми глазами* и вспоминала, откуда знаком ей музыкант, и, кажется, вспомнила…（Л. Улицкая）/叶琳娜几乎没睡，睁着眼睛躺着回想着，她如何和音乐家相识的，好像，真想起来了……

（47）Он подошел и, *не улыбаясь*, спросил: — Как здоровье, начальник?（С. Довлатов）/他走近了，面无笑意地问道："身体怎么样，长官？"Он поднял голову. -Знаю, -ответил он серьезно, *без улыбки*.（Ю. Домбровский）/他抬起头。"知道了。"他严肃地回答说，毫无笑意。

总而言之，就词类属性而言，从Аб环节到aБ环节，副动词的动词性不断减弱，副词性不断加强，直至有些副动词（诸如сидя, лежа, стоя等）过渡为副词，完全进入Б环节，其显著标志是不再需要独立，句中位置较自由并且不仅可以限定动词，还可以限定名词、形容词等，如：

（48）– Это ничего, сказал Аркадий Лукьянович, я люблю *сидя спать*（Ф. Горенштейн）/"这没关系，"阿尔卡季·卢基扬诺维奇说，"我喜欢坐着睡觉。"

（49）Он *спал сидя; спал стоя; спал на ходу.*（В. Маканин）/他坐着睡，站着睡，走路也睡。

（50）Худощавый, *высокий даже сидя*, со светло-белокурыми прямыми волосами и смуглым лицом, он смотрел на нее снизу вверх с насмешливым торжеством молодости и силы.（И. Грекова）/他清瘦清瘦的，即使坐着也很高，有着直直的浅色的头发和黝黑的脸膛，他从下到上打量着她，带着由于青春、力量而感到的略带嘲讽的胜利喜悦。

在句法功能层面，副动词在一系列与其构成组合关系和聚合关系的多种因素作用下可以履行不同的句法功能。副动词的过渡性特征就其本质而言是由动词（А环节）类的范畴意义和副词（Б环节）类的词法特点的混合性决定的，这种混合性虽然破坏了语言单位表现层和内容层的平衡，却赋予了副动词丰富的潜能，决定了副动词可以和句中主体和述体保持双向性联系（двунаправленная связь）的句法特点，也就是副动词在限定主要行为的同时，也在对主体进行过程性特征的描写①，如：

（51）*Спускаясь по лестнице*, он думал о том, что идет по этой лестнице последний раз.（А. Пантелеев）/沿着楼梯下楼的时候，他思考着这是最后一次走这个楼梯了。句中副动词спускаясь（下楼）既限定谓语думал（思考）（думал-спускаясь），同时也说明句中主体он（他）（он-спускаясь）。

在过渡率的Аб-АБ-аБ环节，副动词的动词性呈现减弱趋势，副词性呈加强趋势，其句法联系也随之变化，也就是与主体的联系不断减弱，

---

① 参见 Русская грамматика. Т.2. М., Издательство «Наука», 1980, стр. 180.

与述体的联系不断增强，在Аб环节与主体的联系最强，АБ环节体现双向性的句法联系最充分，在аБ环节与述体的联系最强，直至Б环节，副动词完全失去与主体的联系，最终演变为只修饰限定述体的副词。

过渡性特征可以说是所有兼有两个或多个词类特征的混合型词的共性。我们采用过渡率来分析副动词不是试图验证某些（个）副动词一定会发生向副词的过渡和转化（实际上它们共存于语言中），而是帮助俄语学习者直观地体会副动词乃至所有混合型词在使用中的细微差别，认清其词法属性、句法功能和句法联系，从而更精准地掌握和丰富语言表达手段。

第二节　俄语动名词的过渡性特征分析

1. 动名词的过渡性特征

动名词（отглагольное существительное или девербатив），顾名思义，是通过动词词干加上名词后缀而构成的名词[①]，如：овладение（掌握）、подготовка（筹备）、выезд（出发）等。

词法层面上，动名词获得了名词的性、数、格等语法属性，如在Мария Клавдиева увлекалась *коллекционированием*句中коллекционированием为名词中性单数第五格形式，而在Вкус

---

① 构成动名词的常见后缀有：-ни-е (-ани-е, -ени-е), -ти-е, -стви-е; -к-а (-б-а), -ци-я, -ств(о) 等，如：решение（解决），согласование（协调），участие（参与），содействие（协助），чистка（清洗），борьба（战斗，斗争），модернизация（现代化），знакомство（结识）等。也有零后缀的动名词，如：осмотр（检查，参观），пуск（放走，放开），взлет（起飞）等。关于动名词的构词方式，请详见Русская грамматика. Т. 1. М., Издательство «Наука», 1980, стр. 157-166.

истинного в искусстве она воспитала в себе во время поездок в Европу句中поездок为复数第二格形式；另一方面，动名词全部或部分丧失了动词的时、体、态等范畴，如: закрытие（闭幕，结束）既是动词закрыть（完成体），也是закрывать（未完成体）的动名词，同时它也是закрыться（被动态）的动名词[1]。

  动名词在用法上保留了相应动词的配价能力和支配关系[2]，但配价成分的词法体现与动词不同。由及物动词派生的动名词客体通常体现为第二格形式，如: повторение *материала*（повторить материал）, обновление *внутренних ресурсов*（обновить внутренние ресурсы）；主体通常由第二格或第五格[3]（当主体和客体同时出现，客体用第二格表示）形式表示，如: изобретение *ученых*（Ученые изобретают）, использование воды *человеком*（Человек использует воду）, воспитание детей *родителями*（Родители воспитывают детей）等。有时也会出现双客体的情况，如: информирование *адресата о предстоящем мероприятии*（информировать адресата о предстоящем мероприятии）, предоставление *отпусков работникам*（предоставить работникам отпуск）等。由不及物动词派生的动名词客体形式与原动词的客体表现形式相同，如:

---

① 也有学者（如 Г.А.Золотова）认为某些动名词部分地保留了动词体的意义，如表示瞬间行为的动名词 бросок, толчок, прыжок, шаг, вспышка, выстрел 等，表示长期行为的动名词 курение, стирка, пляска, беседа 等。参见 Золотова Г.А. и др. Коммуникативная грамматика русского языка. М., Филол. фак. МГУ им. М. В. Ломоносова, 1998, стр. 411.

② 参见清华大学俄文教研组，《俄语语法手册》（上册），商务印书馆，1958年，第 55-64 页；Абдуллаев Х. Н. Валентные свойства отглагольных существительных в современном русском языке. Автореферат. Ташкент, 1987.

③ 但并不是与动名词连用的第五格形式都表示主体，依据具体上下文也可表示工具、方式等意义，如: Лечение изнурительным трудом не помогло.

помощь *другим странам*（помогать другим странам）, овладение *иностранным языком*（овладеть иностранным языком）, стремление *к перемене жизни*（стремиться к перемене жизни）, превращение *в мировую державу*（превратиться в мировую державу）等，此时主体通常用第二格形式表示，如: помощь *Китая* другим развивающимся странам, влияние *России* на мировую экономику, стремление *студентов* к непрерывному обновлению знаний等。值得注意的是，有些动名词的支配关系与相应的动词不同，如победа *над врагами*（но победить *врагов*）, уважение *к старшим*（но уважать *старших*）等。另外，某些动名词可以要求动词不定式或者从属句，如：

（1）Я как мама всегда понимала, что нужно прежде всего воспитать в детях *умение сочувствовать, сопереживать*, чтобы они, видя, что в мире есть боль и страдание, по мере сил облегчали страдания других.（М. Строганова）/我作为妈妈一直很清楚，孩子最需要培养的是同情别人、感同身受的能力。要让他们在了解这个世界存在疼和痛之后，可以量力而行地去减轻别人的痛苦。

（2）Выражая свое *удовлетворение тем*, что я призван таким образом поддерживать с Вами официальные и личные отношения, которые будут соответствовать дружественным отношениям, существующим между нашими странами, прошу Вас, господин Посол, принять уверения в моем весьма высоком уважении.（Личная нота）/我在就任时，诚恳地向阁下表示，我将尽力同你建立良好的联系，以加强我们两国之间的友好关系。

需要注意的是，动名词的扩展可以具有双重性，也就是左翼和右翼都可以得到扩展①，如：мое увлечение дизайнером, совместная разработка системы для мобильных телефонов等。

动名词由于获得了名词的语法属性，因此，可以和其他名词一样在句中履行主语、谓语、补语、定语等不同的句法功能，如：

（3）...после месяцев в больнице простое *пребывание* на улице было событием.（И. Грекова）/在医院待了数月之后，哪怕是一次最寻常的在街道上的驻足都是一件大事。（主语）

（4）К тому же я считаю, что бурная реакция на какие-то провокации – это *проявление* слабости.（С. Татаренков）/况且我认为，对某些挑衅的强烈反应是软弱的表现。（谓语）

（5）Помимо таланта пианиста у него несомненный литературный дар — он очень красочно описал наше тогдашнее *пребывание* в Туре и *выступление* в столь необычном зале.（И. Архипова）/他除了具有一名钢琴家的天分，还具有毫无疑问的文学潜质——他总是绘声绘色地讲他在图尔的逗留和在不寻常的大厅的表演。（补语）

（6）Обсуждался ли в ходе сегодняшней встречи вопрос *борьбы* с терроризмом в Прикаспийском регионе?（С. Лавров）/在今天的会晤上讨论打击里海地区的恐怖主义这一问题了吗？（定语）。

值得注意的是，动名词常和一些虚化动词一起构成动名词短语②，如：

---

① 巴巴依采娃认为，正是动名词范畴意义的混合性特征决定了其左翼和右翼均可以得到扩展，参见 Бабайцева В.В. Зона синкретизма в системе частей речи современного русского языка//Филологические науки, 1983, № 5, стр. 38.

② 郭淑芬称这类虚化动词＋动名词的结构为描写述谓（описательные предикативы），其中一个是语义主导词，占据句法依附位置，另一个是句法主导词，即完成建构功能的建构词 (строевое слово)，有时该词在很大程度上没有语义，请详见郭淑芬，俄语描写述谓的基本类型及其功能语体特点，《中国俄语教学》，2007年第4期，第26-30页。

（7）Следующий вопрос: какое *влияние оказывают* облака на климат?(Р. Григорьев)/下一个问题是：云彩对气候有什么样的影响？

（8）День и ночь он грустит, покачивая головой, вздыхая и горько улыбаясь; в разговорах он редко *принимает участие* и на вопросы обыкновенно не отвечает.(А. Чехов)/他一天到晚心绪愁闷，摇头，叹气，苦笑。他很少参与别人的谈话，对于人家问他的话，他照例不回答。

（9）Тем, кто *совершает многократные поездки* в течение года, целесообразнее воспользоваться годовым полисом.(Т. Ливенкова)/那些在一年之内多次出行的人使用年度保险更合理。

从句法结构而言，此类句子的述体由动词和动名词共同构成，句子的述谓性通过动词的形态变化而凸显；从语义角度看，动词本身的语义处于虚化状态，句子述体的语义重心转移到动名词上面，去掉动名词，上述句子则不成立，不能讲"Облака *оказывают* на климат; Он редко в разговорах *принимает*; Кто *совершает* и пользуется годовым полисом"，但句子的述体可以分别替换为与动名词相对应的动词влияет, участвует和ездит。由此可见，动名词在句子语义层面起到至关重要的作用。

动词虚化作为语言的普遍现象，在汉语中同样存在，朱德熙先生曾指出：汉语中一些及物动词"进行、加以、给予、予以、作等"原来的词汇意义已经明显弱化，将它们去掉并不影响原句的意思[①]。如：进行研究=研究，进行斗争=斗争，给予帮助和支持=帮助和支持，做贡献=贡献等。虽然这些虚化动词的存在并不增添新的语义内容，但却能赋予语言以正式的书面语色彩。汉语如此，俄语也不例外，因此，掌握好虚化动

---

① 参见朱德熙，现代书面汉语里的虚化动词和名动词——为第一届国际汉语教学讨论会而作，《北京大学学报》（哲学社会科学版），1985年第5期，第1页。

词的用法可以使俄汉互译更加精准。

众所周知,词的词义并不是一成不变,也会发展变化,发生词义的转移,从而构成多义现象。具体而言,某些动名词可以进一步名词化,演变为表示事物称名的名词,如在На *почтовых отправлениях* адрес адресата пишется в следующей последовательности(在邮品上收件人地址按下列顺序填写)句中,отправления指称具体事物,指邮品、邮件,已经不同于*Отправление поездов* перенесено на пригородные станции(列车发车改到郊区火车站)句中表示动作、行为(列车发车)的动名词отправление.

动名词发生语义转移,变为纯名词,有其语义认知基础。通常,按概念联想的性质,可将语义转移的过程归纳为根据接近联想实现的换喻性转移(метонимический перенос)和根据类似联想实现的隐喻性转移(метафорический перенос)[1]。作为词义扩展和衍生的主要方式,隐喻强调相似性,换喻强调相关性。换喻性转移的一种具体体现就是用整体转指部分,动名词表示动作、行为,进而可以表示一种情景、一种关系,名词表示事物,而关系概念通常包含事物概念,"从这个意义上讲,关系概念和事物概念之间是一种(抽象的)整体和部分的关系"[2]。动名词直接指称事物便是整体转指部分的换喻机制在起作用。

同时,动名词发生换喻性转移并不是任意的,沈家煊[3]从认知语言学视角提出发生语义转移的认知模型,即:在同一个认知框架[4]内,概

---

[1] 倪波、顾柏林,《俄语语义学》,上海外语教育出版社,1995年,第214页。
[2] 王冬梅,动名互转的不对称现象及成因,《现代汉语语法的功能、语用、认知研究》,商务印书馆,2005年,第202页。
[3] 沈家煊,转指和转喻,《现代汉语语法的功能、语用、认知研究》,商务印书馆,2005年,第147-148页。
[4] 沈家煊认为,"认知框架"是人根据经验建立起来的概念与概念之间的相对固定的关联模式,对人来说,各种认知框架是"自然的"经验类型。

念A和概念B密切相关，由于A的激活，B会被附带激活。另外，A之所以能激活B，还与A、B的显著度有关，而用显著的东西转指不显著的东西是一般规律。这样，用动名词表示的动作、行为便和行为的发出者、行为的客体（结果）以及行为发生的地点、方式等处于同一个认知框架内，并且用动名词表示的动作、行为的显著度要高于用名词表示的事物。可以说，正是动名词激发了认知框架中与该动名词表示的动作、行为相关的事物概念，才发生词汇意义的转移。

动名词发生换喻式语义转移的方式通常有[①]：

1.动作（действие）——动作的主体（субъект）：*замена старого новым*（以新代旧）- найти себе *замену*（找替代自己的人）。如：（10）Однако американцы легко найдут *ей замену*. （А. Терентьев）/但美国人很容易找到替代她的人。

2.动作（действие）——动作的客体（объект）/结果（результат）：*издание* книги（出版书籍）-список *изданий*（出版物目录）。如：（11）Все это снижает доверие не только к отдельным авторам и *изданиям*, но и к СМИ в целом. （И. Милославский）/所有这一切不仅降低了对某些作者和出版物的信任，而且也降低了对整个大众传媒的信任。再如：（12）Период между 1492 годом и 1521-м называют эпохой Великих географических *открытий*. （О. Тихомиров）/1492年至1521年之间的时期被称为伟大地理发现的时代。

3.动作（действие）——动作的地点（место）：*переход* на новую работу（调任新的工作岗位）-подземный *переход*（地下通道）。如：（13）…для отдыхающих построят и пешеходные

---

① 请参见 Русская грамматика. Т. 1. М., Издательство «Наука», 1980, стр. 160；倪波、顾柏林，《俄语语义学》，上海外语教育出版社，1995年，第216-225页。

переходы через Минскую улицу и Кутузовский проспект.（Г. Анисимов）/要为休闲者修建通过明斯克大街和库图佐夫大街的人行横道；再如：（14）Вот и дворянское собрание, и *подъезд* со швейцаром.（А. Чехов）/他们到了贵族俱乐部，门口有看门人守着。

4. 动作（действие）——动作的手段（средство）：*упаковка* вещей（包装物品）- картонная *упаковка*（厚纸包装）等。如：（15）Конечно, мы делаем прогнозы по продажам — необходимые объемы, марки, *какая упаковка*（бутылка, банка или пет-бутылка）будет популярна, какой сделать этикетку — синей, красной, белой или зеленой.（Е. Селезнева）/当然，我们会做市场预估——需要的容量、商标、何种包装（用瓶子、罐子还是塑料瓶子）更普遍，标签是要做成什么颜色的——蓝色、红色、白色还是绿色的。

动名词转变为指称事物的名词后，不仅失去了动名词的支配能力，也失去了动名词表示抽象行为的特点，进而获得了名词复数形式，如：

（16）Зато химики знают этот закон и ссылаются на него *в своих публикациях*.（Ю. Чукова）/但是化学工作者知道这条定论，他们在自己发表的著作中援引它。

（17）*Все изменения и дополнения* к настоящему Договору являются действительными, если они составлены в письменном виде и подписаны сторонами.（договор）/经过双方签字的、针对本合同的所有书面补充和修订都具有法律效力。

动名词与动词及名词的关系可以通过过渡率来展示。我们可以将动词和名词作为具有鲜明区分性特征的词类置于共时过渡率的两端А（其类型句为：Специалисты *работают* над этой проблемой）和Б（其类型句为：*Работы* Леонова экспонировались на выставках），兼容动词和名词特点的动名词处于аБ环节（其类型句为：С чего начинается *работа* над собой？），占据Аб环节的是带有动名词短语的句子，其类型句为：Специалисты ведут *работу* над этими роботами.

А环节的动词句是简单句的重要句型，动词因为"可以直观地通过词法形式表现出人称、时间、情态等语法范畴，以及与这些范畴密切相连的作为句子实质性特征的句法述谓性概念"[①]而成为句子的组织核心，常常在句中充当述体。如：

（18）И Андрей Ефимыч не *знал* теперь, пойти ему в третий раз или нет.（А. Чехов）/安德烈·叶菲梅奇现在也不知道他该不该去第三次。

占据Аб环节的是含有动名词短语的句子，如：

（19）Ей быстро *оказали* первую медицинскую помощь, и она была отправлена первым рейсом вертолета в больницу.（И. Вольский）/很快给她进行了第一时间的医疗救护，她被用第一个班次的直升机运往医院。

如果说，动词在А环节的句中承担了句子的结构和语义中心的话，在Аб环节则发生结构中心和语义中心的分化，动词履行的只是述体的形式功能，而语义重心则转移到动名词上面。也就是说句中动词的作用是"把非述谓语义块变成述谓语义块，而语义块本身的语义结构并未发生改变"[②]。可以说，动名词成为句子结构—语义核心。

占据аБ环节的是带有动名词的句型，如：

（20）Половина жалованья уходит у него на *покупку* книг, и из шести комнат его квартиры три завалены книгами и старыми журналами.（А. Чехов）/他的一半薪水都用来买书，一套六间的寓所，有三间堆放着书和旧杂志。

---

① Виноградов В.В. Основные вопросы синтаксиса предложения//Исследования по русской грамматике. М., 1975, стр. 266.
② 于鑫，俄语动名词的句法语义分析，《外语研究》，2004年第1期，第21页。

(21)Первое, основательное *знакомство* с Коваленками у нас, помню, произошло на именинах у директора.(А. Чехов)/我记得，我们是在校长家里的命名日宴会上初次真正认识柯瓦连科姐弟。

占据Б环节的是带有动名词已转化为普通名词来表示事物称名的句型，如：

(22)Выбирая *покупки*, женщина получает удовольствие, в то время как мужчина испытывает сильный стресс.(«Даша»)/女士在挑选商品时获得很大的享受，但男士与此同时感受到很大的压力。句中的покупки指称具体事物，指所购物品，是动名词进一步名词化的产物。

纵向对比过渡率的各个环节：

А: Специалисты работают над этой проблемой.

Аб: Специалисты ведут работу над этими роботами.

АБ: _____

аБ: С чего начинается работа над собой?

Б: Работы Леонова экспонировались на выставках.

可以看出，从А环节到Б环节是动词先过渡为动名词进而彻底转化为名词的过程，可以说，过渡率直观地再现了动词名词化的过程。这一过程中词汇的语法属性、语义及句法功能均发生变化。按照认知语言学范畴的"中心"（典型成员）和"边缘"（非典型成员）的区分，如果说位于А环节的表示动作、行为（如：работать）的动词是动词这一范畴的典型成员的话，那么位于Аб环节的辅助性动词（如оказывать, вести等）则可以视为非典型成员；同样，如果说，位于Б环节的表示事物称名意义的名词（如: работа作品）是名词这一范畴的典型成员的话，那么位于аБ环节的表示动作、行为意义的动名词（如путешествие等）则是边缘的非典型成员。由于语言的相互作用，在动词和名词这两个典型范畴间形成了过渡区域——动名词。

动词和名词是两大词类范畴，名词指称事物，动词表示动作行为，这是词汇语法和语义的一致体现，佐洛托娃①称其为"形义同质词（изосемические слова）"，即词的范畴意义和该词类的范畴意义一致，但当词的范畴意义和该词类的范畴意义不一致时，如当名词不是指称事物，而是表示行为、状态时，数词不是表示数量，而是表示特征，这就构成"非形义同质词"，表示动作、行为意义的动名词便是非形义同质词，又称"隐喻体现"②，也就是通过名词的语法范畴来体现动词（动作、行为）的语义特征，如：приезд отца（父亲的到来）、решение матери（母亲的决定）。动名词的这种混合了动词和名词特点的过渡性特征不仅决定了其语法和语义特点，还体现在可以间接地表达时间和人称等述谓范畴，从而使作为句子基本模型的最低限度的单述谓结构（монопредикативные конструкции）得到扩展，成为扩展的简单句。

2. 动名词的语篇功能

带有动名词的结构可以间接地表达人称、情态及时间等述谓性意义③，如在Зинаида работала в студии под руководством Ильи Репина

---

① Золотова Г.А. и др. Коммуникативная грамматика русского языка. М., Филол. фак. МГУ им. М. В. Ломоносова, 1998, стр. 44, 109; Золотова Г.А. Коммуникативные аспекты русского синтаксиса. М., КомКнига, 2010, стр. 127.
② 参见范文芳，名词化隐喻的语篇衔接功能，《外语研究》，1999年第1期，第9-10页；朱永生，名词化、动词化与语法隐喻，《外语教学与研究》，2006年第2期，第83页。
③ 关于动名词的人称表达手段、时间—体以及疏状意义的具体论述，参见Золотова Г.А. О видо-временных значениях имен существительных// Филологические науки, 2006, №5; Долженко Н.Г. Значение лица в предложениях с отглагольными существительными//Русский язык в школе, 2005, №6; Бабайцева В.В., Максимов Л.Ю. Современный русский язык. Ч. 3. М., 1987, стр. 157-158; Прияткина А.Ф. Русский язык: Синтаксис осложненного предложения. М., «Высшая школа», 1990, стр. 114-116.

这个简单句中只有一个显性的主体(Зинаида)和述体(работала),实际上还暗含着另一个主体(Илья Репин)和述体(руководил),动名词和前置词组合 "под руководством Ильи Репина" 便形成一个隐性命题,使上述简单句的语义内容得到扩展。

"人称是动词(在某些语言中也包括作谓语的名词)的语法词形变化范畴,表示行为(过程、特征)主体(有时也指客体)与说话人的关系。人称代词作为词汇—语法类别也具有人称范畴,且人称代词本身即表示人称,而不是由一系列语法形式来表现[①]。" 人称代词、物主代词以及动词的人称变化形式是俄语人称意义的主要表现形式。

人称关系在动名词短语中的表达手段通常有:

1)借助名词第二格形式指出主体,如: борьба *родителей*(父母亲的争斗), примирение *мужа* с женой(丈夫和妻子的和解)。动名词短语可以转换为带有主语一格的扩展句式,如: *Родители* борются, *Муж* примирится с женой; 还可见由名词第五格形式表示的主体,如: завоевание *Иваном Грозным* Казани(伊凡雷帝攻占喀山),这种结构转换时就变为: *Иван Грозный* завоевал Казань.

2)借助物主代词表达人称关系,如: мы приехали – *наш* приезд(我们的到来):(23)И мы с мужем уверены, что *наш приезд* в Испанию был не погоней за хорошей жизнью, а для встречи со Христом!(А. Данилова)/我和丈夫确信,我们到访西班牙不是去追求更好的生活,而是为了和基督相遇; он(она) боролся(-лась) – *его*(*ее*) борьба:(24)*Его борьба* с «врагами» оказалась ему не под силу...(А. Игнатьев)/他和"敌人"的斗争在他看来是力不从心的; вы тренируетесь – *ваша* тренировка:(25)И сообразна с этим должна

---

① Большой энциклопедический словарь. Языкознание. М., Научное издательство «Большая российская энциклопедия», 1998, стр. 271.

быть *ваша тренировка*.(Б. Симонов)/你们的训练应该与此相一致。

很多时候动名词短语本身并不表示任何人称关系，如：（26）Уже *после создания фильма «Зеркало»*, находясь за границей, Андрей Тарковский ответил на вопрос одного из журналистов...(Яндекс)/在制作完电影《镜子》身处国外的时候，安德烈·塔科夫斯基回答了一位记者的提问。句中动名词短语после создания фильма（电影制作完之后）并没有直接揭示人称关系，但动作、行为的发出者却一目了然，就是句中主语安德烈·塔科夫斯基（Андрей Тарковский），这样，人称关系也可以借助具体上下文得到很好的阐释。

此外，这类带有动名词短语的结构还可以体现不同的主体关系，如：（27）Доверенность подписана *Васильевым Юрием Петровичем* в моем присутствии.(Доверенность)/本委托书由尤里·彼得洛维奇·瓦西里耶夫在我的见证下签字。此句中有显现主体"尤里·彼得洛维奇·瓦西里耶夫（Юрий Петрович Васильев）"和暗含主体"我（я）"。

这类结构也可以表示同一主体的不同行为，如：（28）*Немного постояв в размышлении* на платформе, Леонид пошел разыскивать местную церковь.(Смена)/在平台上站着沉思片刻后，列昂尼德就出发去探寻当地的教堂了。句中揭示的是同一主体"列昂尼德（Леонид）"的四个行为постоял（站了片刻），размышлял（思考），пошел（出发）和начал разыскивать（开始探寻）.

虽然动名词本身不能表达时间范畴，但可以借助前置词揭示动名词暗含的述体和句中显性述体（有时为同一述体）的同时或异时关系。如：

（29）Как известно, температура атмосферы постепенно понижается *по мере подъема*.(А. Хргиан)/众所周知，大气温度随着高度的不断攀升而降低。（同时关系）

（30）*В каждое свое посещение* он приносил склянку с бромистым калием и пилюли из ревеня.(А. Чехов)/他每一次来访都带着一瓶溴化钾药水和一些大黄药丸。(同时关系)

（31）Но эта ложь скоро утомила его, и, *после некоторого размышления*, он решил, что в его положении самое лучшее – это спрятаться в хозяйкин погреб.(А. Чехов)/不过这种做假很快就使得他厌倦，他略加思索，便认定，处在他的地位，他最好还是躲到女房东的地窖里去。(异时关系)

（32）Года два тому назад земство расщедрилось и постановило выдавать триста рублей ежегодно в качестве пособия на усиление медицинского персонала в городской больнице впредь *до открытия* земской больницы…(А. Чехов)/两年前，地方自治局慷慨起来，决议在开办地方自治局医院之前，每年拨款三百卢布，作为给市立医院增加医务人员的补助金。(异时关系)

除了时间关系，动名词借助于前置词还可以表示原因、目的、方式、条件、伴随状态等多种疏状意义。如：

（33）Александр Соколов находился в Иркутске *в связи с открытием* здесь музыкального фестиваля «Звезды на Байкале»…(В. Ходий)/亚历山大·索科洛夫当时在伊尔库茨克，那是因为音乐狂欢节"贝加尔湖的明星"要开幕。(表示原因)

（34）Россия готова сотрудничать с США, Европой, арабским миром *в целях урегулирования ситуации в Ираке* и скорейшего восстановления суверенитета этой страны при центральной роли ООН.(С. Лавров)/俄罗斯准备和美国、欧洲、阿拉伯国家合作，在联合国发挥中心作用的前提下来协调伊拉克的局势，尽快恢复这个国家的主权。(表示目的)

（35）«*Согласно вашему предписанию*, винтовки и патроны

приготовлены».(Д. Фурманов)/根据您的指令，步枪和子弹已经准备就绪。(表示行为依据)

（36）Следователя можно понять: *в случае прекращения дела вся его работа пойдет насмарку.*(С. Николаев)/是可以理解侦查员的想法的：如果案件终止，那么他的所有工作都将功亏一篑。(表示条件)

除了充当单述谓结构的繁化部分，动名词在语篇衔接中也发挥着重要作用，常作为"主位—述位"推进的重要手段。"词汇重复以它信息的准确性成为词汇联系的最可靠的表达方式，它显示句子间的句法对应关系。……词汇重复的一种特殊方式是前一句中的动词在下一句中重复时已变为动名词。这种情况在语言学、科技语体、文学作品中广泛应用"[①]，也就是"借助于动名词，说话人将一个表述的述位部分转化为另一个表述的主位，从而通过述位—主位的连续性交替来实现语篇的衔接"[②]。如：

（37）С конца 16 века в монастырь *ссылались* противники самодержавия и официального православия. В 90-е годы прошлого века *ссылка* на острова была прекращена.(Практический курс русского языка)/从16世纪末开始不断有君主专制和东正教的反对者被流放到修道院。直到19世纪90年代，这种流放才被终止。

主位—述位可以有各种不同的组配，如：链状结构模式、并列结构模式、综合结构模式、放射状结构模式和框式结构模式[③]。动名词常用

---

① 吴贻翼、雷秀英、王辛夷、李玮，《现代俄语语篇语法学》，商务印书馆，2003年，第112、114页。

② Кубрякова Е.С. Язык и знание: На пути получения знаний о языке: Части речи с когнитивной точки зрения. Роль языка в познании мира. М., Языки славянской культуры. 2004, стр. 196.

③ 吴贻翼、雷秀英、王辛夷、李玮，《现代俄语语篇语法学》，商务印书馆，2003年，第131-136页；范文芳，名词化隐喻的语篇衔接功能，《外语研究》，1999年第1期，第10-11页。

于链状结构模式,即

T2—P2 模式,

也就是前一句述位演变为后一句的主位,然后继续发展新的述位。如:
(38) Он очень *любил переписываться* с близкими и друзьями. Его *переписка*, даже с точки зрения времен нынешних, давно отвыкших от эпистолярного жанра, производит грандиозное впечатление. (Из учебника)/他非常喜欢和亲近的人,和朋友们保持通信联系。他的信件,使那些今天已经远离书信体裁的人都能产生极其深刻的印象。后一句的动名词переписка成功地浓缩了第一句中动词述位любил переписываться的结构和语义内容,从而变为第二句的主位,使信息得以衔接和发展。

动名词用于语篇衔接的具体方式有:

1) 将前句的述位名词化,作为下句的主位或主位的一部分,如:
(39) Верещагин много *путешествовал* по Индии и Тибету. *Свои впечатления от путешествий* он выразил во многих картинах. (Из учебника)/韦列夏金在印度和中国西藏地区游历了很长时间,旅行的印象反映在他的很多画作里;再如:(40) За два месяца пребывания в Чистополе Тарковский написал в Президиум Союза писателей одиннадцать писем-заявлений с просьбой *направить* его на фронт. Но *направление* в действующую армию получил лишь в январе 1942 года и был зачислен на должность писателя армейской газеты. (А. Тарковский)/在奇斯托波尔驻留的两个月时间里,塔科夫斯基给作家协会主席团写了11封申请,请求将他派往前线。但他只

是在1942年的1月份才收到派往作战部队的介绍信并被编入军报作家的行列。

2）使用同义词手段概括前句中的部分述位，从而保证语篇信息的连续性，如：（41）Помимо способностей к языкам, никакими особыми талантами юноша не блистал, но благополучно закончил учение и в чине инженера-прапорщика *был оставлен при школе для обучения* воспитанников математике. По-видимому, *преподавание* не было его призванием…（Из учебника）/除了语言天分，少年没有任何其他的天赋了，但是他顺利地毕业并留校担任工程师—准尉来教学生们数学。看来，教书并不是他的使命……后一句中的动名词преподавание（教书）虽不是由前一句中的述体直接演变而来，但却是前句部分述体语义的同义词，从而促进语义的连贯及语篇的发展。

语言手段的选择和语体特色及语篇类型密切相关，动名词兼备动词和名词的语法语义特点，具有高度抽象概括性，可以借助前置词和虚化动词准确精炼地表达严谨而复杂的逻辑语义关系，因此在科学语体、公文事务语体以及报刊政论语体中广泛使用[①]。如：（42）После *завершения* мероприятий руководителям высших учебных заведений в месячный срок направить файл с решениями конференций по E-mail: svm@informika.ru для *выставления* на сайт Министерства России…（Из учебника）/活动结束后，上述高校领导需要在一个月期限内将研讨会的决议以文件形式发至电子邮箱svm@informika.ru，以便挂在俄罗斯教育和科学部网页上。在这则俄罗斯联邦教育和科学部的命令中使用了两个动名词завершение（结束）和выставление（展示出）。从语义层面而

[①] 参见吕凡等编，《俄语修辞学》，外语教学与研究出版社，1988年，第72-77，106-111页；郭淑芬，俄语描写述谓的基本类型及其功能语体特点，《中国俄语教学》，2007年第4期，第29页。

言，动名词通过静态地指称动作、行为可以赋予文本客观性和正式性；从语法层面而言，动名词具有名词的语法属性，可以借助于前置词和其它限定成分来表达复杂的句法关系和丰富的语义内容。

语言是认识世界、表达世界的工具，动名词反常规地用名词来指称动词擅长表达的动作、行为，这也是"人类认识世界的一种方式和途径"①。动词、名词和动名词常常共同用于语篇中，丰富着语言的表达手段。

第三节 透过动词不定式看动词与名词的关系

俄语动词有屈折变化，动词在句中充当谓语时，需要和主语保持人称和数的一致，构成动词的人称变化形式（финитные формы глагола）。除此以外，还存在诸如形动词、副动词、动词不定式等动词的非人称变化形式（нефинитные формы глагола）②，这其中动词不定式因其语法特征的特殊性和履行句法功能的多样性最引起语言研究者的关注。俄罗斯学者关于动词不定式的讨论多集中在论述其词类归属③以及句法功能④等层面；我国学者关于动词不定式的论述也多集中在分

---

① 朱永生，名词化、动词化与语法隐喻，《外语教学与研究》，2006 年第 2 期，第 88 页。
② 请参见 Большой энциклопедический словарь. Языкознание. М., Научное издательство «Большая Российская энциклопедия», 1998, стр. 104.
③ 参见谢尔巴，《论俄语词类》，宋南天等译，时代出版社，1957 年，第 22-24 页；Пешковский А. М. Русский язык в научном освещении. М., Учпедгиз, 1956, стр. 128-131.
④ 参见 Федосюк М.Ю. Зачем нужна неопределенная форма глагола//Русский язык в школе, 2013, №4, стр. 8-13；Глухих В. М. Инфинитив как член предложения//Русский язык в школе, 2002, №4, стр. 95-99.

析其句法功能①以及情态意义②等。实际上，与动词不定式研究紧密相连的是动词和名词的词类范畴特征问题以及动词和名词的关系问题等。

1. 动词不定式是什么？

动词不定式常被称为动词的不确定形式（неопределенная форма глагола），但动词不定式是不是动词？动词作为一个独立的词类，其概括意义是表示动作行为，具有体、时、态、式、人称等词法特征，也就是具有动词性以及在句中常作谓语，这是语言学著作中对动词的概括意义、词法特征以及句法功能的常规描写。从这三个层面来看，动词不定式和动词既有共同点，又有不同之处。

1) 就概括意义而言，动词不定式继承了动词人称变化形式的概括范畴意义，表示动作行为，同时也继承了动词人称变化形式的具体词汇意义。

2) 就词法特征而言，动词不定式传承了动词人称变化形式的体（如переводить未完成体—перевести完成体）、态（строить主动态—строиться被动态）、及物和不及物（занимать что及物动词—заниматься чем不及物动词）以及配价属性（интересуется книгой—интересоваться книгой）等范畴，但缺少时、式、人称等范畴。

3) 就句法功能而言，动词不定式比动词的人称变化形式丰富，可以充当多种句子成分。动词的人称变化形式只充当谓语，如：(1) Да! она *не простит и не может* простить（Л. Толстой）/ 是的，她是不会宽恕我的，她也不能宽恕我。而动词不定式可以充当主语，如：(2) *Работать* – это значит создавать лучшую, чистую жизнь вокруг себя,

---

① 参见周春祥，谈俄语动词不定式的独立用法，《外语教学与研究》，1982 年第 2 期，第 35-38 页；孙汝林，俄语动词独立不定式的结构功能，《外语教学》，1982 年第 3 期，第 18-39 页。

② 许凤才，不定式的主观情态意义及与汉语的对比，《中国俄语教学》，2003 年第 2 期，第 24-28 页；周春祥，俄语不定式句的情态意义，《外语学刊》，1988 年第 2 期，第 25-29 页。

создавать новые отношения.(С. Соловейчик)/工作，这意味着在自己周围创建更好的、更纯净的生活，营造新的关系；作谓语，如：(3) Одна из важнейших задач – *обеспечить* равные возможности на оптовом рынке.(В. Кулаков)/重要的任务之一是保证人们在批发市场的平等的机会；作合成谓语，如：(4) С тех пор она *не хотела видеть* мужа (Л. Толстой)/从此以后，她就不愿再理睬丈夫了；作定语，如：(5) Талант для меня – *желание работать, искать что-то новое.*(О. Новикова)/才能对于我而言，就是工作的愿望，就是寻找新的事物的欲望；作状语，如：(6) В 1983 году к нам приехали *учиться* всего 10 китайцев.(Д. Каралис)/在1983年，来我们这里学习的一共有10个中国人；用于复合句中，如：(7) Из района даже ехали сюда подростки, снимали квартиры рядом, только чтобы *учиться* у нас.(Н. Радулова)/一些青少年甚至从区里来到这里，在附近租房子住，只为了在我们这儿学习。

  但仅就句法功能而言，动词不定式和名词更近似，因为名词可以在句中充当主语和补语，也可以充当句子的静词性合成谓语的表语、定语和状语。名词和动词不定式都可以独立成句，名词构成称名句，如：(8) *Весна!.. У всех светлеют глаза.*(О. Тихомиров)/哦，春天！所有人的眼神都明快起来；动词不定式构成不定式句，表示命令、愿望、行为的必须性，等等，如：(9) Но ему приказали: —*Молчать.*(Б. Екимов)/人们向他发号施令——住口！；动词不定式还可以和名词主题一格一样，在句子中做提位成分，提出一个话题，充当主题，然后由后面充当述题的句子来进行叙述、说明和评论。如：(10) *Москва!* Как много в этом звуке для сердца русского слилось, как много в нем отозвалось.(А. Пушкин)/莫斯科……在俄罗斯人的心坎上，这个词包含着多少意义，有多少心声在其中回荡！(11) *Быть художником*… Без горького, постоянного труда не бывает художников…

(И. Тургенев)/当画家……不付出辛苦的、持久的努力，是不可能成为画家的……

那动词不定式是名词吗？除了句法功能具有相似性以外，动词不定式和名词在概括意义和词法特征层面都有着天壤之别。

下面我们采用表格的方式将动词人称形式、动词不定式、名词以及名词中的特殊类型——动名词的特征做一分析：

	动词人称形式	动词不定式	动名词	名词
概括意义（表述功能）	行为（陈述）	行为（指称）	行为（指称）	事物（指称）
词法特征	体、时、式、态、人称	体、态	性、格、数（单）	性、数、格
配价能力	有	有	有	无
句法功能	常充当谓语	多功能	多功能	多功能

在这里需要说明的是，我们借用了朱德熙[①]的关于表述功能的论述，他把指称和陈述这些概念叫做表述功能，就是一个词所表示出来的词本身的性质，指称表示一个对象，是有所指；陈述表示一个断言，是有所谓。表述功能和句法功能不是等同的，句法功能指的是在具体的句子中该词可以充当的句法成分，这是词的外部特征。

2. 动词不定式的共时过渡特征分析

动词不定式与动词人称形式、动名词及名词的上述特征和关系可以通过过渡率来分析。我们可以将动词人称形式和名词作为具有鲜明区分性特征的词类置于共时过渡率的两端А和Б，动词不定式和动名词根据其词类特征和与动词及名词的关系分别占据Аб及аБ环节，АБ环节空缺。各个环节的类型句分别为：

А: Российские ученые работают над созданием машины

[①] 朱德熙，《语法讲义》，商务印书馆，1982年，第101-102页；郭锐，《现代汉语词类研究》，商务印书馆，2002年，第83-84页。

времени./俄罗斯的学者正在研制时光机。

Аб: Это большая задача — работать над этим материалом./这是一项大任务——钻研这些资料。

АБ:

аБ: Работа над документом продолжается./对文件的钻研在继续。

Б: Мне очень понравились ваши работы./我非常喜欢你们的作品。

A环节的句子中使用的是动词的人称形式，动词人称形式作谓语不仅是俄语动词最典型的功能，也是印欧语系中所有动词的最主要的功能。英语中就按照动词的功能区分为谓语形式（限定形式）和非谓语形式（非限定形式），动词在句中除了充当谓语以外，还可以起名词、形容词或副词的作用，在句中充当主语、宾语、补语、定语和状语，这就是动词的非谓语形式①。动词人称形式不仅指出它所表示的动作行为，而且运用体、态、式、人称和时等语法意义来将所描述的行为与现实中的情景相联系，并将行为进行时间定位；而Аб环节的动词不定式缺少了时、式和人称这些对于动词而言最重要的词法特征，它虽然也表示动作行为，但因为缺乏时间和式的表达手段，所以无法将行为和现实中的情景建立联系和进行时间定位，它表示的仅仅是对动作行为的抽象称名，对于语言单位而言，负载的特征信息越少就在使用上越自由，动词词法特征的减少使动词不定式承载的信息压力变小，得以在各大词典中充当动词的代表，"动词不定式可以最直接地指称行为，以一种'最纯粹的形式'，不因这种或那种形式的变化而分散注意力"②，与此

---

① 参见张道真，《实用英语语法》，外语教学与研究出版社，2002年，第177页。
② Мейеров В. Ф. Инфинитив, его семантика и структура//Филологические науки, 1985, № 3, стр. 42.

同时，其表述功能也发生了变化，由表述"做什么"的陈述功能演变为表述"是什么"的指称功能，正因此，动词不定式获得了句法功能的多样性，可以充当多种句子成分。这种对动作行为进行称名的语义特性和句法功能的多功能性也是аБ环节的动名词所具有的，所以在很多句子中可以进行动词不定式和动名词的互换。如: Изучение иностранных языков помогает *развить* гибкость, ум и способность понимать других людей≈Изучение иностранных языков помогает *развитию* гибкости, ума и способности понимать других людей/学习外语有助于培养灵活性、提高智力和培养善解人意的本领; Андрей уехал в Китай учиться≈Андрей уехал на учебу в Китай/安德烈去中国学习了。但动词不定式和动名词也有本质的不同，那就是它们的词法特征截然不同，动词不定式保留着体和态的动词性特征，而动名词却完全失去了动词性特征，获得了名词性、数、格的词法特征。Б环节的名词则是指不包括动名词在内的其他普通名词，其概括意义是指称事物，通常没有配价能力，并且数的范畴特征比动名词丰富，而动名词一般没有复数形式。

　　词的概念范畴意义和句法功能处于一定的联系之中，比如名词表示事物，作主语是其主要功能，动词表示行为、动作，作谓语是其第一位的功能。这样，按照认知语言学范畴的"中心"（典型成员）和"边缘"（非典型成员）的区分，А环节的动词人称形式和Б环节的名词体现的是范畴的典型特征。那么位于Аб环节的动词不定式和位于аБ环节的动名词则体现的是范畴特征的分化，具体而言，是概括意义、词法特征和句法功能的错合。动词不定式具有动词的概括意义和体、态的词法特征，却具有类似名词的句法功能；动名词则更向表示具体称名的名词靠近了一步，获得了名词的词法特征和句法功能，但仍保持着动词的概括意义和词汇意义。"在实词系统中占据最核心位置的是具有明显区别的名和动词，但这两类最基础的词类因为动名词和不定式而相互联系。"①

沈家煊②提出词类和句法成分的"关联标记模式"并认为它们之间具有"既对应又不对应"的关系。具体而言，{名词，主宾语}及{动词，谓语}是"无标记"组配，构成对应关系；而{名词，谓语}及{动词，主宾语}是"有标记"组配，构成不对应关系，这也是实词具有多功能性的表现。那么，对于A环节和Б环节来讲，实现的是无标记组配和对应关系，也可以说是典型的关系，在Aб环节和aБ环节实现的则是有标记组配和非对应关系，也就是非典型的关系。这样看来，不管在印欧语（英语和俄语）还是在汉语中，词类和句法成分既不是一一对应的模式，也不是完全割裂的关系，而是那两种模式的结合，很多时候，词类和句法成分可以说是相互交叉的关系，"词类和句子成分的完全吻合是不存在的"③。

郭锐在其专著《现代汉语词类研究》中指出，"词性也分成词汇层面的词性和句法层面的词性"④。换言之，可以说，每一个词类都具有内在的词性和外在的词性，内在的词性体现在词类的概括范畴意义和形态特征层面，外在的词性体现在词类在具体上下文所履行的功能层面。但仅靠语法功能来判定词类是片面的，因为"语法功能和词类没有一一对应的关系，找不到某个词类的所有成员都具备的某一条语法功能，也几乎找不到只为一类词所具有的某一条语法功能"⑤。所以，可

---

① Бабайцева В.В. Место переходных явлений в системе языка（на материале частей речи）//Переходность и синкретизм в языке и речи（Межвузовский сборник научных трудов），М., 1991, стр. 13.
② 沈家煊，《名词与动词》，商务印书馆，2016年，第74-75页。
③ Андреева С. В., Кагдина Т.А. Явления нетипичности и синкретичности второстепенных членов предложения//Русский язык в школе, 2003, № 5, стр. 31.
④ 郭锐，《现代汉语词类研究》，商务印书馆，2002年，第24页。
⑤ 同上书，第176页。

以这样说，判定词类的最重要依据是其内在的特征，也就是所表达的概括意义和形态特征。"在判断词的词性的时候，如果在词的内部没有发生词汇和语法的转变，仅以句法功能为基础不足以判定发生了词类的转化。"①这样，动词不定式尽管具有类似名词的功能，但就其内在特征而言，它仍是动词，准确说，是获得某些名词功能的动词，所以动词不定式在过渡率上不占据动词词类的中心A环节，而是占据着边缘的Аб环节的位置。

正如叶斯柏森所言："我们有理由把动词这个名称只限于指那些具有显著的造句能力的动词形式（限定形式），把'动词性词'（分词与不定式）看做是介于名词和动词之间的一种独立词类（比较旧名称：动名词[participium]，即带有名词与动词特征的）。……因此，最好还是把动词的非限定形式附属于动词的限定形式。"②这也道出了俄语语法著作把动词不定式看作是动词的原因。"动词不定式之所以和动词紧密相连，一是因为由任何动词都可以构成动词不定式形式；二是动词不定式保持着哪怕是最少形式的动词的体和态的所有意义，而这正是不定式成为动词而不是其他词类的原因。"③

但动名词与动词不定式不同，它已经实现了内在词性的转换，已经获得了名词的性、数、格等语法范畴，说明它已经过渡为名词系统的一员，但因其保持着某些动词的特征，因此占据名词系统的边缘位置，也就是处于аБ环节。

---

① Палевская, М. Ф. Омонимия как следствие лексикализации отдельных грамматических форм и перехода слов из одной части речи в другую// Русский язык в школе, 1960, № 3, стр. 18-19.
② 奥托·叶斯柏森，《语法哲学》，何勇等译，商务印书馆，2010年，第108页。
③ Пешковский А. М. Русский синтаксис в научном освещении. М., Учпедгиз, 1956, стр. 131-132.

3. 动词不定式的历时演变

虽然动词不定式被纳入动词体系，但它和名词的关系却由来已久。关于印欧语系中名词和动词的关系以及名词和动词的起源问题，很多语言学家都做过分析。房德里耶斯[①]在对芬兰·乌戈尔语言进行研究时发现，这种语言中的动词和名词的共同点很多，它的动词似乎来源于名词，有时还受到了与名词相同的形态要素的影响。作者列举了在沃古尔语、芬兰语、切勒米斯语和摩迪夫语中名词和动词的一些共同的词尾。

在俄语中同样存在着动词不定式和名词有着共同词尾的情况，如：печь（动词，烤）— печь（名词，炉子）；знать（动词，知道）— знать（名词，贵族）；течь（动词，流淌）— течь（名词，渗漏）；мочь（动词，能够）— мочь（名词，力气）；стать（动词，站立）— стать（名词，身材）等等。这些是分属于不同词类，语义上又有些联系的功能同音词。俄语中的这种现象是对房德里耶斯论述的补充。他关于芬兰·乌戈尔语言中动词来源于名词的论断在俄语动词的历时发展中也得到了印证。

彼什科夫斯基指出："动词不定式虽然被称作'不确定形式'，但就其来源而言，不定式形式是确定的，这是以-ть, -чь结尾的阴性动名词的格的形式，只是这些词形失去了其他的格形式。"[②]

俄语动词不定式一般有三种结尾形式，一种是以-ть结尾，如：гулять（散步），петь（唱歌），слушать（听），这也是动词不定式最普遍的形态标志；一种是以-ти结尾，如：нести（携带），расти（成长），вести（主持）等；带-чь的动词不定式较少，如：беречь（爱护），течь（流淌），печь（烤）等。

---

① 约瑟夫·房德里耶斯，《语言》，岑麒祥、叶蜚声译，商务印书馆，2012年，第142页。
② Пешковский А. М. Русский язык в научном освещении. М., Учпедгиз, 1956, стр. 128-129.

俄语中以-ь结尾的阴性名词变格时，其第二格、第三格和第六格的词尾都是-и，如：тетрадь的第二格、第三格为тетради，第六格需要和前置词一起使用，如：о(в, на)тетради。需要注意的是，在古俄语中绝大多数动词不定式都是以-ти结尾，如：переступати(переступать)，видѣти(видеть)，ходити(ходить)，гнати(гнать)等①。这样就构成了名词的变格形式和动词不定式词尾的同形。按照伊万诺夫(В.В. Иванов)的观点："动词不定式不是动词的词形，而是名词的词形，它是名词第三变格法的第三格和第六格形式(以-и结尾)的固化。这些词形慢慢地脱离开名词而进入动词系统。"他进一步指出："在现代俄语中不定式主要以-ть结尾，有限的动词以-ти和-чь结尾，但实际上这三种形式追根溯源都是由一个统一的-ти发展演变而来的。"②匈牙利语言学家奥斯瓦尔德·切梅莱尼(Oswald J. L. Szemerenyi)在《印欧语言学导论》③一书中也指出：作为一个规则，这些不定式多是由抽象名词的第三格形式演变而来的。由此可以看出：不同的语言学家从不同的视角研究名词与动词的演变而得出相同的结论④。动词不定式的确和名词有着千丝万缕的联系，历时的分析更好地诠释了共时的现象。正如彼什科夫斯基很公正地指出："如果不知道动词不定式的来源，很可能会将不定式定义为向着名词迈近一步的动词，但了解了动词不定式的来源之后，会

---

① 在俄语国家语料库(http://www.ruscorpora.ru/search-main.html)历史分库中可以查找到的17个文件中绝大多数不定式均以 -ти 结尾。
② Иванов В.В., Потиха З.А. Исторический комментарий к занятиям по русскому языку в средней школе. М., «Просвещение», 1985, стр. 109-110.
③ 参见 Oswald J. L. Szemerenyi. *Introduction to Indo-European Linguistics.* Oxford, Clarendon Press. 1996, 324.
④ 波捷布尼亚指出，以 -ти 结尾的不确定形式所蕴含的格的形式从其他格的形式中剥离并失去格的意义，这个过程早在斯拉夫文字产生之前就已完成。参见 Потебня А.А. Из записок по русской грамматике. Т. 1-2. М., Учпедгиз, 1958, стр. 337.

说不定式是差一步走到动词的名词。"①

4. 小结

在现代语言中，不管其所属的语系和语族，名词和动词都是词类的中心，尽管关于名词和动词的地位之争一直没有停息过。在俄罗斯语言学界，"动词中心论"②（即句子中不能没有动词）的观点曾一直占上风。汉语学界则更多地认为"名词包含动词"，沈家煊指出："'名动包含'格局意味着名词和动词的关系不是对立或对等关系，动词只是名词的一个次类。"③如果说印欧语系的语言中在共时视角下观察到的是"名动分离"的话，在历时视角下观察到的实际上也是"名动包含"，就是动词不定式来源于名词，历经词汇化的过程，由非词汇性的成分——名词的词形演变成了词汇性的成分——动词不定式，从而进入动词系统，成为独立的词类。如果采用历时过渡率来分析，则可见三个环节的过渡和演变，那就是：А→аБ→Б，这时候在历时过渡率上占据А环节的是名词，由名词的词形发生词汇化，进而固化成动词的代表——动词不定式，于是产生аБ环节，最后动词不定式进入动词系统，形成独立的词类——Б环节的动词人称形式。

虽然名词和动词作为独立的词类有着明显的界线，但从上面针对俄语动词不定式而进行的共时和历时的分析可以看出，在名词与动词之间不能一刀切，还做不到完全界限分明，在名词和动词之间存在着兼有这两个词类某些特征的过渡环节。动词和名词不仅在来源上，而且在功能上都有着千丝万缕的联系。不同的语言具有不同的表达手段，但名词和

---

① Пешковский А. М. Русский язык в научном освещении. М., Учпедгиз, 1956, стр. 131.
② 关于动词中心论的论述，参见 Потебня А.А. Из записок по русской грамматике. Т. 1-2. М., Учпедгиз, 1958, стр. 83-84.
③ 沈家煊，《名词与动词》，商务印书馆，2016年，第161页。

动词都是互相依赖着在语言中共存，印欧语系的语言中的"名动分离"也好，汉语中的"名动包含"也罢，它们实际上是互相交叉的，或许讲"名动交叉"更为恰当和准确。名词、动词与其他词类一起承担着表达人类思想感情的重任。

第三章
功能同音词研究

正如在前文"词类研究史"中所述，词类划分通常考虑词的概括范畴意义、词法形态特征及基本句法功能等主要因素，但有些词脱离具体上下文却很难界定其词类归属。比如，тепло是副词、形容词短尾形式还是名词？навстречу属于前置词还是副词？больной是形容词还是名词？这类词不仅为词类划分带来挑战，也给俄语初学者造成很大困惑。

语言学家曾从不同角度，采用不同的术语来描述这类语言现象，如语法同音词（грамматические омонимы）、词汇—形态同音词（лексико-морфологические омонимы）、形态同音词（морфологические омонимы）、词汇—语法同音词（лексико-грамматические омонимы）、转化同音词（транспозиционные омонимы）及功能同音词（функциональные омонимы）[①]。功能同音词的概念因为直接揭示了这类词可以履行不同的句法功能的本质而获得了巴巴依采娃、切斯诺科娃、张家骅[②]等学者的认可和支持，我们也采用功能同音词这一术语来表示这类"属于不同词类，但读音相同，且大多数情况下意义相近的同源

---

① 参见 Бабайцева В.В. Явления переходности в грамматике русского языка. М., «Дрофа», 2000, стр. 193-195.
② 张家骅，《新时代俄语通论》（上册），商务印书馆，2006年，第64页。

词"①，两个或多个功能同音词构成一个同音共同体（звуковой комплекс или омокомплекс）②。如：

（1）- Я должен вам признаться, что я очень *плохо* понимаю значение дворянских выборов, – сказал Левин.（Л. Толстой）/ "我应该承认，我不大了解贵族选举的意义。"列文说。

（2）Вот и мое дело *плохо*, очень *плохо*.（Л. Толстой）/我的状况不好，很不好。

（3）Потом, вспоминая брата Николая, он решил сам с собою, что никогда он не выпустит его из виду, чтобы быть готовым на помощь, когда ему придется *плохо*.（Л. Толстой）/接着又想起哥哥尼古拉，他暗自下决心再不要不知他的去向，这样，在他遭到不幸的时候就可以随时帮助他。

这三个句中的плохо发音相同，意义相近，但其范畴意义和句法功能截然不同，属于不同的词类（分别是副词、形容词短尾形式和谓语副词），它们便是功能同音词，构成一个同音共同体，从而形成词类间的过渡现象。过渡现象涉及俄语词类的转化问题，反映了词类间的相互关系和相互作用。

功能同音词和传统意义上的词汇同音词及语法同音词既有区别，又相互联系。词汇同音词是指两个或两个以上属于同一词类，且发音和书写形式（所有或部分语法形式）相同，但词汇意义截然不同的

---

① Бабайцева В.В. Явления переходности в грамматике русского языка. М., «Дрофа», 2000, стр. 194.
② Бабайцева В.В. Избранное 1955-2005: Сборник научных и научно-методических статей, Москва/Ставрополь, Издательство СГУ, 2005, стр. 352.

词[①]。如：рак（虾，名词）- рак（癌症，名词）；проводить（度过，动词）- проводить（护送，动词）；бескровный（贫血的，形容词）- бескровный（无家可归的，形容词）等。词汇同音词之间最大的差异是其词汇意义的不同，如：коса（辫子）- коса（大镰刀）- коса（浅沙滩），但它们属于同一词类，其句法功能（均可以在句中充当主语和补语）和范畴意义（用来指称事物）相同。而形成功能同音词的首要条件则是它们属于不同的词类，其句法功能截然不同。每个词类都有自己典型的范畴意义和句法功能，但当词类在句中履行的不是其首要功能，而是次要功能[②]时，比如名词不是做主语或补语，而是做状语，形容词不是做定语，而是做主语，这便发生了句法功能的转变，于是促成了词类的转化和过渡。"正是句法功能的变化催生了过渡现象"[③]，"词类转化……就其本质而论转化乃是词的功能运作"[④]。随着句法功能的改变而发生变化的是词的范畴意义、聚合体以及搭配能力等等。如在句子 1) С судом все *ясно*；2) Человек должен *ясно* мыслить；3) Мне *ясно*, как справиться с работой 中功能同音词 ясно 的词类归属、句法功能、范畴意义及形态特征各不相同，例1中 ясно 是形容词短尾中性形式，做双部句的主要成分，表示事物的特征，究竟是 ясен, ясна, ясно 还是 ясны 取决于句中主语的性和数；在例2中 ясно 是副词，做状语，修饰动词；在例3中则是谓语副词，是无人称句的谓语，表示主体的状态。

---

① 参见 Фомина М.И. Современный русский язык. Лексикология. М., «Высшая школа», 1990, стр. 68；黄新峰，俄语同音词略论，《俄语学习》，2010 年第 4 期，第 43 页。
② 关于词类的首要功能和次要功能的论述，请详见 Курилович Е. Очерки по лингвистике. М., Издательство иностранной литературы, 1962, стр. 59-60.
③ Чеснокова Л. Д., Печникова. В.С. Современный русский язык. Морфология. Ростов-на-Дону, «Феникс», 1997, стр. 267.
④ 孙夏南，论俄语词类转化——兼评 Виноградов 的构词法观，《中国俄语教学》，1996 年第 4 期，第 41 页。

在例2和例3中ясно没有词形变化的聚合体形式。功能同音词与词汇同音词的另一大区别是前者的词义相近，如родной（亲的，亲近的）-родной（亲人），而后者的词义截然不同，如брак（废品）- брак（婚姻）。可以说，"词汇意义的区别是词汇同音词的证明，而词法和句法特征的差异则是形成功能同音现象的标志……"①

语法同音词是指初始形式不相同，由于受语法规则的作用而形成的读音和书写相同、意义不同的同音词形（омоформы）②，如：три（三，三个，数词）- три（擦，擦拭，动词тереть的命令式形式）。词源是否相同是区分功能同音词和语法同音词的主要标志，前者属于同源词，意义相近，而后者在词源上则没有联系，如：мой（我的，代词）- мой（洗，动词мыть的命令式形式）。另外，语法同音词可以属于同一词类，如：лечу（лететь飞行，动词）- лечу（лечить治疗，动词），也可属于不同词类，如：пасть（掉下，倒下，动词）- пасть（兽、鱼的嘴，名词）；而功能同音词属于不同词类，如：благодаря（动词благодарить的副动词）- благодаря（前置词）。

综上所述，对于功能同音词而言，其最典型的特点是属于不同的词类，具有不同的范畴意义、形态特征和句法功能，但其读音相同、词义相近。

---

① Чеснокова Л. Д., Печникова. В.С. Современный русский язык. Морфология. Ростов-на-Дону, «Феникс», 1997, стр. 21.
② 参见 Фомина М.И. Современный русский язык. Лексикология. М., Высшая школа, 1990, стр. 75；黄新峰，俄语同音词略论，《俄语学习》，2010年第4期，第45页。

第一节 功能同音词的分类

作为词类过渡的结果，功能同音词可以是偶发的（окказиональные функциональные омонимы），也可以是常规的（узуальные функциональные омонимы）①。偶发功能同音词的使用需要依赖具体的上下文和言语情景，往往带有作者个人的写作风格和修辞特色，属于言语层面的词类活用，如：（4）– Спасибо, Ольга Матвеевна. Обязательно приду. Мое «*обязательно*» оказалось пустым звуком②/"谢谢，奥尔加·马特维耶夫娜。我一定来。"我的"一定"后来变成了一句空话。句中обязательно履行了名词的功能，获得了中性、单数的形态特征，作句中主语，但这只是作者临时性的词类活用，通常而言，副词没有性、数、格等词法范畴，亦不能在句中充当主语。而常规功能同音词是指词类过渡上升到语言层面，在词典注释中已经有所体现，如：

（5）Вот она вышла за *богатого*, а денег у нее все-таки не было...（А.Чехов）/她是嫁了个有钱人，可是仍然没有钱……

（6）Боятся громко говорить, посылать письма, знакомиться, читать книги, боятся помогать *бедным*, учить грамоте...（А. Чехов）/他们不敢大声说话，不敢寄信、交朋友、读书，不敢周济穷人、教人识字……

（7）Теперь же, узнав, что Андрей Ефимыч *нищий*, что ему нечем жить, он почему-то вдруг заплакал и обнял своего друга.（А. Чехов）/可是现在他听说安德烈·叶菲梅奇成了乞丐，没有钱维持

---

① 参见 Чеснокова Л. Д., Печникова. В.С. Современный русский язык. Морфология. Ростов-на-Дону, «Феникс», 1997, стр. 269.
② 该例子引自：Смирнова Е.В. Окказиональные субстантиваты: структура, семантика, функционирование. Автореферат. Тюмень, Тюменский государственный университет, 2007, стр. 10.

生计，就忽然不知什么缘故哭起来，拥抱他的朋友。

句中的богатый、бедный、нищий均用作名词，指"富人""穷人"和"乞丐"。这种形容词过渡为名词的用法在词典中已经明确标注，已经成为语言规范。本书探讨的主要是语言层面的功能同音词。值得注意的是，在偶发功能同音词和常规功能同音词之间并没有明确的界限，不能排除随着语言的发展，偶发功能同音词可以过渡为常规功能同音词。于鑫在谈及词类过渡的具体类型（名词化）时曾指出："从历时的角度来看，所有的名词化词语最初都是一种'偶然的'语用省略，但随着语言的发展，有的依然停留在'偶然'的水平上，有的则进入词汇系统，成为意义相对稳定的词汇。"[①]

功能同音词按照词类来源可以大致分为三类，即实词类功能同音词、虚词类功能同音词及实词—虚词类功能同音词[②]。

实词类功能同音词按照构成方式可分为：

1）名词化构成的同音共同体，代词、形容词、形动词、数词均可以通过名词化形成功能同音词。如：Человеку же непременно нужно что-то *такое*, чего у него нет（那样的，这样的，代词）– Вам *такое* и не снилось（那种事，这种事，名词）；Журнал про

---

① 于鑫, 试析俄语构词中的名词化现象, 《中国俄语教学》, 2007年第2期, 第33页。
② 根据词类转化的最终结果, 波格丹诺夫区分出11种类型, 分别为名词化（субстантивация）、形容词化（адъективация）、数词化（нумерализация）、副词化（адвербиализация）、代词化（прономинализация）、动词化（вербализация）、情态词化（модаляция）、前置词化（препозиционализация）、连接词化（конъюнкционализация）、语气词化（партикуляция）和感叹词化（интеръективация）。本部分不对每一个转化类型做具体分析, 只参照切斯诺科娃的分类对实词类功能同音词、虚词类功能同音词以及实词—虚词类功能同音词做粗略描述。参见 Богданов С. И., Смирнов, Ю.Б. Переходность в системе частей речи. Субстантивация. СПб., Филол. Фак-т СПбГУ, 2004, стр. 14-15; Чеснокова Л. Д., Печникова. В.С. Современный русский язык. Морфология. Ростов-на-Дону, «Феникс», 1997, стр. 271-276.

будущее время（未来的，形容词）- Какое *будущее* вас ждет?（未来，名词）；В Краснодарском крае дети, *приехавшие* в лагерь, находятся в антисанитарных условиях（来到……的，形动词）- *Приехавшие* на разборку в Сагру оказались русскими?（来到……的人，名词）；У меня *два* брата（两个，数词）- Сегодня он получил *два* по географии（二分，名词）。类似的同音共同体还有военный, близкий, свое, каждый, всякий, ничья, приезжий, посланный, случившееся, первое, трое等。

2）形容词化构成的同音共同体，数词、形动词和代词常通过形容词化而形成功能同音词。如：На факультетах МГУ можно получить *второе* высшее образование на специально созданных для этого отделениях（第二，顺序数词）- Я никому больше не позволю поставить себя на *второе* место（次要的，第二位的，形容词）；роса, *блестящая* на солнце（闪着光的……，形动词）- *блестящие* способности（卓越的，形容词）；*Никакой* доктор здесь не поможет（任何一个，代词）- Артист он *никакой*（差劲的，形容词）。类似的同音共同体还有первый, третий, обиженный, склоняемый, знающий, вызывающий等。

3）副词化构成的同音共同体，名词和副动词可以通过副词化形成功能同音词。如：Мы наслаждаемся чудесным весенним *вечером*（夜晚，名词）- Сегодня *вечером* в Москве и в Московской области ожидается сильный ветер（晚上，副词）；Но сейчас, *стоя* на краю неба, я клянусь вам…（站在……，副动词）- Школьникам положено отвечать *стоя*（站着，副词）。类似的同音共同体还有утром, осенью, чудом, сидя, шутя, лежа等。

4）混合型同音共同体，常见的有副词、形容词短尾形式、状态词或名词组合，如：Зрители *тепло* принимают выступление артиста（副词）- Помещение *тепло* и просторно（形容词短尾形式）- Мне с тобой *тепло*（谓语副词，表状态）- В Самаре *тепло* во всех домах появится через 5-8 суток（名词）。类似的同音共同体还有зло, добро, ясно, тихо, весело, хорошо等。

虚词类功能同音词常由连接词（союз）和语气词（частица）的过渡而构成。连接词表示复合句的分句之间、语篇中的独立句子之间以及句子中的词与词之间的联系，而语气词则给句子或句子的个别词以附加的意义色彩，从而表示言语内容对现实或说话人对言语内容、受话人的各种关系和态度[①]。连接词可以过渡为语气词而形成同音共同体，如: Восемь лет сынка не видела, жив *ли*, нет *ли* - не откликается（ли为连接词）- Пришла *ли* к власти в России новая элита?（ли为语气词）; Алеша написал письмо *и* пошел на почту（и为连接词）- Трудно поверить, что матрешка совсем молода, ей *и* нет ста лет（и为加强语气词）。类似的同音共同体还有да, только, будто, словно, хоть, даже等。

实词—虚词类功能同音词常见的类型如下：

1) 名词、副词和副动词常与前置词构成同音共同体，如: Запад не един в своем *отношении* к Путину（名词）- Сообща покончим с насилием *в отношении* женщин（前置词）; Что ждет меня *впереди*?（副词）- Мы *впереди* планеты всей!（前置词）; 再如: Пуля пролетела *мимо*（副词）- Капитан прошел *мимо* теплохода Булгария（前置词）; Он долго прощался, *благодаря* за заботу（副动词）- *Благодаря* его стараниям работа наладилась（前置词）。类似的同音共同体还包括при условии, на протяжении, в течение, после, вокруг, согласно, кончая, включая等。

---

① 张家骅，《新时代俄语通论》（下册），北京，商务印书馆，2006年，第142、146页。

2）代词和语气词，代词和连接词构成同音共同体，如：15 способов поднять *себе* настроение（代词）- Герой сидит *себе* в деревне и тихо возрождает страну（语气词）；*Что* случилось?（疑问代词）- Мама сказала, *что* сестра приехала（连接词）- *Что*, ему лет двадцать пять, не больше?（语气词）。类似的同音共同体还有все, всего, это, то等。

3）副词和连接词，副词和语气词构成同音共同体，如：*Когда* он придет?（疑问副词）- *Когда* он говорил, вы молчали.（连接词）；*Как* вы сюда попали?（疑问副词）- ... он взвешивал и, даже взвесив, долго колебался, *как* Кутузов перед Бородино（连接词）- *Как*, разве ты еще не умеешь?（语气词）。类似的同音共同体还有куда, где, так, иначе, прямо, совсем等。

4）混合型同音共同体，通常有形容词短尾形式、副词、语气词、连接词等组合，如：Ремонт своими руками - это *просто*!（形容词短尾形式）- По работам видно, что родители не *просто* помогали ребенку, а явно делали все сами（副词）- Мне с ним весело, он для меня *просто* милый мальчик и больше ничего...（语气词）。类似的同音共同体还有точно, ясно, ладно, хорошо等。

第二节 功能同音词的成因分析

语言随着时代和社会的变化而发展。大量新事物、新现象的产生促使语言表达手段不断发展和丰富。通常而言，词汇的扩充可以从外部引入（如外来词），也可以在内部求发展（如通过构词法产生新词）[①]。那

[①] 参见 Чеснокова Л. Д., Печникова. В.С. Современный русский язык. Морфология. Ростов-на-Дону, «Феникс», 1997, стр. 267.

么，功能同音词可以说也是语言内部发展的一种途径，具有相同物质外壳（读音书写）的词在不同的语言环境中履行不同的句法功能，做到"一身"兼"数职"。这也从另一侧面体现了语言的"经济原则"。

功能同音词的形成是词类转化、过渡的结果。但词类的转化和过渡不是任意的，有其内在规约性[①]，简单概括为：1）过渡的单向性，即词类过渡通常遵循一定的方向，不可逆推。比如实词可以过渡为虚词，但却不能反方向过渡，比如虚词不能过渡为实词。2）过渡的缺失性和保留性，即发生词类转化时，转化后的词对"源"词的语法范畴及词汇意义有不同程度的缺失和保留。比如будущее, прошлое 名词化后依旧保留着形容词的形态特征，按照形容词的词尾进行变格，但却只使用中性形式，也失去了表示特征的范畴意义。3）按过渡的层次性，即词类转化的程度和最终命运不同，可以分为言语和语言层面的过渡（如前面提及的偶发和常规功能同音词）、历时和共时的过渡。

词类的历时过渡只能通过追根溯源的分析才能揭示，比如 вселенная, портной, насекомое 这些词已经完全演变为名词，它们作为形容词在现代俄语中已经不再使用，可以说这些词完成了名词化的历时过渡；而另一些本部分所讲的功能同音词实际上是词类不完全过渡的结果，比如 рулевой, взрослый 被波格丹诺夫称为"不完全名词化"（неполная субстантивация）[②]，这是共时层面的过渡现象。

功能同音词的形成通常要经历词汇化和语法化的过程。通过名词化、形容词化或副词化而构成的功能同音词，很多都是词形或词组发生

---

① 参见孙夏南，论俄语词类转化——兼评 Виноградов 的构词法观，《中国俄语教学》，1996 年第 4 期，第 39 页；Чеснокова Л. Д., Печникова. В.С. Современный русский язык. Морфология. Ростов-на-Дону, «Феникс», 1997, стр. 276.

② Богданов С. И., Смирнов, Ю.Б. Переходность в системе частей речи. Субстантивация. СПб., Филол. Фак-т СПбГУ, 2004, стр. 22, 30.

词汇化的结果。如толком, ночью, весной, шутя等功能同音词就是通过具体词形（толком为名词толк的第五格形式，шутя为动词шутить的副动词形式）反复不断地在言语中用作表示行为方式的意义而发生了词汇化，获得了副词的范畴意义和句法功能；выходной, передовая 等功能同音词则是词组выходной день, передовая статья 在语言经济原则的作用下发生词汇化的产物，即词组转化为独立的词，也有俄罗斯学者称这种现象为省略性名词化（эллиптическая субстантивация）[1]。但词汇化不是任意的，有其内在机制，其前提建立在形态、语义和应用功能基础之上。名词间接格形式（如летом, хором）之所以可以过渡为副词是因为名词第五格形式常常在句中履行和副词相同的功能，是与副词构成同义结构的主要形式；而形动词可以过渡为形容词是因为形动词作为混合型词，其本身就兼有形容词的范畴意义（表示特征）和词法特征（性、数、格等范畴）。而语法化是指"一些实词由于经常使用于起虚词功能的词汇中，久而久之，它失去了原来实词的词汇意义"[2]。换言之，实词的词汇意义抽象化是语法化的主要前提。副词和副动词过渡为前置词，代词过渡为语气词就其实质都是语法化的结果。

我们从词类过渡的角度分析功能同音词，不是要验证或预言某个词一定是（或将）从一个词类过渡到另一词类，更多的情况下它们共存在言语中，体现着语言的丰富和灵动。另外，虽然功能同音词的存在为词类的划分提出了挑战，但这并不排除词类系统的相对稳定性。如果将词类系统划分为中心区域和边缘区域，那么绝大多数词有明确的词类归属，位于词类的中心区域，而功能同音词则只占一小部分，位于词类的

---

[1] 请参见 Богданов С. И., Смирнов, Ю.Б. Переходность в системе частей речи. Субстантивация. СПб., Филол. Фак-т СПбГУ, 2004, стр. 19-20, 36-37.
[2] 雷洪霞，试论俄语中的实词虚化，《中国俄语教学》，2009年第4期，第58页。

边缘区域。但不可忽视的是中心和边缘、共时和历时语言现象的有机联系,"语言共时平面上的变异(variation)是语言历时演变(change)不同阶段不同层次的反映"①,可以说,往往正是在这"边缘""不稳定"、处于"过渡"状态下的语言现象孕育着语言的发展和变化。

---

① 沈家煊,实词虚化的机制——《演化而来的语法》评介,王寅、赵永峰主编,《认知语言学著作述评》,高等教育出版社,2010年,第260页。

下部
俄语句法中的过渡现象研究

第四章
俄语简单句的过渡现象研究

按照认知语言学的原型范畴理论,"实体的范畴化是建立在好的、清楚的样本之上,然后将其他实体根据它们与这些好的、清楚的样本在某些或一组属性上的相似性而归入该范畴。这些好的、清楚的样本就是原型,是非典型实例范畴化的参照点"[①]。巴巴依采娃在专著《俄语语法中的过渡现象》中也指出,在现代语言系统中,在对立的典型范畴间存在着带有边缘环节及中间环节的综合区域[②]。原型范畴理论和过渡性理论关注的是语言普遍现象,具体就句法范畴来讲,范畴内各成员的区分性特征强弱程度不等,有典型和非典型之别,两个范畴间也存在过渡交叉现象。从这个角度来观察简单句可以发现,在该范畴内也有典型结构(核心结构)和边缘结构之分,在简单句内部的单部句和双部句之间、人称句和无人称句之间、人称句的具体类型句之间存在着大量的过渡交叉类型。

[①] 王寅,《认知语言学》,上海外语教育出版社,2007年,第128页。
[②] 参见 Бабайцева В.В. Явления переходности в грамматике русского языка, М., 2000, стр. 5.

第一节　читать трудно类句式分析

在《大学俄语（东方）》第1册[①]第12课的课文中有这样一个句子：Хотя я уже немного говорю по-русски, но читать стихи на русском языке трудно. 对于学生而言，将句子翻译成汉语并不难，但对于老师来说，如何讲解читать трудно这类述谓核心（предикативная основа）由不定式和以-o结尾的词构成的句式却并非易事。这涉及句中以-o结尾的词的词类归属问题，涉及单部句和双部句、人称句和无人称句的划分问题，更关系到词序的变化对句子的结构—语义的影响问题，这些问题迄今为止在俄语语言学界尚没有定论。

1. 以–o 结尾的词的词性分析

判断一个词的词性，通常需要综合考虑词的概括意义、词法范畴以及句法功能等。具体到трудно这类以-o结尾的词却很难单独从词形来判断它们的词性，它可能是形容词短尾形式、做状语的普通副词，也可能是做谓语的谓语副词，还有一些词可能是名词（如тепло, добро, зло 等）[②]。佐洛托娃[③]曾以тепло为例，列举了六个句子来说明这一类具有

[①]　《大学俄语（东方）》（新版）第1册，外语教学与研究出版社，2008年，第137页。
[②]　需要指出的是，并不是所有的以-o结尾的词都可以构成形容词短尾、普通副词、谓语副词以及名词的同音共同体，有的只是构成形容词短尾和谓语副词的同音共同体，如：сыро, мокро, душно, пустынно 等；有的则构成普通副词和形容词短尾的同音体，如：быстро, бодро, дружно, громко 等；有的并没有同音词，如：стыдно, совестно 等。参见 Буланин Л.Л. Трудные вопросы морфологии. М., «Просвещение», 1976, стр. 177. 本书提及的以-o结尾的词常可以和多个词构成同音关系。
[③]　Золотова Г.А. и др. Коммуникативная грамматика русского языка, М., Филол. фак. МГУ им. М. В. Ломоносова, 1998, стр. 150-151.

同一词形、读音相同、意义相近却属于不同词类的词的情况。

(1) Сонное *тепло* охватило его./令人昏昏欲睡的暖意笼罩着他。

(2) Жилище *тепло* и уютно./住处温暖且舒适。

(3) Его встретили *тепло*./大家热情地欢迎他。

(4) В доме *тепло*./房子里很暖和。

(5) Детям *тепло*./孩子们感觉很暖和。

(6) Жить у бабушки было *тепло* и весело./生活在奶奶身边很温暖，也很快活。

第一句中的тепло为中性名词，在句中作主语，句中的谓语охватило和它保持性、数的一致关系，使用单数中性的过去时形式；第二句中的тепло为形容词的短尾形式，在句中作谓语，和句中主语жилище保持性和数的一致关系；第三句中的тепло为副词，对谓语встретили的行为方式作进一步的限定，来说明行为的特征；тепло在前三句的词类归属和句法功能已经有语言学界的共识。很多学者认为第四句到第六句中的тепло是状态词，它和第三句的副词的根本区别是在句中作述体。

在俄语语言学界，关于状态词的争论由来已久，并且尚未形成统一的定义和分类标准，这仅从状态词的同义称谓便可见一斑，如谓语副词（предикативные наречия）、无人称谓语副词（безлично-предикативные наречия）、无人称述谓词（безлично-предикативные слова）或述谓词（предикативы）等[①]。

谢尔巴[②]是第一个提出状态词概念的语言学家，他指出这类词的形式特征是它的不变化性和它总与系词一起连用，但同时也认为这并不是

---

① 关于这些术语的使用情况，参见 Буланин Л.Л. Трудные вопросы морфологии. М., «Просвещение», 1976, стр. 174-175.

② 谢尔巴，《论俄语词类》，宋南天等译，时代出版社，1957年，第18-19页。

一个明显的、使人信服的词类范畴。谢尔巴将готов, должен, рад这一类形容词短尾用作谓语的词也划入状态词。

维诺格拉多夫、切斯诺科娃、列卡恩特[①]等学者继承和发展了谢尔巴将状态词独立出来的想法，也将状态词列为独立的词类，从句法功能（充当谓语）、范畴语义（表示状态）和在句中独立性的程度（状态词在句中不依附于任何词）等层面来阐述状态词作为独立词类的特点；另一些学者虽然也指出了状态词的独特之处，但并不将其作为独立的词类，如《80年语法》[②]便将以-о结尾的表示状态的词纳入副词的词类范畴，称为谓语副词。我国学者对状态词的处理也各不相同[③]。学者们对状态词的分类也存有分歧，维诺格拉多夫[④]从状态词与形容词短尾构成同音词的视角将以-о结尾的状态词分为四类，《80年语法》[⑤]从与副词的相关性角度将以-о结尾的状态词分为两类，列卡恩特[⑥]将状态词（述谓词）分为三类，一类是和性质副词和形容词短尾相关的，如весело, тихо, тепло, смешно等；一类是和名词相关的，如пора, охота, лень等；一类是和

---

① Виноградов В.В. Русский язык. Грамматическое учение о слове. М., Учпедгиз, 1947, стр. 42-44; Чеснокова Л.Д., Печникова В.С. Современный русский язык. Морфология. Ростов-на-Дону, «Феникс», 1997, стр. 195; Лекант П.А. Современный русский литературный язык. М., АСТ-ПРЕСС, 2013, стр. 551-554.

② Русская грамматика. Т. 1. М., Издательство «Наука», 1980, стр. 705.

③ 由张会森主编的《现代俄语语法新编》（上册）将状态词划为独立词类，参见《现代俄语语法新编》（上册），商务印书馆，1979年，第324页；由黄颖编著的《新编俄语语法》将状态词（谓语副词）列为副词的一种，参见《新编俄语语法》，外语教学与研究出版社，2008年，第260页；由李勤等编著的《俄语语法学》则采取了将状态词和副词并列处理的办法，参见《俄语语法学》，上海外语教育出版社，2006年，第258页。

④ Виноградов В.В. Русский язык. Грамматическое учение о слове.М., Учпедгиз, 1947, стр. 406-407.

⑤ Русская грамматика. Т. 1. М., Издательство «Наука», 1980, стр. 705.

⑥ Лекант П.А. Современный русский литературный язык. М., АСТ-ПРЕСС, 2013, стр. 551-552.

任何词类都没有关系的词，如надо, можно, нужно等。尽管学者们对状态词的定义和分类尚无定论，但在以下方面存有共识：就词形特征而言，状态词具有不变化性，且大部分状态词以-o结尾；状态词的概括意义是表示状态；就句法功能而言，在无人称句中作主要成分。不变化性将状态词和具有词形变化的名词以及形容词短尾区别开来，充当述体的句法功能将状态词和限定行为的副词区别开来。因此，在佐洛托娃列举的第四句В доме тепло和第五句Детям тепло中，тепло确实是状态词。

但тепло在带有不定式的第6个句子中是什么词？这类句子是人称句还是无人称句？如果是人称句，是单部句还是双部句[①]？对此俄罗斯学者持不同看法，大多数学者[②]认为是人称句，是双部句，但他们在判断тепло的词性上有分歧。尚斯基和吉洪诺夫认为тепло这类词是状态词，并明确指出，状态词的功能之一是在带有由动词不定式充当主语的双部句中作谓语。那这类以-o结尾的词是不是状态词？通常就句法功能而言，以-o结尾的状态词常在无人称句中作主要成分；就依附关系而言，它们在句中具有绝对的独立性，它不依附于任何词；就范畴意义而言，它表达的是状态，而不是事物或行为的特征。从这三个层面看，既然带状态词的句子是无人称句，那就不存在动词不定式作主语的说法，

---

① 双部句具有主语和谓语两个主要成分，而单部句则只有一个主要成分，而且既不是主语，也不是谓语，有学者称其为"第三种成分"。无人称句是单部句的重要类型，主要表示动作或状态的自发性或不由自主性，其典型形态标志反映在动词或系词的中性形式中，状态词是无人称句的一个重要表达手段。参见李勤、孟庆和编著，《俄语语法学》，上海外语教育出版社，2006年，第404、416、422页。

② Русская грамматика. Т. 2. М., Издательство «Наука», 1980, стр. 95, 315; Шанский Н.М., Тихонов А.Н. Современный русский язык. В 3 частях. Часть 2. Словообразование. Морфология. М., «Просвещение», 1987, стр. 223; Чеснокова Л.Д. и Печникова В.С. Современный русский язык. Морфология, Ростов-на-Дону, «Феникс», 1997, стр. 204.

既然有了主语，谓语便不是完全独立，需要和主语处于一定的关系中。因此，我们认为对上述句子是双部句和以-o结尾的词为状态词的论断是自相矛盾的。

切斯诺科娃等认为在此类双部句中充当谓语的是副词，在她看来副词表示的是行为的特征，此类句中的不定式和副词构成述谓依附关系（предикативное примыкание）①。《80年语法》②将这类句子的模式描写为：Inf – Adv-o，所列举的类型句为Кататься весело, Ждать мучительно，其中动词不定式作主语，谓语由以-o结尾的副词充当，从而构成双成素句（双部句）。沙赫马托夫也认为在кататься весело这类句子中весело就其语法属性而言是副词③。那么副词能不能作谓语？众所周知，副词通常说明动词和形容词或其他副词，表示动作、状态的特征，在句中通常作状语，从性质、行为方式、程度—度量、时间地点等层面对谓语进行限定。有关副词作谓语的例子，语言学家所列举的仅限于"Ум хорошо, а два лучше"等为数很少的几个④。彼什科夫斯基明确指出，副词就其基本属性而言是不能和名词搭配的，但能搭配的也是为数不多的具有动词性的动名词，如：чтение вслух, разговор по-французски，即使可以和动名词搭配，也不是所有的副词都可以，以-o结尾的副词就不能与动名词搭配⑤。可见，副词作谓语并不是其典型功能。

那这类词是否可以理解为形容词短尾形式呢？具体而言，就是动词不定式作主语，形容词短尾形式对其进行特征描写，并与主语保持形

---

① Чеснокова Л.Д. и Печникова В.С. Современный русский язык. Морфология. Ростов-на-Дону, «Феникс», 1997, стр. 204.

② Русская грамматика. Т. 2. М., Издательство «Наука», 1980, стр. 95, 315-316.

③ Шахматов А.А. Синтаксис русского языка. М., Эдиториал УРСС, 2001, стр. 134.

④ 请参见钟锡华，略谈俄语中的谓语副词，《中国俄语教学》，1983年第1期，第43页。

⑤ Пешковский А. М. Русский синтаксис в научном освещении. М., 1956, стр. 102.

态上的一致,所以采用中性形式,这和不定式作主语时,动词谓语过去时用中性形式是一样的情况,如:(7)Служить и жить *значило* одно и то же.(Н. Полевой)/工作和生活意味着同一件事。对此,我国学者钟锡华进一步指出:"如果把类似的句子看作双主要成分句,而把句中的原形动词看作是物化了的词而作主语的话,那就应该把скучно看作是中性短尾形容词,因为形容词的特点才是说明事物的特征和性质的词类。"[①]此类句子中以-o结尾的词接近形容词短尾形式,其性质意义在动名词作主语的时候得到了最大程度的凸现,如:(8)Но он очень молод, если даже и искренен; тут решение *трудно*.(Ф. Достоевский)/但他很年轻,甚至也很真诚,当时作这个决定不容易。此句中动名词решение作主语,形容词短尾形式трудно作谓语,和主语保持性(中性)和数(单数)的一致。形容词短尾形式和副词以及状态词之所以能够形成读音相同、意义相近、但分属不同词类的功能同音词,从词源学角度看,是因为副词以及状态词主要来源于形容词短尾形式,它们是从形容词短尾形式进行词汇化演变而成为独立词类的结果,维诺格拉多夫对此也有过论述:"现代俄语中的状态词主要来源于副词和形容词,形容词短尾形式失去了变格体系,固化在谓语的位置,逐渐获得了时间意义。"[②]正是基于上面的考虑,巴巴依采娃采取了折中主义,她认为以-o结尾的带有情感评价意义的词兼容了形容词短尾形式和状态词的范畴特点,其形容词的特征意义在双部句中得到了更好的凸显[③]。我们赞同巴巴依采娃的观点,如果这类句子是双部句,以-o结尾的词接近形容词短尾形式才更接近语言事实。

---

① 钟锡华,略谈俄语中的谓语副词,《中国俄语教学》,1983年第1期,第43页。
② Виноградов В.В. Русский язык. Грамматическое учение о слове. Москва-Ленинград, Учпедгиз, 1947, стр. 402.
③ Бабайцева В.В. Система односоставных предложений в современном русском языке. М., «Дрофа», 2004, стр. 261.

2. 以–o结尾的词＋不定式结构的定位

另一个与此相关的尚无定论的问题是对以-o结尾的词＋不定式结构（如трудно читать）的定位。对此目前有两种看法：瓦尔金娜①（Н.С. Валгина）等学者认为这是两种句子结构，читать трудно类是双部句，是人称句，而трудно читать类是单部句，是无人称句，这也是迄今为止关于这两类结构最普遍的看法；另一类学者认为两者没有本质的区别，如沙赫马托夫②认为这两类句子都是双部句，它们之间的差异不是语法上的，而是心理上的，两句话的侧重点不同，但句子成分间（他称其为表象представление）的关系却是同样的；也有学者认为这两类结构都是单部句。

严格地讲，按照简单句的结构—语义分类，这两类结构并不是双部句和单部句的典型类型，它们属于介于两者之间的过渡交叉结构，对它们的句法类型划分取决于一系列因素。这其中有以-o结尾的词的语义特点和句中是否有其他次要成分等语言内因素，也有词序和语调等语言外因素③。我们借助过渡性理论和过渡率来进行具体分析。

我们将以-o结尾的词作形容词短尾（或者普通副词）用于双部句，以-o结尾的词作状态词，用于无人称句的典型句型置于过渡率的两端A和Б，以-o结尾的词＋不定式的句型根据其词序变化以及句法语义特征分别占据Aб及aБ环节，AБ环节以-o结尾的词主要表达应该、必须等情态意义，如надо, нужно, можно等。过渡率各个环节的类型句分别为：

---

① Валгина Н.С. Синтаксис современного русского языка. М., «Высшая школа», 1991, стр. 98-99, 176.
② Шахматов А.А. Синтаксис русского языка. М., Эдиториал УРСС, 2001, стр. 134-135.
③ 参见 Бабайцева В.В. Система односоставных предложений в современном русском языке. М., «Дрофа», 2004, стр. 258-261.

А. Тут решение *трудно*./当时做决定很难。

Аб. Доказать их причастность к убийствам очень *трудно*./证明他们参与杀人行为是很难的。

АБ. Бороться *надо* за каждую должность./应该为每一个职位而奋斗。*Надо* бороться за свою мечту./应该为自己的理想而奋斗。

аБ. *Трудно* собрать необходимую информацию для анализа./很难收集分析所需要的必不可少的信息。

Б. Мне будет *трудно*./我将会很艰难。

A环节是典型的双部句，可以是由名词（代词）主语＋以-о结尾的形容词短尾谓语的结构，如：（9）Это иностранное слово *трудно* для произношения.(Из учебника)/ 这个外文单词发音很难。也可以是以-о结尾的副词做状语的双部句，如：（10）Во-первых, программы таких разработок *трудно* отличимы или вовсе неотличимы от легитимных научных исследований.(А. Спирин)/首先，这些研究方案与合法的研究难以区分，甚至根本无法区分。这一环节的以-о结尾的词的词类归属非常清晰，它们或者作谓语对主语进行说明，或者作状语来说明行为的特征。

Аб环节和аБ环节的句子虽然都是由动词不定式＋以-о结尾的词构成，但区别很大。从表层看只是词序的不同，实际上这两个环节的以-о结尾的词的词类归属和句子类型都不同。俄语虽然属于屈折语，词形变化丰富，但仍然属于SVO语言，也就是其最主要的词序模式是主语（subject）＋谓语（verb）＋补语（object）。那么在Аб环节，前置的动词不定式充当的是主语，以-о结尾的词充当的是谓语，对主语特征进行说明和评价。此时句中的其他成分，如动词不定式的支配成分、插入成分以及语调都可以起到主语和谓语之间分隔的作用，使句子的双部性更加明显。如：(11) *Посмотреть правде в глаза*, безусловно, очень *трудно*.(М. Давыдова)/正视真理，毫无疑问是很难的；再如：(12) *Сделать это, признаемся сами себе*, было не очень *трудно*.(А. Митьков)/完成这个，我们自己也承认，当时并不是很难。句中的以-о结尾的词更接近形容词短尾形式，表示的不是状态含义，而是评价意义。"表示评价的词作谓语只能是在人称句中，尤其是动词不定式作主语的情况下。"①

而在аБ环节，由于是以-о结尾的词前置并且经常是后面紧跟着动词不定式形式，这时候句子的单部性特征凸显，以-о结尾的词接近状态词，句子的语义也变为是对某种状态的整体描写，如：(13) А сейчас очень *трудно найти* хороших медсестер и фельдшеров.(И. Подлесова)/现在很难找到好的护士和医助。

句中主体的出现会进一步加强句子的无人称特征，如：(14) *Начинающей фирме трудно* найти деньги для того, чтобы нанять дорогих сотрудников.(Л. Малков)/新公司难以筹到钱来雇佣昂贵的雇员；(15) Поэтому скоро *мне стало трудно* выходить на улицу.(А. Геласимов)/所以，不久以后出门上街对于我来说都变得很难。在аБ环节"句式具有最大限度的语义和语调的整体性，这是单部句"②。

АБ环节以-о结尾的词有三个特征，一是表示必须、可能、应该等情态意义；二是在句中常和动词不定式相连；三是这些词没有或很少和形容词短尾形式以及副词构成同音关系（其中возможно, невозможно, необходимо, нужно可以和形容词短尾构成同音关系，并且可以构成比

---

① Буланин Л.Л. Трудные вопросы морфологии. М., «Просвещение», 1976, стр. 178.
② Тухватулина С. И. Предложения типа Кататься весело и Весело кататься с точки зрения смысловой и интонационной целостности//Русский язык в школе, 2014, №1, стр. 18.

较级形式，而должно, надо, можно不能和形容词短尾构成同音关系，也不能构成比较级[1]），在无人称句中充当主要成分是其最主要的功能，动词不定式是依附成分，无论从句子结构还是语义角度看，两者都绑定在一起。因此词序的变化并不影响其句子类型。如：

（16）*Можно попробовать* войти в контакт с ребенком...（Ю. Ковалева）/可以尝试着和孩子沟通……

（17）Один раз для разнообразия *попробовать можно*, но нельзя же этим заниматься всю жизнь!（В.Краснов）/为了生活的多样性尝试一次是可以的，但不能一辈子都做这件事！

（18）...89% респондентов в возрасте 15-35 лет считают, что высшее образование *иметь необходимо*.（Ю. Флоринская）/89%的年龄为15-35岁的被访者认为，接受高等教育是必须的。

很多学者也将нельзя归为这类谓语副词。如：

（19）Но в одну реку *нельзя* войти дважды.（А. Афанасьев）/不能两次跨进同一条河流。

布拉宁（Л.Л. Буланин）将这类词划为特殊的一类，在他看来，在表达情态意义层面和与动词不定式相连接的属性层面，这些词和名词возможность, необходимость，和должен, склонен，与动词может, следует更接近[2]。巴巴依采娃也指出，这类由动词不定式和以-o结尾表示情态意义的词所构成的句子具有最大程度的述谓组块（предикативный блок）整体性[3]。所以，我们将其纳入中间环节。

---

[1] Грамматика русского языка. Т. 1. М., Издательство Академии наук СССР, 1953, стр. 634.

[2] Буланин Л.Л. Трудные вопросы морфологии, М., «Просвещение», 1976, стр. 176.

[3] 参见 Бабайцева В.В. Система односоставных предложений в современном русском языке. М., «Дрофа», 2004, стр. 263-264.

Б环节是由状态词作主要成分的无人称句，这是单部句的重要类型，可以表达周围环境，如：(20) – В воздухе было немножко *сыро*, на вокзале — сотни людей. (В. Шукшин)/空气有些潮湿，车站聚集了很多人；表达内心感受，如：(21) Мне почему-то становится *грустно и стыдно*. Словно я ее предала. (А. Старобинец)/我不知为何感到有些忧伤和羞愧，仿佛是我出卖了她一样；表示身体状况，如：(22) Послушай, друг, *тошно* мне, *больно*! (А. Савинов)/听我说，朋友，我是又恶心又疼！毫无疑问，状态词是无人称句的一个重要表达手段。

3. 小结

通过应用共时过渡率А – Аб – АБ – аБ – Б的分析可以看出，以-о结尾的词本身的词类归属就很复杂，所履行的句法功能也非常丰富，加上不定式以后进一步加强了句式的结构—语义复杂性，正如巴巴依采娃[①]认为："这类句子的复杂性是由其构成成素的混合性决定的，动词不定式兼容了动词和名词的特点，以-о结尾的词又包含着形容词和状态词的特征。"纵观А – Аб – АБ – аБ – Б环节可以发现，以-о结尾的词越接近形容词短尾形式，不定式离主语功能越近，其自身的独立性越增强，句子的人称意义越明显，这就是Аб环节的句子；反之，以-о结尾的词越远离形容词短尾形式，不定式就越远离主语功能，其依附性增大，句子的无人称意义开始加强，这就是аБ环节的句子，这与彼什科夫斯基[②]的论述也相吻合。这种共时过渡现象的背后也蕴含着以-о结尾的词的历时过渡

---

① Бабайцева В.В. Система односоставных предложений в современном русском языке. М., «Дрофа», 2004, стр. 258.
② Пешковский А. М. Русский синтаксис в научном освещении. М., Учпедгиз, 1956, стр. 357.

А→Аб→АБ→аБ→Б，Б环节的很多状态词从词源角度看正是由A环节的形容词短尾形式和副词发展而来。

对于任何一种语言现象，不管是词类划分还是句子类型，语言学习者都希望得到清晰明了的解释，但很多语法规则针对的都是典型的语言现象，更多的非典型现象无法进行一刀切地划分，对于不定式＋以-o结尾的词的句式而言，它们构成了单部句和双部句，无人称句和人称句的过渡类型，需要综合多种语言内因素和语言外因素来进行分析，这是语言本身丰富性和复杂性的要求，因为只有兼顾语言中的典型现象和边缘过渡现象才能更客观真实地阐释语言现象。

第二节　у кого(есть)Y类句式分析

У кого(есть)Y类句式［其类型句为у него(есть)дом］常常被归为存在句(бытийные или экзистенциальные предложения)，存在句用来确定世界或其某个片段范围内存在(不存在)具有一定特征的客体。俄语存在句由三个基本成素组成：方位词(локализатор)、存在动词(бытийный глагол)和表示存在事物的名词(имя бытующего предмета)[①]。这样，在у кого(есть)Y句式中，у кого为方位词，(есть)为存在动词，Y为存在的事物。这一看法被广大俄语研究者认同，研究者们以此为基础对该句式的结构、所表达的逻辑语义内容以及

---

① Арутюнова Н.Д. Бытийные предложения в русском языке//Известия АН СССР. Серия литературы и языка, том 35, № 3, 1976, стр.229; Арутюнова Н.Д., Ширяев Е.Н. Русское предложение. Бытийный тип. М., Русский язык, 1983, стр. 14.

具体的词汇填充等方面做了较为详尽的分析①。

у кого（есть）Y类句式，可以说是俄语学习者最早接触和最常用的句式之一，与此同时也是带来较多困惑的句式之一。经常困扰俄语学习者的有以下几个问题，如быть在句中的句法—语义作用，它的出现和消失是否产生新的语用交际意义，处于Y位置的名词有无语义预设等等。实际上，у кого（есть）Y类句式可以表达极其丰富的语义内容，单纯用存在句来概括已经不能揭示其本身的结构—语义特征，正如阿鲁秋诺娃（Н. Д. Арутюнова）所言："存在范围（область бытия）和存在事物（бытующий предмет）所表达的语义内容非常丰富。存在范围可以大到宇宙，小到人的内心世界。存在事物可以是具体事物，亦可以是各类抽象的概念。正是由于其语义内容的不同，很多句子已经不再是存在句，演变为其他的逻辑—句法类型。"②下面我们试运用过渡率③，从语用交际视角对у кого（есть）Y类句式进行分析。

我们把基于у кого（есть）Y类句式的五个类型句分别置于过渡率的

---

① Селиверстова О.Н. Семантический анализ предикативных притяжательных конструкций с глаголом Быть//Вопросы языкознания, 1973, №.5; Кокорина С.И. Структурно-семантическая типология конструкций с глаголом «быть»//Преподавание русского языка студентам и специалистам нефилологического профиля. М., 1978; Шатуновский И.Б. Предложения наличия vs. бытийные и локативные предложения в русском языке//Логический анализ языка. Языки пространств. М., «Языки русской культуры», 2000; Янко Т.Е. Бытование и обладание: конструкции с глаголом быть//Логический анализ языка. Языки пространств. М., «Языки русской культуры», 2000 и другие.

② Арутюнова Н.Д. Язык и мир человека. М., «Языки русской культуры», 1999, стр. 754.

③ 也有俄罗斯学者基于交际重心的转移采用链条式（цепочка）来分析上述句型。参见 Теория функциональной грамматики. Локативность. Бытийность. Посессивность. Обусловленность. СПб., «Наука», 1996, стр. 115. 另外本小节为方便对比俄汉语中此类句式的异同，主要采用老舍先生作品俄译本中的例句，参见 Лао Шэ. Избранные произведения. М., 1991.

五个环节：

А: У него есть дом.

Аб: У него есть большой дом.

АБ: У него большой дом.

аБ: Дом у него большой.

Б: Его дом большой.

通过简单的形式对比，可以看出几点不同：1）быть的现在时形式 есть从有到无；2）某些句中出现了定语большой；3）у кого在各句中的位置发生了变化。实际上还暗含着第四点区别，即各句中虽同为дом一词，但其指称内涵却截然不同。

语言学家曾从不同的角度阐释这类句式中есть的使用规则，阿鲁秋诺娃认为这与句中是否存在"быть" "нет"的对立相关，与"存在事物"的表达手段和句子的交际功能等相关①。谢利维奥尔斯托娃（О.Н. Селиверстова）曾以У нее есть седые волосы（她有白头发）和У нее седые волосы（她满头白发）为例分析带与不带есть的存在句语义的不同，她指出："在У нее есть седые волосы句中，白头发只占一小部分，而在У нее седые волосы句中，多半是指所有头发都白了。"②可以说，这里突出对比的是部分／全部的特征意义。扬科（Т.Е.Янко）则以У него есть большой магазин表达实质（他有一个大商店）和У него большой магазин表示现象（他那个商店很大，所以他才很忙）来揭示两类句子的差别。③实际上，这两类句子之所以有如此大的语义差

---

① Арутюнова Н.Д. Бытийные предложения в русском языке//Известия АН СССР. Серия литературы и языка, том 35, № 3, 1976, стр.229-231.

② Селиверстова О.Н. Труды по семантике. М., Языки славянской культуры, 2004, стр. 643.

③ Янко Т.Е. Бытование и обладание: конструкции с глаголом быть// Логический анализ языка. Языки пространств. М., 2000, стр. 205.

异，其中есть本身表达的语义内容和履行的句法功能不容忽视。动词根据其语义可以分为实义动词、系词和用于组成分析性动词形式的辅助性动词①。对于быть而言，其多义性也决定了它在不同的句中可以充当实义动词、系词和辅助性动词。есть作为实义动词быть的现在时形式一般只用于表示"存在，拥有"等意义；用作系词时быть通常没有现在时形式。这样，在А和Аб环节的句子中есть是实义动词быть的现在时形式，表示"拥有，存在"意义，整个句子是对主体拥有事物的确认，是领有句（посессивное предложение），汉语语言学界一般称为"有"字句②。如：(1) У нее *есть* еще один, фиолетовый, но я берегу его для праздника. (Лао Шэ)/她还有件紫的呢，留着出门穿。(2) У меня *есть* доказательства! (Лао Шэ)/我有凭有据！(3) У него *есть* деньги. (Лао Шэ)/他有钱。(4) У него *есть* под подушкой и под матрацем что-то такое, чего он никому не показывает, но не из страха, что могут отнять или украсть, а из стыдливости. (А. Чехов)/他在枕头底下、褥子底下藏着点东西，从来不拿给任何人看，倒不是因为怕人抢去或偷走，却是由于害臊；而在аБ和Б环节句中быть则是充当系词"是"，其现在时形式不用，揭示事物的特征，句子的类型意义是表示特征或现象。如：(5) ... у Чжан Дагэ обширные связи... (Лао Шэ)/张大哥的交往是宽的……(6) У нее такие красивые ноги, стройные, крепкие; не надо бояться! (Лао Шэ)/看着自己的大脚，舒展，可爱，有力气。有什么可怕？(7) Внешность у него была самая заурядная, но располагающая. (Лао Шэ)/他（祥子）没什么模样，但他可爱的是

---

① Большой энциклопедический словарь. Языкознание. М., Научное издательство «Большая российская энциклопедия», 1998, стр.104.
② 参见刘丹青，"有"字领有句的语义倾向和信息结构，《中国语文》，2011年第2期；李旭平，汉语"有"字句和存在命题，《当代语言学》，2020年第2期。

脸上的精神。(8) Коляска у нас старая, зато своя – не нужно платить. (Лао Шэ) /车破，可是我们自己的，就仗着天天不必为车份儿钱着急。(9) У твоей матери синие глаза. (В. Короленко) /你妈妈的眼睛是蓝色的。(10) ...У вас удивительно своеобразная манера... (В. Короленко) /您的风格真是独特。

  上述句子之间的语义差别在其对应的否定句中表现得更突出。在A和Aб环节对应的否定句中要出现нет，表示对事物存在的否定，如：(11) У нее *есть* еда, у меня – свобода! У нее *нет* свободы, у меня *нет* еды; обе мы женщины. (Лао Шэ) /她有饭吃，我有自由。她没自由，我没饭吃，我俩都是女子。(12) У них *нет* ни сил, ни опыта, ни друзей – даже рикши их презирают. (Лао Шэ) / (他们) 没有力气，没有经验，没有朋友，就是在同行当中也得不到好气儿。而在аБ及Б环节对应的否定句则是借助于语气词не，如：(13) Работа у него *не интересная*, да и обстановка на службе *не очень интересная*. Но у него – семья. (Лао Шэ) /自己所处的环境，所有的工作，确是没有多少意义；可是自己担当着养活一家大小。

  需要指出的是，есть出现与否只体现在现在时语句中，在表示其他时间（过去时、将来时）的语句中都要出现быть的适当形式。如：(14) У него *были* две комнаты, он с мамой занимал одну, я спала в другой. (Лао Шэ) /他有两间屋子，他和妈住在里间，我在外面睡铺板。(15) У тебя тоже *будет* своя работа. (Лао Шэ) /你也会有自己的工作。

  "研究词的指称—语义意义与分析句子的语义结构有着密切的联系"[①]，《语言学大百科词典》"指称"（референция）条目下指出："与语用要素有关的指称分类是以交谈双方的知识储备为依据的。言

---

① 倪波、顾柏林，《俄语语义学》，上海外语教育出版社，1995年，第44页。

语所涉及的事物可能是仅说话人知道的[引进性指称（интродуктивная референция）Есть у меня один приятель（我有一位朋友）]；说话人、受话人都知道的[证同性指称（идентифицирующая референция）Этот ребенок никого не слушает（这个男孩谁的话都不听）]；交谈双方知识储备中没有的[不定指称（неопределенная референция）Петр женился на какой-то студентке（彼得娶了一位大学生为妻）]。语用要素主要在实指（конкретная референция）范围内起作用，实指使名词性词语指向固定的事物、个体。实指建立在对象存在的前提之上。"① 实际上，指称主要指确定指称和不确定指称。预设（пресуппозиция）原本是哲学概念，将其用于语言学中是指"为了让句子语义正常或在上下文中恰当而应该为真的语义要素"②，换言之，"……预设的基础是交际各方所拥有的对语言、周围世界、传统习俗、交际情境特点所共有的知识……预设可以认为是语句语义的'一般知识的储备'"③。在 у кого (есть) Y 类句式中对表示存在事物的名词指称有具体要求，其在A环节通常具有不确定指称，表示存在范围的名词获得主体意义，也就是"其中所指出的事物、人、空间获得了区分性的特点"④。

具体而言，在A环节的 у него есть дом 句中，дом 一词是泛指有墙、顶、门和窗，供人居住或做其他用途的建筑物，它并不是指位

---

① Большой энциклопедический словарь. Языкознание. М., Научное издательство «Большая российская энциклопедия», 1998, стр. 411；华劭，名词的指称和语用，《外语学刊》，1995年第4期，第1页。
② Большой энциклопедический словарь. Языкознание. М., Научное издательство «Большая российская энциклопедия», 1998, стр. 396；彭玉海，预设的语义描写功能，《中国俄语教学》，2001年第4期，第2页。
③ 倪波、顾柏林，《俄语语义学》，上海外语教育出版社，1995年，第245页。
④ Володина Г. И. Выражение факта наличия безглагольными предложениями//Проблемы учебника русского языка как иностранного. Синтаксис. М.,1980, стр. 320.

于某条街道、面积多大的特指的房子。这类句子因此在语篇中常常充当引进性角色，成为展开叙述的引子，如：(16) *Есть* у Чжан Дагэ, подумал Лао Ли, *что-то такое*, чего нет в нем самом. Что заставляет этому человеку радость? (Лао Шэ) / 张大哥比他多着点什么呢？老李想。什么呢？什么使张大哥这样快活？(17) У меня *есть* поблизости *цирюльник*... (В. Короленко) / 我们这儿附近有一位理发匠……дом一词的指称在过渡率的其他环节则各不相同，在Аб环节У него есть большой дом句中，虽然出现了定语большой，但它与дом一起成为句子的述题，句子的类型意义仍然是领有句，即"他有一处大房子"；但在АБ环节的У него большой дом句中则包含了两层信息①，即他有房子，并且他的房子很大。"他有房子"成为预设，是交谈双方都知道的事实，本句的目的是确定其房子的特点。这时房子的指称是确定的，其存在构成已知信息。可以说，АБ环节的句子兼容了表拥有意义的领有句和特征句的结构—语义特点，因此将其置于中间过渡交叉环节。aБ及Б环节则进一步突出了对事物特征和特点的描述，句子演变为特征句，如：(18) – А у Лин *короткие руки и ноги*. (Лао Шэ) / 菱的胳膊短腿短。(19) *Грудь* у него, правда, *широкая*, но что толку, если она ценится дешевле банки с карбидом! (Лао Шэ) / 自己的胸脯那么宽，仿佛还没有个小筒儿值钱！

　　正如阿鲁秋诺娃所指出的："当叙述的重心落在描写客体的特征时，客体本身的存在便成为已知，成为叙述的前提。"② 由此可见，在这五类句子中名词的指称从过渡率А环节到Б环节由不确定逐渐获得了

---

① 也有学者认为，当句中形容词起描述限定功能时，名词表示双重所指意义（сдвоенный денотативный статус）。具体相关论述，请参见 Теория функциональной грамматики. Локативность. Бытийность. Посессивность. Обусловленность. СПб., «Наука», 1996, стр. 115.

② Арутюнова Н.Д. Предложение и его смысл. Логико-семантические проблемы. М., Издательство «Наука», 1976, стр. 367.

确定含义。名词指称的变化也引起了句中 у него 位置的变化及其句法功能的转移。

佐洛托娃将组成句子的最小单位句素（синтаксема）分为自由句素（свободная си́нтаксема）、限制句素（обусловленная синтаксема）和粘附句素（связанная синтаксема）[1]。自由句素具有最大的句法潜能，它既可以单独使用，也可以构成词组使用；限制句素则不能单独使用，它可以直接用作句子的结构要素，也可以构成词组使用；而粘附句素在功能上受到一定限制，只用于词组从属词。按照这种分类，句素 у кого 应属于自由句素。它既可以单独使用，作为文章的标题，又可以参与各类句子的建构，除了本小节所讨论的几类句子外，у кого 句素还广泛用于地点存在句，此类句素在地点存在句的灵活使用，可以解释为"'拥有'和'存在'是可以相互转化的；'X 拥有 Y'就意味着'Y 存在于 X 那儿'和'X 那儿存在着 Y'"[2]。如：（20）Сянцы в смятении сел. – А где мои деньги? – У отца.（Лао Шэ）/祥子青筋蹦跳地坐下："我那点钱呢？""老头子手里呢。"特征句，如：（21）На госпожу У страшно было смотреть: спина длинная, как *у тигра*, талия, как *у медведя*.（Лао Шэ）/吴太太的模样确是难为情，虎背熊腰。状态句，如：（22）Только *у Сянцзы* на душе было пасмурно.

---

[1] Золотова Г.А. и др. Коммуникативная грамматика русского языка, М., Филол. фак. МГУ им. М. В. Ломоносова, 1998, стр. 50；赵爱国主编，《20世纪俄罗斯语言学遗产：理论、方法及流派》，北京大学出版社，2012年，第220页。

[2] 袁毓林等，"有"字句的情景语义分析，《世界汉语教学》，2009年第3期，第305页。俄罗斯学者也认为，可以对句子"Велосипед у Петра"做双重阐释，既可以理解为事物所处方位（локализация），也可解释为对事物暂时的拥有（временное обладание），请参见 Теория функциональной грамматики. Локативность. Бытийность. Посессивность. Обусловленность. СПб., «Наука»,1996, стр. 109.

(Лао Шэ)/祥子的心还是揪揪的。关系句，如：(23) *У каждого императора* свои министры.(Лао Шэ)/一朝天子一朝臣。由此可见，у кого句素所履行的句法功能各不相同，在句中可用作述体(у отца)、主体(у каждого императора)，亦可做修饰限定成分(у тигра и у медведя)等。

句素у кого(у него)在过渡率的五个典型句中的位置也发生了变化，一方面是因为其本身的句法功能发生变化，在А、Аб及АБ环节у кого充当的是主体，而在аБ环节中充当修饰限定成分，进而被Б环节的物主代词替代；另一方面也与у кого(есть)Y类句式中填充Y成分的名词指称的确定性有关。正是随着从А环节到Б环节дом的指称不断具体化，由未知过渡到已知，у кого的主体性才随之不断减弱，变为修饰限定成分。

定语的出现也与填充Y位置的名词与主体的可（不可）让渡（alienable, отторжимость/unalienable, неотторжимость）的关系密不可分。可让渡是指领有者与被领有者在现实世界里可分离，也就是在一定条件下，领有者可以拥有或者不拥有这种领有物；不可让渡是指二者具有不可分离性，即在一般情况下，领有者不能取消、改变或出让这种领有关系[①]。从这个视角来观察过渡率А环节，可以说一般情况下该类型句体现的是可让渡关系，表示领有者（一般由动物名词表示）对领有物的拥有，此时领有物常常用具有不确定指称的名词表示。但当领有者和领有物构成不可让渡关系时，尤其是整体和部分的关系（此时整体

---

① 关于可（不可）让渡关系，请参见袁毓林等，"有"字句的情景语义分析，《世界汉语教学》，2009年第3期，第292-293页；雷容、郭熙煌，英汉语可让渡及不可让渡领属结构的认知解释，《湖北大学学报》（哲学社会科学版），2015年第6期，第128页；Теория функциональной грамматики. Локативность. Бытийность. Посессивность. Обусловленность. СПб.，《Наука》,1996, стр. 102, 111.

与部分不仅包括实际意义上可以分成部分的客体,还包括转义的整体与部分)时,提及整体,其部分的存在便构成已知,构成语句的预设。因此,通常不讲У него есть рука, нога, волосы等等。在汉语中也有类似的情况,刘丹青针对这种情况"有"的使用,具体指出:"'有'经常或一度主要用在超乎寻常的领有关系上。这在某种程度上也符合交际的常规,因为应有之物,一般是无须明说的常识,例如一个人有手、有嘴、有家庭、有亲戚、均属常识,在交际中不能提供有效信息,因此在简约性文体中,只有超乎寻常的领有义才会富有信息量,值得提及。"[①]也有学者将其视为一种狭义领属关系,"即'领'和'属'之间是一种必然的,又是唯一的关系。换句话说,在与特定的动词、形容词搭配时,当我们说'领'的时候,实际上就可以同时表示这个'属'。例如:衣服(的价格)真贵;音乐(的)旋律很优美;他(的眼睛)瞎了"[②]。

在У кого(есть)Y类型句中,如果Y与主体构成的是可让渡关系,此时加上定语可以带есть,定语和名词共同成为句子要确定的所拥有的对象,定语在句中充当的不是评价功能,而是确定功能,起到区分作用。袁毓林以"二姐有一条漂亮的围巾"为例,称这种关系为"物权性领有关系"[③]。如:(24)– Да я в сто раз, может быть, богаче вас: *у меня есть два дома* на Московской улице.(А. Аркадий)/我大概要比你富有百倍:我在莫斯科大街上有两栋房子。(25)– Вы мне предлагаете жить у вас на даче? – Да, *у меня* наверху там *есть лишняя комната.*(И. Тургенев)/"您是想让我住在您的乡下小木

---

① 刘丹青,"有"字领有句的语义倾向和信息结构,《中国语文》,2011年第2期,第100页。
② 沈阳,领属范畴及领属性名词短语的句法作用,《北京大学学报》,1995年第5期,第85页。
③ 袁毓林等,"有"字句的情景语义分析,《世界汉语教学》,2009年第3期,第293页。

屋？""是的，我那里楼上有一个空房间。"

如果Y与主体构成的是不可让渡关系，定语的语义决定着句中是否出现есть，如在У нее есть седые волосы句中，волосы作为人的毛发是已知的，但седые волосы在这里起到一个区分性作用，"她有白头发"句中的部分含义非常明显。但讲到毛发的颜色时，却不能讲У нее есть рыжие волосы，而是说У нее рыжие волосы，这是对头发特征的描写，因为句子本身含有对头发存在的预设（人人皆有头发）。这样，就可以解释为什么不讲У него есть прекрасные глаза，而说У него прекрасные глаза；为什么不讲У него есть хороший голос，而说У него хороший голос[①]。如：(26) *У мамы жестокое сердце*, но деньги ведь еще более жестоки.(Лао Шэ)/妈妈的心是狠的，可是钱更狠。

句子需要在上下文中获得实义切分，获得其交际意义。句子的意义除了受语言因素（语法和词汇）的影响，还要受到言语因素（诸如上下文、言语情境）的影响，从而获得新的交际语用意义，也就是"在具体语境中体现出来的话语的真正用意"[②]。在过渡率A环节的У него есть дом类型句中，由于дом是具有不确定指称的名词，此时一般出现есть，表示对拥有事物的确定。但如果есть缺省，此句便获得了新的语用意义，从实质（有一处住房）过渡到现象（他正忙着房子的事）的描写[③]，дом的指称也由不确定变为确定，获得了特征含义。如：(27) Мужчины и женщины ткут сети и ловят друг друга; *у кого деньги – у тех сети побольше*, в них попадается сразу несколько жертв, а потом из них, не

[①] Теория функциональной грамматики. Локативность. Бытийность. Посессивность. Обусловленность. СПб., «Наука», 1996, стр. 113-114.

[②] 孙淑芳，言语行为理论中若干术语的阐释，《外语学刊》，2002年第3期，第29页。

[③] Янко Т. Е. Бытование или обладание: конструкции с глаголом быть// Логический анализ языка. Языки пространств. М., «Языки русской культуры», 2000, стр. 205.

торопясь, выбирают одну. (Лао Шэ) /男女彼此织成了网，互相捕捉；有钱的，网大一些，捉住几个，然后从容地选择一个。

带有定语的语句也同样可以获得此种语用意义，这在Аб环节的У него есть большой магазин（实质）和АБ环节的У него большой магазин（现象）中也表现得非常明显。如：(28) - *У вас очень непрактичные запонки на манжетах!* Острые углы, рвущие платье и оцарапавшие мне щеку. (А. Аверченко) /"您的袖扣很不实用！角很尖，挂衣服还把我的脸也划破了。"

另外，在填充Y位置的名词与主体构成不可让渡关系时，一般不使用у кого есть Y句式，比如，不讲У него есть голова, рука等等。但在具体的情境下这类句式可以获得语用意义，表示对所说话语的强调。如：(29) Ладно, я не злодей, у меня тоже *есть* сердце, пусть отдаст два. (Лао Шэ) /人心总是肉长的，我下不了狠手，给我两所好了。(30) — Не надо. У меня *есть* глаза и уши. — Алена, все не так. (Е. Прошкин) /"不用了，我自己有眼睛和耳朵。""阿廖娜，事情不是这样的。"(31) Главное — у каждого из них *есть* голова на плечах. (В. Баевский) /重要的是，他们每个人都有自己的头脑。

通过对基于у кого (есть) Y模式的五类句子А: У него есть дом; Аб: У него есть большой дом; АБ: У него большой дом; аБ: Дом у него большой; Б: Его дом большой的分析可以看出，一方面填充Y位置的名词指称由不确定逐渐过渡到确定，由未知转变为已知内容；另一方面，быть在各环节的语义和句法功能也不相同，其在А及Аб环节是充当谓语的表示"拥有，存在"意义的实义动词，但在аБ及Б环节则转变为表示时间—情态语法意义的系词。同时，句子的语义也发生了变化，由А环节的领有句过渡到Б环节的特征句。"从认知的角度看，'拥有'和

'存在'是人类语言中的两种比较基本的语义情景"①，俄语的存在句以及汉语的"有"字句都包含着众多语义内容丰富、结构复杂多变的句型。采用过渡率来分析У кого (есть) Y类句式，可以从共时分析的视角来揭示各个环节的区分性特征和相互联系，语言表达中没有绝对的可以或者不可以，语言手段的变化往往会带来新的语义内容，起到新的语用交际作用。正确的解读和使用У кого (есть) Y类句式需要综合考虑多种因素。

---

① 袁毓林等，"有"字句的情景语义分析，《世界汉语教学》，2009年第3期，第292页。

第五章
俄语简单句和复合句间的过渡现象研究

《54年语法》《70年语法》以及《80年语法》中关于复合句的定义和描写都是建立在和简单句的联系和对比之上的，"复合句是和简单句紧密相连又在结构和叙述特点上和简单句相区别的句法结构"[①]；"复合句和简单句既有共性，又相互区别"[②]。复合句和简单句的联系多建立在语义和交际功能层面上，"复合句作为一个整体又是一个完整的报道单位，在交际上是完整的统一体。因此可以说，复合句就其交际功能来说首先是句子。这是它同简单句最大的相同之处"[③]；关于复合句和简单句的区别，《54年语法》和《70年语法》明确指出首先是结构上的区别："简单句和复合句之间的差别是结构上的差别，简单句中时间、情态和人称范畴的表达形式的中心只有一个，而在复合句中此种结构中心可能有若干个（它们互相有机地联系着）。"[④]

---

① Русская грамматика. Т. 2. М., Издательство «Наука», 1980, стр. 461.
② Грамматика современного русского литературного языка. М., Издательство «Наука», 1970, стр. 652.
③ 李勤、孟庆和编著，《俄语语法学》，上海外语教育出版社，2006年，第592页。
④ Грамматика русского языка. Т.2. Ч. 1. М., Издательство Академии наук СССР, 1954, стр. 99；吴贻翼，《现代俄语句法学》，北京大学出版社，1988年，第152页；Грамматика современного русского литературного языка. М., Издательство «Наука», 1970, стр. 653.

虽然复合句和简单句在结构上可以说有着较为明显的不同,但"复合句和简单句之间的界限并不都是清晰可辨的"[①],在复合句和简单句之间同样存在着过渡现象,这种过渡现象既可以体现于简单句的繁化层面,也可以表现于复合句的简化层面。

第一节 繁化句概述

形动词(短语)和副动词(短语)是简单句繁化的重要手段,可以说这已经是俄语语言学界的共识,但语言学家对其进行描述所采用的术语却并不相同。《54年语法》[②]从次要成分的独立视角出发,将形动词(短语)称为独立定语,副动词(短语)称为独立状语;《80年语法》以及巴巴依采娃等学者采用半述谓性术语来描写这类结构,称其为半述谓独立成分[③]。那么,什么是半述谓性?半述谓性与述谓性和多述谓性相比有哪些区分性特征?半述谓结构和独立成分的关系如何?本部分试图对这些问题进行思考和回答。

1. 半述谓性、述谓性及多述谓性

在阐述半述谓性(полупредикативность)的概念之前,有必要回顾一下述谓性(предикативность)的概念。虽然在现代俄语语言学界暂时还没有一个被所有语言学家都接受的述谓性定义,但认为述谓性是

---

① Русская грамматика. Т. 2. 1980, М., Издательство «Наука», стр. 461.
② Грамматика русского языка. Т. 2. Ч. 1. М., Издательство Академии наук СССР, 1954, стр. 642-658.
③ Русская грамматика. Т. 2. Издательство «Наука», 1980, стр. 180-186; Бабайцева В.В. Синтаксис русского языка. М., Издательство «Флинта», 2015, стр. 363-376.

区别句子与其他语言单位的重要特征是大多数语言学家的共识，正如维诺格拉多夫在《54年语法》中所指出的："述谓性与表述语调是句子的主要语法特征"，"形成句子的述谓性范畴的意义和作用在于句子内容与现实的关系"①，这一论述后来不断被学者们继承和修正。综合各家之言，我们同意吴贻翼先生的观点，认为：在语言层次上的句子（即句子结构模式）中述谓性是指说话内容与客观现实中情景的关系；而在言语层面上的句子（即表述）中述谓性不仅指说话内容与现实中情景的关系，而且还指说话者对说话内容与现实中情景的关系所持的态度，两者有机地结合在一起。②

句子的述谓性通常具体体现在"建立在词法范畴基础上的，但超出它们范围的特殊的句法范畴（时间范畴、情态范畴以及人称范畴）之中"③，这样，情态、时间和人称便构成述谓性的三要素。并且，述谓性借助于不同层次的手段来综合表达，可以体现在词法、句法范畴上，也可以借助于词汇、语调、交际情境等非语法手段。

如果说，述谓性是区分句子和其他语言单位的抽象本质语法特征的

---

① Грамматика русского языка. Т.2. Ч.1. М., Издательство Академии наук СССР, 1954, стр. 76, 80.
② 吴贻翼，试谈俄语句子/表述的述谓性，《中国俄语教学》，1997年第2期，第30页。
③ Грамматика русского языка. Т.2. Ч.1. М., Издательство Академии наук СССР, 1954, стр. 78-79. 关于述谓性研究的论述，参见吴贻翼，试谈俄语句子/表述的述谓性，《中国俄语教学》，1997年第2期。维诺格拉多夫关于述谓性三个范畴的论述得到了很多学者的支持，在俄罗斯各种现代俄语教科书中也多采用这种观点，参见 Крылова О.А., Максимов Л.Ю., Ширяев Е.Н. Современный русский язык: Теоретический курс. Синтаксис. Пунктуация. М., Издательство РУДН, 1997, стр. 24; Бабайцева В.В., Инфантова Г.Г., Николина Н.А., Чиркина И.П. Современный русский язык: Синтаксис. Ростов-на-Дону, «Феникс», 1997, стр. 248-252; Современный русский литературный язык, под редакцией П.А. Леканта. М., АСТ-ПРЕСС, 2013, стр. 607.

话，那么，述谓核心①的数量便成为简单句和复合句的区分标准，"复合句和简单句的区别是多述谓结构（полипредикативная структура）和单述谓结构（монопредикативная структура）的区别，复合句有别于简单句之处是它是几个情态和时间的句法综合体"②，这就是说，复合句具有几个情态和时间的句法综合体，它是几个述谓单位在句法上的组合，具有多述谓性（полипредикативность）。所谓多述谓性也就是"一个交际单位中两个或多个各自存在谓词、主体、时间、情态、人称等特征的述谓单位之间的关系，这些述谓单位可以是自由的，也可以是非自由的"③，而简单句只有一个情态和时间的综合体，它只有一个述谓单位，具有单述谓性（монопредикативность）。

彼什科夫斯基在《俄语句法的科学阐释》（《Русский синтаксис в научном освещении》）一书中也提及了半述谓性术语，他用来说明诸如Он пошел *воеводой*（他去当官了）句中既说明动词谓语又限定句中主语的特殊五格形式，称之为"述谓五格（творительный предикативный）"。④佐洛托娃称半述谓性为"隐蔽的或暗含的述谓性，或者是一种'句法压缩'形式，其本质就是时间、情态和人称关系

---

① 述谓核心是指双部句的谓语和主语结合，或指单部句的主要成分。述谓核心构成述谓单位，包含一个述谓核心的结构就是一个述谓单位，一个述谓单位就是一个简单句。参见齐光先，现代俄语中简单句和复合句的界限，《外语研究》，1990年第1期，第13页。
② Грамматика современного русского литературного языка. М., Издательство «Наука», 1970, стр. 653.
③ Золотова Г.А. и др. Коммуникативная грамматика русского языка, М., Филол. фак. МГУ им. М. В. Ломоносова, 1998, стр. 220；王铭玉、于鑫，佐洛托娃的句子模型理论，《外语教学》，2009年第1期，第17页。
④ Пешковский А.М. Русский синтаксис в научном освещении. М., Учпедгиз, 1956, стр. 245.

通过相应的主要述体的意义来得以显现"①。她认为述谓单位可以是独立的句子,也可以是由形动词、副动词、动词不定式、名词组成的暗含述谓性的部分,这样,带有副动词(短语)、形动词(短语)的句子在佐洛托娃看来是多述谓结构。"动词的句法变体——不定式形式、形动词、副动词以及动名词是暗含述谓特征的表达手段以及作为第一模式的多述谓的句法手段。"②在下面五类句子中,如:

(1) Гость вошел в комнату и *поклонился*./客人走进房间并鞠躬致意。

(2) Гость вошел в комнату *с поклоном*./客人走进房间致意。

(3) *Войдя* в комнату, гость поклонился./走进房间后,客人鞠躬致意。

(4) *Вошедший* в комнату гость поклонился./走进房间的客人鞠躬致意。

(5) *Когда гость вошел в комнату*, он поклонился./走进房间后,客人鞠躬致意。

佐洛托娃认为每一个主体都有两个动态的特征,所有的句子都具有多述谓性,信息上相当于两个单位,具有单一主体、单一情态性和多时间性。③

如果说佐洛托娃关于半述谓性、多述谓性的理解是广义的,那么,普立亚特金娜(А.Ф. Прияткина)则大大缩小了半述谓结构的范围,采用了狭义的理解。她提出补充述谓性(дополнительная

---

① Золотова Г.А. и др. Коммуникативная грамматика русского языка, М., Филол. фак. МГУ им. М. В. Ломоносова, 1998, стр. 220.

② Золотова Г.А. Коммуникативные аспекты русского синтаксиса. М., КомКнига, 2010, стр. 360.

③ Золотова Г.А. и др. Коммуникативная грамматика русского языка, М., Филол. фак. МГУ им. М. В. Ломоносова, 1998, стр. 222.

предикативность)的概念，将其定义为："补充述谓性和述谓意义部分吻合，但不构成句子的句法意义。补充述谓性在句子中不具有独立性，主要述谓性是其存在的前提和背景，因此，补充述谓性又称为次要述谓性、伴随述谓性或附加述谓性。"①补充述谓性实际上就是普遍意义上的半述谓性。普立亚特金娜认为副动词（短语）具有动词补充述谓性。在她看来，具有补充述谓性的句法表达手段不是述谓单位，带有补充述谓性的句子不应该称为多述谓结构，因为句子仍然是单述谓的，只有一个述谓核心。

虽然《80年语法》未对半述谓性下一个明确的定义，但却概括了半述谓结构的特点：半述谓独立短语"具有很大的信息容量及相对的信息独立性；它对被扩展部分所包含的信息是一种补充报道。这类独立短语的主导词形，可能是有语法时间意义的副动词或形动词，也可能是可用作谓语的静词——名词或形容词。"②《80年语法》的半述谓结构包括：副动词短语、形动词短语、名词短语及形容词短语。《80年语法》在论述半述谓结构时指出，这类结构具有两个特征，即语调的区分性和联系的多向性。如在句子Он шел, размахивая руками（他挥舞着双手走着）中副动词短语размахивая руками在形式上和动词谓语相连，但在语义上也是对主语он的修饰，指出主体的过程性特征，是对动词谓语所表示特征的一种补充③。可以说，这种双向性特征是半述谓结构的典型特征，并且充当半述谓结构的很多是混合型词，如形动词、副动词等等，这些混合型词在词法属性上的混合性决定了其句法功能的双向性特征。

---

① Прияткина А.Ф. Русский язык: Синтаксис осложненного предложения. М., «Высшая школа», 1990, стр. 19-20.
② Русская грамматика. Т. 2. М., Издательство «Наука», 1980, стр. 181；信德麟、张会森、华劭编，《俄语语法》，外语教学与研究出版社，1990 年（2004 年第 12 次印刷），第 555 页。
③ 参见 Русская грамматика. Т.2. М., Издательство «Наука», 1980, стр. 180.

语言单位具有表现层和内容层，但两者不是完全一一对应的，很多时候可以观察到表现层和内容层的不统一，从而形成结构和语义不对称的语言现象。带有副动词（短语）和形动词（短语）的句子体现的就是这种表现层和内容层的不对称，其语义信息远远大于结构信息，比如：

(6) Пешеход часть пути *прошел со скоростью 3 км/ч*, *затратив на это две трети всего времени своего движения*（Лукашик）/步行者一部分路程是以每小时3公里的速度行进的，为此花费了整个行程时间的三分之二。从语义内容来看，句中表示的是"行进"（пройти）和"花费"（затратить）两个行为，传递的是两个语义信息，主要信息是行人以每小时3公里的速度行进了一段路程，次要信息则是花费了多少时间。这两个信息在语法层面的表现形式不同，прошел是显现十足的述体，和主体的述谓关系①是直接的，而副动词短语затратив на это две трети всего времени своего движения表示的则是暗含的行为，其和主体的述谓关系特征是间接体现的，所以称之具有半述谓性。

但是，带有半述谓结构的句子是否如佐洛托娃所言已经构成多述谓结构，这一点还有待商榷。我们同意巴巴依采娃②关于带有副动词（短语）和形动词（短语）结构的论述，认为其处于简单句和复合句之间的过渡位置，但尚未演变为多述谓结构。卡萨特金③等也认为带有副动词（短语）和形动词（短语）的简单句是繁化句，其在语义层面接近于多述

---

① 述谓关系（предикативная связь или предикативные отношения）是指表达主语和谓语的关系，以及逻辑主体和述体的关系。参见 Большой энциклопедический словарь. Языкознание. М., Научное издательство «Большая российская энциклопедия», 1998, стр. 393.

② Бабайцева В.В. Система членов предложения в современном русском языке. М., Издательство «ФЛИНТА», издательство «Наука», 2011, стр. 431-446.

③ Касаткин Л.Л. и др. Краткий справочник по современному русскому языку. М., Издательство «Высшая школа», 1995, стр. 308-309.

谓的复合句。

综合上面的分析，我们认为，副动词（短语）和形动词（短语）具有半述谓性[①]，这种半述谓性具有以下特点：

1）双向性，即半述谓结构和句中的主体和述体都发生关系；

2）不对称性，即语义和结构的不对称，半述谓结构在语义层面具有自足性和显现性，结构层面则具有非独立性和缺失性；

3）从属性，从语义信息而言，半述谓结构是对主要信息的补充；从语法意义而言，其依赖于句中的主要行为，具有对主要行为的限定或说明等意义。

4）转化性，即半述谓结构可以转化为动词谓语或相应的从句，从而获得显现的述谓性。

2. 半述谓结构和独立成分

独立成分问题一直是语法学研究的重要内容，也是一直存有争议的问题，因研究者阐释的视角不同，所以独立成分的定义和包括范围也不尽相同[②]。彼什科夫斯基[③]提出独立次要成分的概念，强调语调和节律对区分独立成分的重要性，指出独立成分在和周围成分的关系层面类似于

[①] 副动词（短语）和形动词（短语）虽具有半述谓性，但因其在句中的具体句法功能不同，所体现的半述谓性特征的程度也不同，这不仅取决于副动词和形动词本身所具有的动词和副词以及形容词的特征，也取决于副动词（短语）、形动词（短语）和其他结构的聚合关系以及整个句子的语义。关于形动词（短语）和副动词（短语）的论述，参见 Чуглов В.И. Причастный, деепричастный и другие обороты в составе предложения//Русский язык в школе, 2013, № 10, стр. 52-56.

[②] 关于独立成分的研究，参见 Валгина Н.С. Синтаксис современного русского языка. М., «Высшая школа», 1991, стр. 243-261; 姜宏，关于俄语句子独立成分问题的思考，《中国俄语教学》，2002 年第 4 期；杜桂枝，《现代俄语句法学》，北京大学出版社，2019 年，第 405-427 页。

[③] Пешковский А.М. Русский синтаксис в научном освещении. М., Учпедгиз, 1956, стр. 416-434.

从属句，他按照词类属性将独立成分划分为名词、形容词、副动词等类型。《54年语法》①指出，独立次要成分包含不同的句法范畴，意义的相对独立性和语调的区分性是独立成分的共同特征。《54年语法》按照句法关系将独立次要成分划分为独立定语、独立同位语、独立状语等，其中独立定语和独立状语就包括由形动词（短语）表示的定语、副动词（短语）表示的状语、由副词及名词的间接格形式表示的状语。《语言学大百科词典》②关于独立成分的论述基本沿袭了彼什科夫斯基及《54年语法》的基本观点。

《70年语法》指出，句子框架内某种成分的独立取决于交际任务，独立的词形或一组词形获得相对的信息独立性或带有补充信息，这些独立的词形或一组词形被称为半述谓形式。这样，《70年语法》将半述谓性引入关于独立成分的论述中，并指出，不是构成句子的任意词形（或一组词形）都可以独立，构成独立形式的经常是由形动词、副动词、形容词、名词等构成的九类结构③。瓦尔金娜在关于独立成分的论述中也提出半述谓关系（полупредикативные отношения）的概念，她认为，句中主要成分表达的是述谓关系，独立成分通过半述谓关系来传递补充信息。语调和词序是实现句子成分独立的主要手段。瓦尔金娜区分出独立定语、独立同位语、独立状语以及独立的确切、说明和接续成分等④。《中学百科辞典》也提及"半述谓性的概念在句法学中常

---

① Грамматика русского языка. Т.2. Ч. 1. М., Издательство Академии наук СССР, 1954, стр. 643.
② Большой энциклопедический словарь. Языкознание. М., Большая Российская энциклопедия, 1998, стр. 340.
③ Грамматика современного русского литературного языка. М., Издательство «Наука», 1970, стр. 643-644.
④ Валгина Н.С. Синтаксис современного русского языка. М., Издательство «Высшая школа», 1991, стр. 243-258.

用于描写带独立成分的句子"①。但是，如果讲独立定语、独立同位语和独立状语具有半述谓性得到了语言学家共识的话，将独立确切成分、说明成分和接续成分都归为半述谓结构却值得商榷。《80年语法》②在论述独立成分时，将独立扩展成分（обособленные распространяющие члены предложения）按功能分为半述谓性短语和注解性短语，其中前者包括副动词短语、形动词短语、名词短语和形容词短语；后者包括名词性独立语、形容词独立语及副词独立语等，用来揭示句子某个成分的内容，使其更加具体。《80年语法》关于独立成分的论述得到了其他语法学家的支持，巴巴依采娃和别德纳尔斯卡娅（Л.Д. Беднарская）③也将独立成分划分为半述谓独立成分和非半述谓独立成分。

从以上关于独立成分和半述谓结构的简单梳理可以看出，两者并不对等。就句法关系而言，半述谓结构依附于句中主体和述体表达的述谓结构，是对述谓结构从形式到内容的扩展和补充；而独立成分与句子其它成分的关系更加复杂和多样，既可以表现为半述谓结构，和句中主体和述体建立双向性联系，也可以只对句中某个成分进行限定和确认，只保持单向性联系，如：（7）Понимаете, о России, *то есть о Советском Союзе*, как и вообще о Восточном мире, даже и речи не шло. (А. Федоров)/要知道，关于俄罗斯，也就是关于苏联，甚至是关于整个东方世界，都未谈及。

---

① Русский язык. Школьный энциклопедический словарь. Санкт-Петербург, Санкт-Петербургский государственный университет, 2013, стр. 242.
② Русская грамматика. Т. 2. М., Издательство «Наука», 1980, стр. 180-188.
③ В.В. Бабайцева. Синтаксис русского языка. М., Издательство «ФЛИНТА», Издательство «Наука», 2015, стр. 359-397; Беднарская Л.Д. Синтаксис. Простое предложение. Сложное предложение. Теория. Практика. Орел, Изд-во ОГУ имени И. С. Тургенева, 2020, стр. 92-98.

就表达手段而言，语调和停顿是独立成分的主要表达手段，在书写上常体现为逗号或破折号，对于半述谓结构来讲，形动词短语、副动词短语、形容词短语等常以独立的形式存在，但"独立是区分副动词和副动词短语半述谓意义的补充手段"[1]，它并不是体现半述谓关系的唯一手段[2]，还应该结合句子的词汇—语法手段来综合判断，如：（8）Жили Артамоновы *ни с кем не знакомясь*, хозяйство их вела толстая старуха, вся в черном...（М. Горький）/阿尔塔莫诺夫一家人和任何人都不熟识，他们的家事由一位胖胖的老妇人操持，她总穿着一身黑……（9）Таким образом, мы провели целый месяц в тишине, *ни с кем не знакомясь*.（А. Редигер）/这样，我们在安静中度过了整整一个月，和任何人都不熟识。

在这两句话中均含有副动词短语 ни с кем не знакомясь，但第一句并未独立，第二句则独立出来，杰维亚托娃认为这种情况下副动词（短语）独立与否并不赋予句式以某种新的意义[3]。我们赞同这种看法，如果仅凭独立与否这一形式标准来判定副动词短语是否充当半述谓结构

---

[1] Девятова Н.М. Одиночное деепричастие и проблемы его обособления в русском языке//Русский язык в школе, 2012, № 2, стр. 20.

[2] 有些学者认为只有独立的形动词短语和副动词短语等具有半述谓性，如：瓦尔金娜认为不独立的形动词只是起到限定作用，并不使补充意义繁化，参见 Валгина Н.С. Синтаксис современного русского языка. М., 1991, стр. 245; 但也有学者提出质疑，认为不应把独立与否看作是判断是否具有半述谓性的唯一手段，还应该结合句子的词汇—语法手段，参见 Девятова Н.М. Одиночное деепричастие и проблемы его обособления в русском языке//Русский язык в школе, 2012, № 2, стр. 16-20. 本书赞同杰维亚托娃的观点，认为，仅将独立作为判定某些结构是否具有半述谓性的特征难免有些教条。

[3] 参见 Девятова Н.М. Одиночное деепричастие и проблемы его обособления в русском языке//Русский язык в школе, 2012, № 2, стр. 20.

显然有些不妥；另外，动名词也具有一定的述谓意义①，但它通常不以独立成分的形式存在，如：(10) *С возвращением Володиной сестры Лизы* все действительно «скисло»: мама очень сухо говорила со мной по телефону, Лиза вообще на отрез отказывалась со мной общаться. (Сати Спивакова) /随着瓦洛嘉的姐姐莉扎的返家，一切都变味了：妈妈冷淡地和我电话聊天，莉扎则完全拒绝和我交流。

就句法结构的同义转换而言，半述谓结构很容易通过同义转换变为述谓结构，而独立成分因其语法—语义的多样性不具有这种普遍的转换特征。

综上所述，半述谓结构和独立成分涵盖的类型可以说处于交叉关系，两者有各自的典型类型，中间的交叉环节由既是半述谓结构又充当独立成分的副动词短语、形容词短语以及形动词短语等构成。如下图：

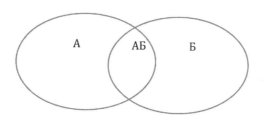

А代表独立成分，Б代表半述谓结构，АБ则是两者的交叉部分——独立的典型半述谓结构便在其中。

---

① 关于动名词表示一定的述谓意义问题，参见 Золотова Г.А. и др. Коммуникативная грамматика русского языка, М., Филол. фак. МГУ им. М. В. Ломоносова, 1998, стр. 219-220, 411-412; Камынина А.А. О формально-синтаксических признаках полупредикативных конструкций в русском языке//Синтаксис современного русского языка. Хрестоматия и учебные задания. СПб., Факультет филологии и искусств СПбГУ., 2009, стр. 351-353; Бабайцева В.В., Максимов Л.Ю. Современный русский язык. Ч. 3. М., 1987, стр. 157-158.

副动词（短语）和形动词（短语）都具有半述谓性，可以间接地表达人称、时间、情态等述谓意义，但它们在具体句子中所体现的半述谓性特征的程度并不相同。具体就副动词（短语）而言，这与副动词所呈现出来的动词和副词特征相关，可以说，副动词的动词性越强，其半述谓性的体现程度越高，反之，副动词的副词性越强，其半述谓性的体现程度越低。前文对副动词过渡性特征的分析实际上也反映着它们在句中所体现的半述谓性的程度不同，揭示了履行不同句法功能时副动词（短语）的时间意义。另外，副动词（短语）所表示的行为主体和句中主体保持一致，这已构成副动词（短语）的使用规范，带有副动词（短语）的结构主要通过人称代词来表示第一、第二和第三人称关系，因此为避免重复论述，本章不再对副动词（短语）的半述谓性做分析，将重点分析形动词（短语）的半述谓性特征。

第二节 形动词（短语）的半述谓性分析

如前文所述，半述谓性具有转化性，具体就形动词（短语）而言，它在表达限定意义的同时还可以表达比较、原因、让步等多种疏状意义，可以转化为相应的从句，从而获得显性的述谓表达手段，如：

（1）Дверь, *ведущая в коридор*, отворилась. (Е. Рудашевский) / 通向走廊的门打开了。句中形动词短语可以替换为相应的定语从句：Дверь, которая ведет в коридор, отворилась.

（2）– Лабораторию найдем, – задумчиво ответил Береславский, уже, похоже, *погруженный в тонкости технологических процессов*. (И. Гольман) / "实验室一定能找到的，"别列斯拉夫斯基若有所思地回答道，"看样子好像已经陷入了工艺过程的细节之中"。句中的形

动词短语可以替换为表示比较意义的从句：– Лабораторию найдем, – задумчиво ответил Береславский, уже, похоже, как будто он погрузился в тонкости технологических процессов.

（3）... ему действительно нужно было видеть полкового командира, *не пропускавшего ни одного представления во французском театре* ...（Л. Толстой）/ 他确实需要见到团长，团长准在剧院，因为他是每次演出必到场。句中的形动词短语可以替换为原因从句：потому что он не пропускал ни одного представления во французском театре.

（4）– Убирайся, – сказал Вронский, *надевавший подаваемый лакеем сюртук*.（Л. Толстой）/ "你收拾一下吧。"弗龙斯基说着，穿上听差递给他的礼服。句中的形动词短语可以替换为表示行为方式的副动词形式 надевая подаваемый лакеем сюртук，表示主要行为的伴随状态。

（5）*Вынужденные тесниться*, они все же выделяли свой стол обособленным существованием: украшали цветами, фотографиями.（Е. Рудашевский）/ 虽然空间狭小，他们还是把自己的桌子用鲜花和照片装扮成了一个独立的小天地。句中形动词短语可以替换为 хотя они были вынуждены тесниться，表示让步意义。

（6）Теперь он испытывал чувство, подобное тому, какое испытал бы человек, *спокойно прошедший над пропастью по мосту и вдруг увидавший*, что этот мост разобран и что там пучина.（Л. Толстой）/ 现在他面临的处境是，好像一个人从横跨深渊的桥上不慌不忙地走过，突然发现桥被拆毁了，下面是万丈深渊。句中形动词短语可以替换为带语气词 бы 的从句，表示一种假设的情境。

此外，形动词（短语）还可以间接地表达人称、时间[①]等述谓意义。

1. 人称范畴的表达手段

人称代词、物主代词以及动词的人称变化形式是俄语人称意义的主要表现形式。但是，由于形动词主要起限定作用，其本身又有主动形动词和被动形动词之分，被动形动词又有长尾和短尾之别，因此所呈现的人称范畴便更为复杂。

在所有形动词中，被动形动词短尾形式的人称范畴表现得最为简洁和直接，由于被动形动词短尾形式在句中做谓语，充当主语的人称代词和名词可以很好地揭示人称意义。但在这类句子中体现的是述谓性，而不是半述谓性，句子是简单句，而不是繁化的简单句，所以本部分不做讨论。具有半述谓功能的是长尾主动形动词（短语）和被动形动词（短语），人称范畴通过人称代词的第一格或第五格形式或者物主代词来表达，具体如下：

（7）Но минут через пятнадцать *я*, обеспокоенная тишиной, снова иду к его комнате（Е. Павлова）/但大约15分钟过后，我被那一片寂静弄得很不安，于是又向他的房间走去。

（8）*Все* виновны, и *ты*, подсудимый, и *я*, думающий о подсудимом, прокуроре и судье（В. Гроссман）/所有的人都有罪，你，这个被告，还有我，这个琢磨被告、检查官和法官的人。

（9）К сожалению, предложенные *нами* поправки учтены не были（Ю. Федотов）/很遗憾，我们所提的修订意见没有被考虑。

（10）Много лет назад я — отдохнувшая и загоревшая —

[①] 形动词（短语）因为经常做限定成分，其本身无法表达情态意义，句子的情态性主要依靠句中动词、句式以及一些词汇手段来判断，所以本部分只限于分析人称范畴和时间范畴。

возвращалась домой из Сочи (М. Король) /很多年前，休息足了也晒黑了的我从索契回家。

（11）Где *ты*, Советский Союз, так любимый *ею*? (Т. Виктория) /被她深爱的苏联，你在哪里？

（12）Убаюканный сладкими надеждами, *он* час спустя крепко спал … (А. Чехов) /他抱着美好的希望而定下心来，过了一个钟头，就睡熟了……

（13）Мне нравится *его* широкое, скуластое лицо, всегда бледное и несчастное, отражающее в себе, как в зеркале, замученную борьбой и продолжительным страхом душу. (А. Чехов) /我喜欢他那张颧骨突出的宽脸，它老是苍白、愁苦，像镜子那样映出他被挣扎和不断的惧怕折磨着的灵魂。

除了双部句的人称句，形动词（短语）可以很自由地应用于无人称句、不定人称句等单部句中。如：

（14）*Пора* обратить внимание на подобных господ, не желающих подчиняться постановлениям! (А. Чехов) /现在也该管管不愿意遵守法令的老爷们了！

（15）*Надо* искать людей, относящихся к «группе риска». («Знание - сила») /应该寻找那些属于"冒险群体"的人。

（16）Нас, причисленных, *пригласили* в Академию. (А. Деникин) /我们这些被录用的人被邀请到了科学院。

2. 时间范畴分析

时（время）一直被认为是俄语形动词具有动词性的典型标志，通常认为形动词具有现在时和过去时两个时间意义，缺少将来时形式①。但形动词的时间意义是否可以和动词变位形式所表示的时间意义相等同呢？对此俄罗斯学者众说纷纭，莫衷一是②，彼什科夫斯基指出："总体而言，形动词的时间意义具有双重性，一部分是和副动词一样具有非独立性，一部分又是和动词一样具有独立性。"③维诺格拉多夫赞同索博列夫斯基（С. И. Соболевский）的观点，认为"俄语形动词可以相对地表达时间意义，部分和副动词类似，部分又和陈述式类似"④。丘格洛夫（В.И. Чуглов）认为形动词本身的时间—情态意义起主要的和决定性的作用⑤。我国学者也从同时关系、前时关系和泛时关系来探讨形动词的时间意义问题⑥。从以上简单地陈述不难看出，形动词的时间意义是一个繁杂问题，也是给中国的俄语学习者带来很大困扰的问题。我们试结合邦达尔科的时间范畴理论来探讨形动词的时间意义。

---

① 关于形动词没有将来时的问题，杰维亚托娃阐释道：形动词没有将来时形式与其本质特征有关，因为形动词是对事物的重复称名，只有发生过或正在发生的事件才有机会获得重复称名。详见：Девятова Н.М. О соотношении придаточных определительных предложений и причастных оборотов// Русский язык в школе, 2013, № 10, стр. 57.
② 俄罗斯学者关于形动词时间意义的论述，请详见：Сай С.С. Причастие. Материалы для проекта корпусного описания русской грамматики（http://rusgram.ru）. На правах рукописи. М., 2011; Сай С.С. Действительное причастие. Материалы для проекта корпусного описания русской грамматики（http://rusgram.ru）. На правах рукописи. М., 2014.
③ Пешковский А. М. Русский синтаксис в научном освещении. М., Учпедгиз, 1956, стр. 127.
④ Виноградов В.В. Русский язык. Грамматическое учение о слове. М., Учпедгиз, 1947, стр.274；Соболевский С. И. Грамматика латинского языка. Часть первая (теоретическая). Морфология и синтаксис. М., 1950, стр. 323.
⑤ Чуглов В. И. Категория залога и времени у русских причастий//Вопросы языкознания, 1990, №3, стр. 60.
⑥ 参见张崇实，论形动词的时间意义——兼论其特征意义，《外语与外语教学》，2000年第4期，第29-32页。

2.1 俄语时间范畴

在俄罗斯语言学界，对时间范畴语义系统研究得最为详尽的应属邦达尔科，他将时间范畴细分为时制（темпоральность）、时体（аспектуальность）、时序（таксис）、时位（временная локализованность）和时列（временной порядок）五个具体范畴。这其中和形动词密切相关的是时制、时序和时位三个子范畴。

所谓时制[①]是指"所表示的情景与说话人的说话时刻或者其他起算点（точка отсчета времени）的时间关系"。俄语中最为重要的时制关系是绝对时间和相对时间，绝对时间是以说话时刻作为参照点而得出的时间关系，具体指过去时、现在时和将来时。相对时间与说话时刻无关，它的参照点是另一个行为、事件、情景发生的时间，具体指先时、同时和后时[②]。时序[③]是指在多述谓结构中各行为在同一时间域框架下的同源性（сопряженность）。所谓同源性，"是指在一个多述谓结构中处于同一时间域以及这一时间域以外在语义内容上相互关联的语义元素，是多述谓结构中几个事件之间在共时层面各种关系的语义常体（инвариант）"[④]。时序可以分为依附型时序和非依附型时序。依附型时序表现在带有副动词、形动词等结构中，而非依附型时序主要体现在带有同等谓语、并列复合句以及主从复合句中。关于时序和相对时间，邦达尔科指出相对时间是两个时间域中事件之间的时间关系，而时序是

---

① Бондарко А. В. Основы функциональной грамматики: Языковая интерпретация идеи времени. СПб.: Издательство СПбГУ, 1999, стр. 66.
② 关于绝对时间和相对时间的论述，参见 Теория функциональной грамматики. Темпоральность. Модальность. Л., Издательство «Наука», 1990; 姜宏，俄汉时间范畴的语义系统对比研究，《中国俄语教学》，2012年第2期，第32-33页。
③ 参见 Бондарко А. В. Основы функциональной грамматики: Языковая интерпретация идеи времени. СПб.: Издательство СПбГУ, 1999, стр. 98, 105-108.
④ 薛恩奎，语言中的时间系统与时间定位，《外语学刊》，2006年第1期，第39页。

同一时间域中两个或两个以上事件之间的时间关系。相对时间和时序既有交叉又相互区别，邦达尔科曾详细列举了相对时间和时序的相互作用情况，语言现象中既有相背离的情况，也有交叉在一起的情况①。对于形动词而言，这里面既可以体现相对时间，即形动词的时间起算点由句中的主要谓语来充当，另一方面，还体现序的关系，可以说，形动词的时间意义是介于相对时间范畴和时序范畴的中间现象。

薛恩奎以事件发生时间、说话时间和参照事件时间为主直观构建了俄语句子9种不同的时间格局②。该格局对分析形动词的时间范畴也很有借鉴意义。具体谈及形动词的时间意义，必须论及三个时间层面，一个是形动词根据其自身构成表现出来的时间意义，如：обсуждающий，обсуждаемый为现在时形动词，而обсуждавший，обсудивший，обсужденный为过去时形动词，这是其自身具有的绝对时间，可以称之为词法时间；另一个是主要谓语依据说话时刻为起算点而获得的句法时间，也是这个时间进一步明确了形动词的实际时间意义；第三个是形动词所表示的时间意义和句中主要谓语表示的时间意义之间的关系。语言中时间范畴的表达手段主要有三种：词法手段、句法手段和词汇手段。形动词时间意义的表达所依靠的正是这些手段的综合运用。

2.2 基于时制和时序意义的俄语形动词（短语）时间格局

在所有形动词中，被动形动词短尾的时间意义的表达手段最为简洁和直接，它可以借助于系词"быть"来表示绝对时间，也就是现在时、过去时和将来时意义，而具有半述谓意义的形动词（短语）的情况比较

---

① 参见 Бондарко А.В. Функциональная грамматика. Л., Издательство «Наука», Ленинградское отделение, 1984, стр. 75-78；姜宏，俄汉时间范畴的语义系统对比研究，《中国俄语教学》，2012年第2期，第32-37页；王彤，俄、汉语时间范畴多视角对比研究，黑龙江大学博士学位论文，2005年。

② 薛恩奎，现代俄语动词时间范畴的语义描述，《解放军外国语学院学报》，2000年第2期，第55页。

复杂,下面分类描述:

先时关系:

1)先时——现在时,也就是主要谓语表示的是现在时意义,形动词表示的是在谓语之前发生的行为,此时使用过去时形动词,如:

(17)... это уже не Ежик, а *надевший* колючую шубу поросенок *смотрит* на нее.(С. Козлов)/……这已经不是小刺猬,而是穿着刺皮袄的小猪正在看着她。

用于这一意义的形动词可以是完成体过去时形动词,如:

(18)*Появившийся* на экране фокусник снова *протягивает* руку и вновь *выключает* экран телевизора.(В. Постников)/出现在屏幕上的魔术师又伸出手重新把电视屏幕关上了。

也可以是未完成体过去时形动词,如:

(19)Тысячи людей, *строивших* опытный самолет, с нетерпением *ждут* его звенящего полета.(С. Вишенков)/曾参与建造这架实验飞机的成千上万的人正迫不及待地等待着它发出清脆的声音。

这类句子的格局是:

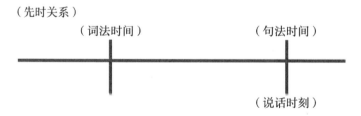

2)先时——过去时,也就是主要动词谓语表示的是过去时意义,形动词表示的是先于谓语之前发生的行为,即形动词的词法时间和句法时间都是过去时,如:

(20) А он, *уставший*, не *спавший* почти целую ночь, смотрел на нее и думал: «Когда же ты уйдешь?» (Э. Хруцкий) /他已经很疲劳，几乎一夜没合眼，他看着她，心里想："你什么时候才走啊？"

(21) У него сидел известный профессор философии, *приехавший* из Харькова. (Л. Толстой) /书房里还坐着一位著名的哲学教授，他是专程从哈尔科夫来到莫斯科的。

这类句子的时间格局是：

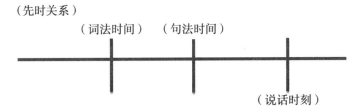

3）先时——将来时，也就是句子的主要谓语表示的是将来时意义，形动词表示的是先于谓语之前发生的行为，此时可以使用过去时形动词，如：

(22) Кто знает, может, и мальчик, *оглушивший* всех своим хриплым голосом, со временем *станет* известным артистом. (Е. Велтистов) /或许这个用嘶哑的嗓音把大家的耳朵都震聋的小男孩以后会成为一位知名的演员，谁知道呢！

句中形动词表示的行为发生在过去，其时间格局是：

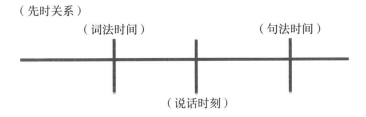

但需要注意的是：因为形动词没有将来时形式，还存在另一种情况，也就是过去时形动词表示的行为也可能发生在将来，过去时强调的实际上是在前的时间关系，如：

（23）... в будущем эти мужчины, *ставшие* отцами, *будут* получать квартиры, *забудут* Наташу, потому что у них будут вполне взрослые способы самоутверждения.（Н. Горланова）/将来这些男人成为父亲之后，会分到房子，会忘掉娜塔莎，因为他们会有成年人的自我肯定的方式。

其时间格局是：

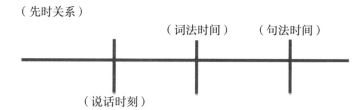

但不管形动词表示的行为发生在过去还是将来，它和主要行为的时间关系都是表示在前行为。

同时关系：

1）同时——现在时，也就是主要谓语表示的是现在时意义，形动词表示的是和谓语同时发生的行为，这时候形动词的词法时间和句法时间相一致，如：

（24）И мы смотрим вслед *улетающему* самолету и понимаем - навсегда ...（Е. Гришковец）/我们注视着正飞走的飞机，心里很清楚，这就是永别……

（25）Я ... *брожу и вижу* на одном углу нечто новое: уличный музыкант, *играющий* сразу на четырех инструментах.（В. Аксенов）/我闲逛时在街角看到一个新场景：一位街头艺术家在用四种乐器演奏。

这类句子的时间格局是:

2)同时——过去时,也就是主要谓语表示的是过去时意义,形动词表示的是和谓语同时发生的行为。这种情况下可以使用过去时形动词,如:

(26) Прервав речь, Алексей Александрович поспешно, но достойно *встал* и низко *поклонился проходившему* военному.(Л. Толстой)/这时有一位高个子将军从看台走过,阿列克谢·亚历山德罗维奇马上住口,毕恭毕敬地站起来,朝这位将军深深地鞠了一躬;

(27) Левин *взглянул* в окно на *спускавшееся* за оголенные макуши леса солнце.(Л. Толстой)/列文望了望窗外快要落到光秃秃的树稍后面的太阳。

这类句子的时间格局是:

在表示同时——过去时关系时,也可以使用现在时形动词,这时候形动词的词法时间和句子的句法时间不吻合,现在时形动词强调的是和主要行为之间的同时关系,如:

(28)... и *застучали* по дворам топоры мужиков, *налаживающих сохи и бороны.* Пришла настоящая весна. (Л. Толстой) / 农家院里传出庄稼人修理木犁和木耙的斧声。真正的春天降临了。

（29）Она *знала* это чувство и *знала* его признаки и *видела* их на Анне – *видела дрожащий, вспыхивающий* блеск в глазах и улыбку счастья и возбуждения, невольно *изгибающую* губы, и отчетливую грацию, верность и легкость движений. (Л. Толстой) / 她知道这种感觉，她也知道这种感觉是怎么表现的，她现在看到安娜眼睛里那颤动的、不停地闪烁的光芒，那情不自禁地浮现在嘴唇上的幸福和兴奋的微笑，以及她那优美、轻盈、准确的动作，这正是这种感觉的表现。

这类句子的时间格局是：

3）同时——将来时，也就是主要谓语表示的是将来时意义，形动词常使用现在时形动词，表示和主要谓语在将来同时发生的行为，如：

（30）Этакая мысль *придет* ведь только *умирающему*！(М. Лермонтов) / 只有生命垂危的人才会有这些想法！

其时间格局是：

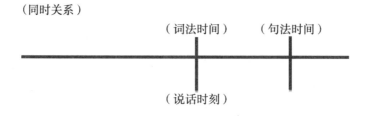

前面已经提及，句中时间意义的表达除了借助词法和句法手段之外，词汇手段有时候也是必不可少的因素。

1）在确定过去时形动词所表示的是在前行为或同时行为时，表示时间意义的词汇手段常起到很大的作用。如：

（31）- Стой! - закричал Петрицкий *уже уходившему* Вронскому. - Брат твой оставил письмо тебе и записку. Постой, где они? (Л. Толстой) / "等一下。"彼得里茨基对已经走出门的弗龙斯基大声喊道，"你哥哥给你留下一封信和一张便条。等一等，我把它们放到哪儿去了？"

副词"уже"进一步明确了形动词уходивший的时间意义，和主要谓语构成先时的时间关系。再如：

（32）Степан Аркадьич, *знавший уже давно*, что Левин был влюблен в его свояченицу Кити, чуть заметно улыбнулся, и глаза его весело заблестели.(Л. Толстой)／斯捷潘·阿尔卡季奇早就知道列文爱上了他的小姨子基蒂，他笑了笑，眼睛里流露出愉快的神情。

（33）Он видел, что та глубина ее души, *всегда прежде открытая* пред ним, была закрыта от него.(Л. Толстой)／他发现，她的心灵的窗子过去一向是对他开着的，现在对他关闭了。

被动形动词открытый有结果保持至今的意思，但句中的两个时间副词всегда和прежде很好地说明了这是在过去曾一直持续的状态。

2）时间副词经常伴随现在时形动词，它们有助于进一步明确是经常发生的行为还是在说话时刻正在进行的行为，如：

（34）Между Нордстон и Левиным установилось то *нередко встречающееся* в свете отношение, что два человека, оставаясь по внешности в дружелюбных отношениях, презирают друг друга до такой степени, что не могут даже серьезно обращаться друг с другом и не могут даже быть оскорблены один другим. (Л. Толстой)/在诺德斯顿伯爵夫人和列文之间形成了一种社交界常见的态度，那就是两个人在表面上仍保持着友好关系，可实际上却互相瞧不起，因而也就不能认真相处，也就谈不上谁伤害谁。

（35）В это время внизу, в маленьком кабинете князя, происходила одна из тех, *часто* повторяющихся между родителями сцен за любимую дочь.(Л. Толстой)/与此同时，在楼下，在公爵的小书房里，父母之间正在进行着一场为了爱女经常发生的争吵。

这两个句子中的副词"нередко"和"часто"都进一步说明是经常发生的行为。

2.3 俄语形动词（短语）的时位意义

时位[①]可以指行为（情景）在时间轴上的具体确定性，也可以表示非确定性、非具体性，也就是具有超时间性（вневременность）和概括性（обобщенность）。对于形动词（短语）而言，它除了表示具体的时间定位性（在上述六种时间格局中，形动词（短语）表示的多是具体时间意义），还可以表示概括、抽象的非定位意义，用于此意义时，多用未完成体形动词。具体如下：

1）形动词（短语）可以表示重复性（простая повторяемость），如：

（36）Он смотрел в книгу только затем, чтобы не разговаривать *с входившими* и *выходившими* офицерами, и думал.(Л. Толстой)/他看着这本书只是为了避免和进进出出的军官们搭话，其实他在想自己的心事。

[①] Бондарко А. В. Основы функциональной грамматики: Языковая интерпретация идеи времени. СПб., Издательство СПбГУ, 1999, стр. 168; Теория функциональной грамматики: Введение. Аспектуальность. Временная локализованность. Таксис. Л., Издательство «Наука», 1987, стр. 217-225.

（37）Вронский поехал во Французский театр, где ему действительно нужно было видеть полкового командира, *не пропускавшего ни одного представления* во Французском театре…（Л. Толстой）/弗龙斯基来到法国剧院，他确实需要见到团长，团长准在剧院，因为他是每次演出必到场。

2）形动词（短语）可以表示常规性（узуальность），常规性建立在说话人或者是以说话人为代表的群体的经验之上，用于此意义时常常使用现在时形动词，如：

（38）Однажды мы с Двинятиным, сидя на моей кафедре, выглянули в окно, *выходящее* во двор филфака и увидели там Андрея Степанова.（Запись Live Journa）/有一天我和德维尼亚金坐在我的教研室，向对着语文系院子的窗户张望时就看到了在那里的安德烈·斯捷潘诺夫。

窗户的朝向是常态，这时候不能替换为过去时形动词。再如：

（39）А это просто попугай, *говорящий* попугай. Понял?（Л. Чарская）/这只是一只鹦鹉，一只会说话的鹦鹉而已。明白了吗？

形动词用于此意义时，还经常会获得具有非现实性的情态意义，表示一种人们意识中所存储的常规类似现象，如：

（40）Он знал, что это был Гладиатор, но с чувством человека, *отворачивающегося от чужого раскрытого письма*, он отвернулся и подошел к деннику Фру-Фру.（Л. Толстой）/他知道这就是"角斗士"，但是他就像转过脸去不看别人打开的书信一样，立刻转过脸去，走到弗鲁—弗鲁的马栏跟前。

（41）Но Фру-Фру, *как падающая кошка*, сделала на прыжке усилие ногами и спиной и, миновав лошадь, понеслась дальше.（Л. Толстой）/但是弗鲁—弗鲁就像从高处跳下的一只猫，四条腿和脊

背一使劲儿，就越过了那匹马，向前飞奔而去。

（42）– Выпей, выпей водки непременно, а потом сельтерской воды и много лимона, – говорил Яшвин, стоя над Петрицким, как мать, *заставляющая ребенка принимать лекарство*, – а потом уж шампанского немножечко, – так, бутылочку.(Л. Толстой) / "喝吧，一定要喝伏特加，然后再喝矿泉水和柠檬水。"亚什温站在彼得里茨基身旁说。他就像一位母亲让孩子服药一样。"然后再喝一点儿香槟，就喝一小瓶。"

3）形动词（短语）可以表示时间概括性（временная обобщенность），这种情况下的时间意义具有最高级别的普遍化特征、最大化的泛化特征，开始渐具特征化的特点，如：

（43）... ревность есть чувство, *унижающее* жену, но опять в гостиной убеждался, что случилось что-то.(Л. Толстой) / 嫉妒是对妻子的一种侮辱，可就在客厅里他又相信，这其中还是有问题。

（44）– Ах да, позвольте вас познакомить, – сказал он. – Мои товарищи: Филипп Иваныч Никитин, Михаил Станиславич Гриневич, – и обратившись к Левину: – Земский деятель, новый земский человек, гимнаст, *поднимающий* одною рукой пять пудов, скотовод и охотник и мой друг, Константин Дмитрич Левин, брат Сергея Иваныча Кознышева.(Л. Толстой) / "啊，对了，让我给你们介绍一下。"他说，"这是我的同事菲利普·伊万内奇·尼基京和米哈伊尔·斯塔尼斯拉维奇·格里涅维奇。"然后转过身来，面对列文说："这位是我的朋友康斯坦丁·德米特里奇·列文，是谢尔盖·伊万内奇·科兹内舍夫的弟弟。他是地方自治局的活动家，是地方自治局的新人，是一只手能举起五普特重的运动员，是畜牧能手，狩猎能手。"

（45）Прежде всего ему нужна мать! Нормальная, *сидящая* дома

мать!(Екатерина Орлова)/首先他需要的是一位母亲！正常的，可以待在家里的母亲！

这三个句中的形动词"унижающий""поднимающий"和"сидящий"凸显的都是特征含义，其时间意义已经最大程度淡化。

换言之，也就是"当形动词表示的行为是作为特征，也就是失去了时间的条件以后，就出现了形容词的特征"①，这时候形动词的限定功能得到充分的发挥。在形动词中，现在时形动词可以说最容易发生向形容词的过渡和转化，"现在时主动形动词可以说是某种性质的无标记成分，可以表达很多没有时间羁绊的情景"②。如：

（46）Но она не двигалась, а, уткнув храп в землю, только смотрела на хозяина своим *говорящим* взглядом.（Л. Толстой）/可是马没有动，鼻子顶着地，只是用它那好像要说话的眼睛看着主人。

（47）Он говорил и смотрел на ее *смеющиеся*, страшные теперь для него своею непроницаемостью глаза и, говоря, чувствовал всю бесполезность и праздность своих слов.（Л. Толстой）/他一边说，一边看着她那双含有笑意的、却又因为他难以捉摸而变得可怕的眼睛，他虽然在说，可同时又感到他的话一点儿用处也没有，等于白说。

（48）И *неудержимая* радость и оживление сияли на ее лице.（Л. Толстой）/她的脸上露出难以抑制的喜悦和兴奋。

（49）Процесс поиска своего места, *удовлетворяющего* разнообразные амбиции подростка, был непростым и порой даже болезненным.（М. Э. Боцманова, Р. Д. Триггер）/青少年寻找可以满足

---

① Русская грамматика. Т. 1. М., Издательство «Наука», 1980, стр. 666.
② Сай С.С. Действительное причастие. Материалы для проекта корпусного описания русской грамматики. На правах рукописи. Москва. http://rusgram. ru., 2014, стр. 1.

自己各种自尊的位置的过程并不容易，有时甚至是痛苦的。

需要指出的是，形动词向形容词的过渡是个复杂的问题，是诸多因素综合作用的结果，但只要发生形动词的形容词化，其时间意义淡化、特征意义凸显是最明显的标志。

3. 小结

通常认为，形动词由动词变化而来，也因此传承了动词的时、态、体等聚合体形式，但需要注意的是形动词作为混合型词，它也同样保留了形容词的性、数、格等范畴，这便使形动词的动词性特征处于一种变化之中，其中变化体现最明显的就是时间范畴，而确定形动词的时间意义，实际是综合因素的考量，这中间既包括聚合因素（形动词本身的时间形式以及体和态的范畴），也包括组合因素（句中主要谓语的时间意义）。邦达尔科的时间范畴理论（时制、时序及时位理论）可以做到兼顾聚合和组合因素，帮助俄语学习者更准确地明确形动词的时间意义。由于汉语和俄语分属不同的语系，两种语言时间范畴的表达手段也因此截然不同[①]，汉语的时间系统属于"词汇—语法范畴"[②]，更多地使用各种词汇手段来表达时间意义，而俄语时间范畴的表达则是词法手段、句法手段以及词汇手段的综合运用。明确俄语形动词（短语）的时间意义，认识到俄汉语时间范畴表达手段的不同，可以帮助俄语学习者更精准地进行俄汉互译。

正因为间接具有了人称范畴和时间范畴的表达方式，形动词（短语）进而获得了半述谓意义，但是需要注意的是，在具体的句子中形动词（短语）所体现的半述谓性特征的程度并不相同，这与形动词所呈现出来的动词和形容词特征相关，可以说，形动词的动词性越强，其半述

---

① 参见张志军，俄汉语体貌、时貌及时序的范畴结构对比，《外语学刊》，2000年第1期，第12-19页。
② 龚千炎，现代汉语的时间系统，《世界汉语教学》，1994年第1期，第2页。

谓性的体现程度越高，反之，形动词的形容词性越强，其半述谓性的体现程度越低。

第三节 简化句概述

语言现象是复杂的，在语言现象的变化中通常可以发现双向性。具体就简单句和复合句的关系来看，则既有简单句繁化现象，也有复合句简化现象，如：

（1）И тут эту речь в самом начале перебил *неизвестно откуда послышавшийся тяжелый низкий голос*.（М. Булгаков）/这演讲刚一开始就被不知从哪里冒出来的低沉的声音打断了。

（2）Кто-то вторично пробежал мимо и *скрылся бог знает куда*...（М.Лермонтов）/有人又从身边跑开，然后不知道躲哪里去了……

（3）... *расскажу что знаю*, а сам не пойду, – невозмутимо ответил рыбак.（О. Гаврилина）/"我把知道的都告诉你，但我自己是不会去的。"渔夫不动声色地回答道。

（4）За Франческу он готов был *убить кого угодно*.（О. Гаврилина）/为了弗朗切斯卡，他愿意去杀任何人。

复合句的简化问题涉及众多繁杂的结构，俄语学界曾从不同视角进行过阐释，但对其定义和分类一直没有达成共识。

苏联科学院的三部语法中关于复合句的简化问题分散在对各类复合句的描述中，比如：《54年语法》将"Иди куда велят, Поезжай куда хочется"看作是带有地点意义从句的复合句的口语变体，将"бежать（идти）куда глаза глядят"看作是熟语化短语（фразеологический оборот)①；《70年语法》在论述主从复合句中的代词对应句时指出："等同句可以允许对应词位置的缺省，这样可以构成具有修辞色彩的等同句，如: Что мог Петька, не мог никто"②，《70年语法》同样将"хоть брось, хоть плачь, хоть кол на голове теши"等短语看作是熟语化的产物③；《80年语法》将"не знаю кто, не помню что, не поймешь чей, не знаю куда"类表示不了解、不知情意义的核心词和疑问代词的组合看作是熟语化的结果，常作为具有表现力的否定代词来使用④。

但在俄罗斯语言学界尚未有对这类结构的综合论述，并且俄罗斯学者多从口语对书面语的影响角度来分析解释这类现象，如口语句法学家拉普捷娃（О. А. Лаптева）将 хоть волком вой, хоть веревки вей, хоть водой разливай 这类结构称为"具有固定成素的熟语化结构（фразеологизированные построения определенного грамматического состава）"⑤，她在专著《俄语口语句法学》一书中详细列举分析了六类类型化结构（типизированные конструкции），其中就包含复合句简化的句型，如: А где шнурок носила ты? 泽姆斯卡娅（Е.А.Земская）将 Дай чем завязать 和 Пойдем где школа 类句子称为"称名化"类型，她从语言和心理两个角度来解释这类现象。⑥

---

① Грамматика русского языка. Т. 2. Ч.2. М., Издательство Академии наук СССР, 1954, стр. 316.
② Грамматика современного русского литературного языка. М., Издательство «Наука», 1970, стр. 686.
③ Там же, стр. 722.
④ Русская грамматика. Т. 2. М., Издательство «Наука», 1980, стр. 511.
⑤ Лаптева О.А. Русский разговорный синтаксис. М., Книжный дом «ЛИБРОКОМ», 2013, стр. 65, 125-126.
⑥ Земская Е.А. Русская разговорная речь: лингвистический анализ и проблемы обучения. М., Издательство «Флинта», Издательство «Наука», 2011, стр. 55-57；王福祥，《现代俄语口语学概论》，外语教育与研究出版社，2001年，第819页。

复合句向简单句转化的现象很早就引起了中国学者的关注①,胡孟浩先生可以说是国内最早研究这类结构的学者,他早在1962年就发表了题为"现代俄语中几种由复合句转化为简单句的句型"②的文章,他认为он черт знает что мелет这类句子不是复合句,而是由复合句转化的简单句,该文详细分析了两个主要类型,即从句转化为词组的简单句(共11类)和主句转化为词组的简单句(共3类)。而后,中国学者采用不同术语和分类方法对这类结构进行了广泛且深入的分析和探讨。

刘长春将这类结构称为"特种类型的简化复句"③;张崇实采用紧缩结构的术语来对这类结构进行描述,"紧缩结构是指主从复合句通过省略某些成素(主要是指示词),使副句丧失或弱化述语性,被主句吞噬、融于主句,而演变成单句的一种简化句"④。齐光先称之为"主从复合句中的错合现象"⑤;张会森⑥采用简缩结构(сжатая конструкция)来表示这种主从复句简化的句子结构,他区分出三类简缩结构:1)原主句基干部分+{原从句关联词+情态动词},如:Обе команды старались как могли(两队都尽了最大努力);2)原主句基干部分+{原从句关联词+情态述谓副词},如:Лошадь хорошая. Садись на нее, и она поведет тебя куда надо(马是匹好马。骑上它,它就驮你到该去的地方);3)原主句基干部分+{原从句关联词+使令动词},

---

① 中国学者对这类结构的研究历史,参见张崇实,试论现代俄语中的紧缩结构,《外语学刊》,1986年第1期,第17页;吴君,《现代俄语口语溶合结构》,外语教学与研究出版社,2001年,第13-19页。
② 胡孟浩,现代俄语中几种由复合句转化为简单句的句型,《外语教学与研究》,1962年第2期,第17-22页。
③ 刘长春,特种类型简化复句初探,《中国俄语教学》,1985年第2期,第53-54页。
④ 张崇实,试论现代俄语中的紧缩结构,《外语学刊》,1986年第1期,第17页。
⑤ 齐光先,现代俄语中的错合现象(下),《中国俄语教学》,1985年第5期,第12-18页。
⑥ 张会森,《当代俄语语法》,商务印书馆,2010年,第605-606页。

如：Будешь работать с кем прикажут（命令你跟谁干，你就跟谁干）。

王福祥和吴君采用溶合结构这一术语来分析解释复合句的简化问题，并将溶合现象（конденсация）定义为"是指主从复合句转化为简单句的一种语言结构变化过程。这种过程表现为主从复合句的主要部分溶入从属部分或从属部分溶入主要部分，由此主从复合句结构转化为简单句式"①，"某些主从复合句的主要部分或次要部分转化为'句法成语（синтаксический фразеологизм）'或'成语性句子构成部分'（фразеологический компонент），在句中起句子成分的作用，从而使整个复合句转化为溶合结构"②。尤其值得一提的是吴君教授，她一直致力于溶合结构的研究，她的两本专著和一系列文章对俄语溶合结构的研究历史、形成原因和特点做了详尽的分析和阐释。

孙夏南虽然采用的也是"溶合"这一术语，但他分析的是俄语的句子结构中（尤其是口语中）句子和句子成分溶合、问句与答句溶合、复合句与简单句溶合等现象③，而复合句向简单句转化的结构他称之为"紧缩结构句"，是指"主从复合句通过排除多余成分（包括指示词，关联词，或其他成分），并使一个分句（从句或主句）丧失或弱化述语性，从而与另一分句溶合，使复句演变为单句或介于单句与复句中间的结构现象"④，他将紧缩结构句分为三类：1）紧缩体熟语化句型，如：куда глаза глядят（目力所及地），во что бы то ни стало（无论如何）；2）紧缩体定型化句型，如：Пиши что хочешь（你愿意写什么就写什

---

① 王福祥，《现代俄语口语学概论》，外语教育与研究出版社，2001年，第815页。
② 吴君，《现代俄语口语溶合结构》，外语教学与研究出版社，2001年，第7页。
③ 孙夏南，现代俄语口语中的溶合结构句，《外语学刊》，1988年第1期，第26-28页。
④ 孙夏南，《俄语口语语法》，上海译文出版社，1989年，第237页。

么),Денег вам дадут сколько угодно(钱要多少,他们就可以给你多少);3)紧缩体非定型化句型,如:Где моя книга здесь лежала?(我在这儿放着的那本书在何处?)这种根据复句紧缩演变的方式和程度不同而进行的划分很有借鉴价值。

本书也采用"溶合"①这一术语来探讨复合句简化现象,只是需要说明的是,溶合结构包括的类型非常丰富,不能一概而论地讲溶合结构是主从复合句到简单句过渡的产物。实际上,溶合结构包括了很多介于复合句和简单句之间的过渡结构。

第四节 俄语溶合结构分析

前文已经探讨过复合句和简单句的划分标准,其中最核心的标准就是对句子述谓性的判断。分析溶合结构也需要考虑述谓性的保持程度,换言之,就是看复合句的一部分是否演变为一个句子成分,其句法功能是否发生本质的变化;第二个标准是看熟语化程度,也就是溶合结构各成素之间的关系紧密度和语义凝结度是否发生结构固化和语义弱化、凝化;第三个标准是形式标准,也就是看标点符号的使用。依据上述三个标准并借鉴孙夏南的分类,我们试将溶合结构大致分为三类:1.自由式溶合结构;2.固定式溶合结构;3.熟语式溶合结构。

---

① 波斯佩洛夫(Н.С. Поспелов)在论及主从复合句结构内部变化发展的方向和特点时指出,存在两种发展趋势,其中一种便是"其组成部分联系更紧密并形成不同结构类型的溶合(конденсация)"。请参见 Поспелов Н.С. О некоторых закономерностях в развитии структурных типов сложноподчиненного предложения в русском литературном языке XIX века//Вопросы языкознания, 1961, № 6, стр. 4

1. 自由式溶合结构

俄语主从复合句中有一类带有对应词的复合句，对应词成为句子的构成成素，也就是它们形式上进入主要部分，但内容上使从句与其相对应。这些对应的序列可以是：тот – кто, так – как, там – где, там – куда, там – откуда, столько – сколько等等①，如：

(1) О них-то вот я сейчас и намерен сообщить *тем*, *кто* интересуется психологией преступника. (А. Спиридон) / 关于他们，我正打算现在就通知那些对罪犯心理感兴趣的人。

(2) Они берут *то*, *что* родители им не разрешают, выходят на улицу и идут (а иногда и едут) туда, куда взрослые их никогда не отпустят. (Е. Дружинина) / 他们带着父母不允许带的东西，外出去大人们从来不允许他们去的地方。

自由式溶合结构便是指通过省略主从复合句中主句的指示词то, тот, такой或там, туда, тогда, столько等这些对应成分②，而转化而来的结构，从句作为一个句子成分溶入主句中，如：

(3) – Мое дело передать, а ты *сообщи кому надо*. («Наш современник») / "我的任务是转达，而你去通知该通知的人。"

(4) Сюда же путь далек и опасен, пусть *берут что есть* …

---

① 语法著作中采用不同的术语来描写这类带有对应成分的复合句，《70年语法》称之为"主从复合句中的代词—对应词句子 (местоименно-соотносительные предложения)"，《80年语法》称之为"非定位复指联系句 (предложения с неориентированной анафорической связью частей)"，华劭称之为"揭示复句"。具体详见 Грамматика современного русского литературного языка. М., Издательство «Наука», 1970, стр. 683; Русская грамматика. Т. 2. М., Издательство «Наука», 1980, стр. 530; 华劭，《现代俄语语法新编》(下册)，商务印书馆, 1979年，第 351-370 页。

② 参见王福祥，《现代俄语口语学概论》，外语教育与研究出版社, 2001年，第 823 页。

(Ю. Герман)/到这里来的路既遥远又危险，让他们有什么就拿走什么吧……

这类溶合结构不仅在口语中，在文学作品中也很常见，如：

（5）Отпусти ты, старче, меня в море, Дорогой за себя дам откуп: Откуплюсь *чем только пожелаешь*.（А. Пушкин）/放了我吧，老爷爷，把我放回海里去吧，我给你贵重的报酬：为了赎身，你要什么我都依。

（6）- Меня давно зовут во фронтовой госпиталь. *У тебя есть чем писать*? - Есть.（В. Михальский）/"老早就召唤我去前线医院了。你有可以用来写字的东西吗？""有的。"

（7）Но подвох пришел *откуда Громыко совсем не ждал*.（О. Гриневский）/葛罗米柯根本没料到，陷阱会出在这个地方。

（8）Вам ни о чем не придется заботиться, *вас доставят куда нужно*, и вам не причинят никакого беспокойства.（М. Булгаков）/您无需担心任何事情，您会被带到需要的地方，根本不会受到任何干扰。

（9）Глаз был мокрый и красный. - *Нашел где сидеть* ... - сказал Славка.（В. Крапивин）/眼睛又湿又红。"找到坐着的地方了"，斯拉夫卡说道。

（10）- Присылайте（полицию）, *расскажу что знаю*, а сам не пойду, - невозмутимо ответил рыбак.（О. Гаврилина）/"你把警察找来吧，我把知道的都讲出来，反正我自己不去"，渔夫很沉静地回答道。

需要注意的是，从句向主句溶合之后，从句失去述谓意义，转而指称具体的人、物或者现象，《80年语法》对此进行了详细的解释和说明，"在这类句子中，关联词除去用来构成主从联系外，还将它所指代的人、物、事件或情景的特征描述出来，使之具体化。此时，从句的交际功能有所减弱，甚至丧失，而像单词一样，获得了称谓功能，不过这是一种描述式的称谓功能。当从句与表示具体动作的动词连用时，这种描述式的称谓功能表现得最为明显"[1]，比如：

（11）– Дай-ка мне *что-нибудь, чем писать*! Я пожала плечами, но покорно пошла за ручкой.（В. Белоусова）/"给个什么，可以用来写字的吧！"我耸了耸肩，但顺从地去拿钢笔去了。这句话中"чем писать"虽然具有从句的形式，但已经演变为对具体事物（用来书写之物）的描写和称谓，和что-нибудь履行同样的补语功能，是对что-нибудь具体内容的揭示；再如：（12）Идите с Таей на курсы, в пансион – *куда желаете*.（Б. Васильев）/和塔娅去上培训班吧，去上寄宿学校吧，想去哪里去哪里。句中的"куда желаете"完全履行了表示方向意义的状语功能，起到地点称谓的功能。

这类结构虽说是自由式溶合结构[2]，但一些词已经成为溶入部分中必不可少的结构因素。在溶入部分中常见下面几类表达方式：

A）谓语动词＋ мочь, хотеть, желать, знать, уметь, успеть等动词，如：

（13）Он не может делать *что хочет*, он не может говорить *что хочет*, он не может выражать свои эмоции...（коллективный）/他不能做想做的事，不能说想说的话，不能表达自己的情感……

（14）– Обвиняйте меня *в чем хотите*, сир, я наконец слышу

---

[1] Русская грамматика. Т.2. М., Издательство «Наука», 1980, стр. 530；信德麟、张会森、华劭，《俄语语法》，外语教学与研究出版社，1990 年（2004 年第12 次印刷），第 727-728 页。

[2] 孙夏南教授称这类结构为"紧缩体定型化句型"，他具体分析了六类句式；吴君教授将从句溶合结构分为二类，即带有非固定成分的溶合结构和带有固定成分的溶合结构，其中带有固定成分的溶合结构又详细分为四类（包括带有成语性短语的溶合结构）。请详见孙夏南，《俄语口语语法》，上海译文出版社，1989 年，第 240-245 页；吴君，《现代俄语口语复合句》，外语教学与研究出版社，2003 年，第 264-351 页。

ваш голос, я счастлива…（А. Толстой）/ 您指责我什么都可以，陛下，我终于听到了您的声音，我如此幸福……

（15）Заплатите мне двести рублей за лошадь и ступайте *куда знаете*: мне, говорит, пока жизнь не надоела; у меня жена, дети …（Н. Успенский）/付给我200卢布的马钱，然后就该去哪儿去哪儿吧：我暂时还没活够呢，我还有妻子，孩子……

（16）Беги, скажи маме! Тикайте куда-нибудь. – Куда ж тикать? – Не знаю ничего, тикайте *куда можете*! Я отошел от окна, решил матери ничего не говорить, потому что бежать все равно некуда.（А. Кузнецов）/"跑吧，告诉妈妈一声。让她也逃到什么地方去。""往哪里逃呢？""我一无所知，能逃到哪里就逃到哪里。"我离开窗台，决定对妈妈守口如瓶，因为反正也是无处可逃。

（17）Иди, рыба, иди! Поживи *сколько можешь*! Я про тебя никому не скажу!（В. Астафьев）/去吧，小鱼，去吧！尽可能地多活，你的事我不告诉任何人！

（18）Вы что, с ума сошли?! Будьте добры, Ваше величество, не безобразничать … Скачите там у себя на троне *сколько желаете*, а сейчас вы на моей территории …（Л. Кассиль）/您是怎么了，是疯了吗？劳驾，陛下，不要胡作非为……在您自己的地盘想蹦跳多久都行，但现在您是在我的领地上……

（19）Вообще, в каждом деле были секреты мастерства, и *кто что умел* — показывал желающим.（С. Кара-Мурза）/总的来说，每个行业都有自己的独门技巧，谁会做什么，就展示给那些想看的人。

（20）Нацепил погоны, получаешь зарплату – и сиди тихонько, делай свое дело *как умеешь* и не высовывайся.（А. Маринина）/戴上肩章就开始领工资了，然后安静地待着，尽己所能地做事情，其它的不要

过问和干涉。

（21）– Как покажется коробочка – шарахай ее в башню. И спасайся *как успеешь.*（Г. Владимов）/等箱子一出现，你就把它向钟楼扔过去，然后尽快脱险。

这种溶合结构实际上是语言"经济原则"作用的结果，人们在交际中都力求言简意赅，去除语言表达的多余成分，使用最简洁的语言手段来表达思想，从而形成了简化结构。我们这里分析溶合结构，不是说溶合结构已经取代了带有对应成分的复合句，实际上，这些表达手段在语言中是共存的，比如：

（22）Он внимательно осматривал зал – и пока не находил *того, кого искал.*（А. Мельник）/他仔细地环视着大厅，暂时还没找到要找的人。

（23）Постоянное стремление к свободе существует *там, где есть угрозе свободе.*（Д. Лихачев）/自由受到威胁之处就有对自由持久的追求。

（24）Фильм народным становится *тогда, когда* его растаскивают на цитаты, фразы и употребляют их в повседневной жизни.（коллективный）/当电影被人们当作引文、分解成句子并在日常生活中应用，那么这部电影就成为了人民的电影。

（25）Но зал мог вместить ровно *столько, сколько мог.*（И. Архипова）/但大厅就能容纳这么多人了。

在言语实践中还可见很多省略掉对应词，但依旧保留标点符号的例句，如：

（26）Твой раб перед тобой, *требуй, чего хочешь!*（Г. Тарасеви）/你的奴隶就站在你面前，想要什么，就说吧！

（27）– Будем жить как сестры. *Будешь платить, сколько можешь.* У нас корова хорошая, ты поправишься.（В. Панова）/我们会像姐妹一样

生活，你能给多少就给多少。我们的奶牛不错，你会康复的。

（28）Однажды он спустился вниз（в редакцию）, но *не нашел, кого искал*, - и, случайно увидев меня, разговорился.（В. Розано）/有一天他下楼（来到编辑部），但没找到要找的人，于是很偶然地看到了我，就聊起来了。

由此可见语言表达手段的多样性。

Б）谓语动词+хочется, вздумается, придется, полагается等无人称动词，如：

（29）Хотя если мы и будем укорять себя, но не будем бороться со страстями - *будем есть сколько хочется, спать сколько хочется*, то такое самоукорение не принесет пользы.（Беляев）/尽管我们想要战胜自己，但也不要和欲望抗争——想吃多少就吃多少，想睡多久就睡多久，至于那自我控制并不能带来益处。

（30）Хотелось остаться одному и думать *о чем захочется*.（В. Токарева）/想一个人待着，然后想琢磨什么就琢磨什么。

（31）- А ты привык только под утро ложиться спать? - спросила Ира. - *Ложусь когда придется*.（А. Мельник）/"你已经适应了在凌晨的时候就寝？"伊拉问道。"我是赶到什么时候就什么时候睡。"

（32）*Бегай сколько хочешь*, ночуй у соседей, *ешь чего придется и когда придется*.（В. Астафьев）/想跑多久就跑多久，在邻居那里过夜吧，碰上什么就吃什么，能什么时候吃就什么时候吃。

（33）Может, поедем ко мне? Поедите, *поспите как полагается*, досыта. А? Я живу за городом.（М. Сергеев）/或者，咱们去我那里？好好吃一吃，睡一睡，吃够睡够。怎样？我住在郊外。

（34）Если человек совершил преступление, считают некоторые, *пусть сидит в тюрьме сколько полагается*.（М. Голубев）/如果人犯了

罪，人们通常认为，就该让他去坐牢，该坐多久就坐多久。

（35）Двери лечебного учреждения были по-прежнему нараспашку, похоже, *войти сюда мог кто угодно и когда вздумается*. (А. Волос) /医疗机构的大门和以前一样大敞开着，似乎是什么人任何时候想进都能进来一样。

（36）Но зато я получила возможность менять постельное белье *когда вздумается*, не дожидаясь обмена, который происходил у нас на этаже раз в месяц. (Е. Завершнева) /但是我获得了随时可以换床上用品的机会，不用等我们那里每层楼每个月一次的更换时间。

（37）… он отвечал с улыбкой, что зверь волен бежать *куда ему вздумается* … (А. Григоренко) /他微笑着回答说，野兽是自由的，它想去哪里就去哪里……

值得一提的是，这一部分的溶合结构已经发生更紧密的联系，开始转变为插入语，如как полагается（照例，照规矩）:

（38）А жили мы, *как полагается*, в подвале. (Ю. Домбровский) /而我们照规矩是住在地下室的。

（39）Блестит Арбат, *как полагается*, по вечерам. (Б. Зайцев) /阿尔巴特街通常是在夜晚熠熠发光。

B）谓语动词+нужно, можно, надо等谓语副词，如:

（40）Прежние товарищи, однако, и там его отыскали и принялись снабжать *чем надо* для продолжения его революционной деятельности. (А. Хруцкий) /但是，先前的战友在那里找到了他，并开始着手给他供应应有的物资，以便于他继续从事革命活动。

（41）Я маслицем руку помазала, посыпала *чем надо*, завязала. (Л. Юзефович) /我给手抹了油，撒上了该撒的药，包扎好了。

（42）Связываться со мной не стали, *выдали сколько нужно*.

（А. Кобеляцкий）/他们不再和我联系了，该给我多少都发给了我。

（43）Главное не торопить, сама все сделает *когда нужно*. (форум)/重要的是别催促，她自己都能在需要的时间点搞定。

（44）Вместе мы обследовали залитую водой территорию, заплывая *насколько можно* дальше по ручьям. (Н. Непомнящий)/我们一起勘察了这片被水淹没的地区，沿着小溪游到尽可能远的地方。

（45）- У нас в тридцать третьем году голод был такой же, люди пухли от него, замертво падали, мы их подбирали и откармливали *чем можно*, хоть водой с валерьянкой, там тоже питание. (Нонна Мордюкова)/我们在33年闹饥荒很严重，人们浮肿，时常晕倒，但我们仍把他们收留下来，有啥吃啥，哪怕是水伴着缬草，那也有营养。

Г）谓语动词+语气词угодно，угодно用于疑问代词或疑问副词之后，表示不管、不论、随便的意思，如：

（46）Такая жизнь, вероятно, наскучила, хотелось своего угла, да и возраст принять во внимание; тут уж перебирать некогда, выйдешь *за кого угодно*, даже за учителя греческого языка. (А. Чехов)/这样的生活大概惹得她厌烦，她巴望着有自己的小窝了，再说年纪也到了，这时候已经没有选择对象的余地，好歹能嫁出去就行，即便是嫁给希腊语教师也可以。

（47）Больше двадцати лет вы жили на бесплатной квартире, с отоплением, с освещением, с прислугой, имея притом право работать *как и сколько вам угодно*, хоть ничего не делать. (А. Чехов)/二十多年里您都住在免费的公寓里，有取暖装置、照明设备，有仆役，同时可以随心所欲地工作，甚至什么事儿都不做也可以。

（48）Мы проболтали почти три часа и последние два говорили *о чем угодно*, но не о работе. («Даша»)/我们闲聊了大概三个小时，最后

两小时就随便闲聊，但就是没聊工作。

当然，在带有угодно的结构中，在俄语语料库的例子中也常见保留代词或副词对应词的例子，如：

（49）Можно было приобрести *все, что угодно*. И я приобретала. (Л. Шпаковская) /可以得到所需要的一切。于是我就得到了。

（50）- Я думаю, что крупный бизнес может способствовать *всему чему угодно*. (Е. Григорьева) /我觉得，大生意能有助于所有的一切。

2. 固定式溶合结构

这类溶合结构和第一类的共同点是它们都是从主从复合句的一部分转化而来，但和第一类不同的是，第二类的结构中包含有固定的成素，如：неизвестно, известно, неведомо, бог знает, черт знает, бог весть等等，其中多数是由主句溶合而成。吴君将这类由主句转化为溶入部分的结构划分为两小类，将由谓语副词неизвестно, известно等构成的结构称为"主句转化为非成语性溶入部分的类型"，而将带有бог знает, черт знает, бог весть的结构称为"主句转化为成语性短语的类型"[①]。我们认为这两类溶合结构经历了相同的演变溶入过程，所以将其划分为一类，以бог знает类溶合结构为例进行分析。

Бог знает类结构的相似结构有черт знает, бог весть, не бог весть等，如：（51）*Мы Бог знает где едем, и Бог знает что с нами делается.* (Л. Толстой) /天晓得我们在哪里行进，我们要发生什么。（52）*Черт знает откуда* она их выкапывала. (Ю. Трифонов) /天晓得，她是从哪里把它们（书）淘出来的。（53）Однажды *Бог весть отчего* Колюня подрался с Иришкой с соседней улицы. (А. Варламов) /有一天科柳尼亚不知道是因为什么和临街的伊里什卡打起来了。

---

① 吴君，《现代俄语口语复合句》，外语教学与研究出版社，2003年，第236-255页。

奥热果夫和什维多娃编撰的《俄语详解辞典》①对这类结构的论述是：бог знает（ведает）кто（что, какой, как, где, куда, откуда, сколько, когда, зачем, почему, отчего）和бог весть кто（что, какой, как, где, куда, откуда, сколько, когда, зачем, почему, отчего）常用于口语中，用来表示不清楚、不知道、没办法说得很明确。由此可以看出：1）从结构上看，бог знает虽然保留着名词和动词的一致关系，但已经丧失了述谓性；2）从语义上看，бог的词义也已经不再表示具体的称谓概念。这种结构语义的变化可以通过过渡率来揭示。

在主从复合句中常见这样一种类型，例如：

（54）*Бог знает*, кого казнить, кого миловать. (Л. Толстой) /谁应该受惩罚，谁应该得到宽恕，只有上帝知道。

（55）*Бог спасает* тем, что дает стремиться к Нему. (В. Бибихин) /上帝让我们跟随他，我们以此来获得拯救。

（56）*Бог видел*, как сильно чувствовал я тогда крепкую его руку. (И. Долгоруков) /上帝看到了，我当时多么强烈地感受到了他的手是那么结实有力。

（57）Когда *Бог хочет открыть* перед тобой новую дверь, он закрывает предыдущую. (Т. Виктория) /当上帝想在你面前打开一扇新的门，他会把原来的门关上。

我们将这类句子置于A环节。这类主从复合句就结构而言，主句和从句中均有各自的主语和谓语，具有各自的述谓性特征；从语义层面而言，句中бог一词是表达具体指称意义的宗教词汇（церковно-религиозная лексика），意指"上帝、上天、老天爷"。在俄语国家语料库还可见"бог"带有限定词的结构，如：

---

① Ожегов С.И., Шведова Н.Ю. Толковый словарь русского языка. 4-е издание, дополненное. М., 1999, стр. 52.

(58) *Один бог* знает, что я пережила, сколько кровавых слез было пролито мною ... (Л. Жукова) /只有上帝知道，我经历了什么，流了多少血泪……

(59) Ведь *только бог* знает, какой срок нам отпущен ходить по этой земле. (Т. Тронина) /要知道只有上帝知道，我们有多长的期限可以行走在这块土地上。

(60) *Только Господь Бог* знает, кто виноват. (С. Матссон-Попова) /只有上帝知道，谁是有罪过的。

(61) – Не ошибается только *господь Бог*, хотя его решения часто нам непонятны. (Ежи Гофман) /不犯错的只有上帝，尽管他的决策很多时候我们并不明了。

(62) *Бог, всемогущий Бог* заботится о людях, следит за судьбами человечества, помогает людям ... (митрополит Антоний) /上帝，只有万能的上帝关心着人们的疾苦，关注着人类的命运，对人们给予帮助……

(63) Даже *всемогущий Бог* не может вернуть ему убитых детей. (Л. Шестов) /甚至万能的上帝也没办法将被杀害的孩子归还给他。

占据A6环节的是带有说明从句的主从复合句，其中主句的主语由бог来充当，谓语由знает, ведает来充当，句子的述谓性明显，如：

(64) Я уеду. *Бог знает*, что может случиться. (Л. Толстой) /我要走了，天晓得会发生什么事。

(65) *Бог знает*, кто надоумил его подписать такую гадость! (Светлана Бестужева-Лада) /天晓得，谁当时给他出的主意去签署这样一份龌龊的东西。

(66) *Бог знает*, какие странные, какие бешеные замыслы

роились в голове моей ...(М. Лермонтов)/天晓得，多么奇特，多么疯狂的想法涌入我的脑海……

（67）*Бог знает*, почему это было так ему важно.(Д. Рубина)/天晓得这事对他来说为什么如此重要。

这类句子还可以有其他变体，可以加进去 его、ее、тебя、вас、их 来表示强调，如：

（68）*Бог его знает*, что я пережил за то время, пока стоял и смотрел на свое окно.(Ю. Домбровский)/天晓得，我站在那里凝望着自己窗户的时候体验了什么。

（69）*Бог ее знает*, о чем она передумала там, в палате, глядя на своего ребенка.(Д. Рубина)/天晓得，她在病房里看着自己的孩子都反复思量了什么。

（70）– *Бог вас знает*, что вы такое говорите.(А. Шеллер-Михайлов)/天晓得，您怎么说这样的话。

（71）*Бог тебя знает*, изменил ты мне или нет ...(П. Боборыкин)/天晓得，你是否背叛我。

句中动词谓语"знает"可以替换为"ведает"或"весть"，如：

（72）*Бог ведает*, чем и как существовал грузинский князь.(А. Куприн)/天晓得，格鲁吉亚大公是靠什么生存，是如何生存的。

（73）*Бог весть*, почему этот чужой человек стал мне так близок, точно я провел с ним всю мою жизнь.(Г. Газданов)/天晓得，为什么我对这个陌生人感到如此亲近，仿佛我和他已经共度一生一般。

（74）И *Бог весть*, как это случилось.(Е. Замятин)/天晓得这一切是怎么发生的。

这里需要说明的是，весть 在上述句中是动词，是来源于古斯拉夫语的动词вѣдѣти（знать）的第三人称变位形式вѣсть①，如：вѣстъ бо о[ть]ць вашь ихъже трѣбоуете（ибо знает Отец ваш, в чем вы имеете нужду Мт 6,8）/你们所需用的，你们的父早已知道了②。

句中"бог"可以替换为"черт"，如：

（75）– *Черт знает*, что у вас здесь творится!（О. Гаврилина）/谁知道你们那是在搞什么！

（76）*Черт знает*, сколько верст прошли они, многострадальные.（Ю. Домбровский）/天晓得他们走了多少俄里，这些多灾多难的人们。

和А环节相比，从结构的组成成素来看，Аб环节的句式在结构层面有了一定的限制，主句中的主语和谓语形成固定搭配；从语义层面来看，句中用作主语的бог, черт失去指称意义的实指性，和不定代词"никто"构成同义词。

占据АБ环节的就是由"бог знает"类固定成分＋疑问代词或疑问副词构成的溶合结构，在各大辞典中常被视为熟语化的结构③，在句中充当一个句子成分，如：

（77）А в университетах происходило *Бог знает что*!（Ю. Кудрина）/天晓得在大学里都发生了什么！（句中"бог знает что"作主语）

（78）Я ушел из дому, на долгие годы порвал с друзьями, жил *бог знает где и бог знает с кем*.（Запись Live Journal 2004）/我离开家，很

---

① Старославянский словарь (по рукописям x-xi веков), под редакцией Р. М. Цейтлин, Р. Вечерки и Э. Благовой. М., «Русский язык», 1994, стр. 164.

② 选自圣经马太福音 6.8，其俄文出处为：https://azbyka.ru/biblia/?Mt.6．访问时间：2020 年 7 月 15 日。

③ Ожегов С. И. и Шведова Н.Ю. Толковый словарь русского языка. М., 1999, стр. 52；《大俄汉词典》，黑龙江大学俄语系词典编辑室编，商务印书馆，1985年，第 108 页。

多年和朋友断了联系，四处游荡，居无定所。（句中"бог знает где и бог знает с кем"作地点状语和方式状语）

（79）И все это тоже продолжалось *бог знает сколько*.（Д. Рубина）/这一切天晓得又持续了多久。（句中"бог знает сколько"作时间状语）

从结构关系和句法功能而言，溶合结构具有如下几个特征：

1. 从形式上看，与А环节和Аб环节不同的是，"бог знает"和其后成分没有标点符号，两者似溶合为一个整体，并且бог多为小写形式；

2. "бог знает"虽保持自己的一致关系（знает因"бог"为单数而使用单数第三人称），但是它已经失去自身的述谓性（时间和情态）意义，句子的述谓性取决于句中谓语的形式，溶合结构"бог знает"可以应用在表示各种时间意义的句子中，如：

（80）Потоки воды *могли снести* гильзу *бог знает куда*.（А. Маринина）/水流不知道会把弹筒带到什么地方去。（过去时）

（81）Лена уже *может подумать бог знает что*.（А. Моторов）/天晓得，列娜能琢磨出点什么来。（现在时）

（82）Чекисты *повезут* меня сейчас *Бог знает куда*.（И. Кио）/不知道肃反工作人员要把我带到哪里去。（将来时）

（83）Разве *можно кормить* детей *бог знает чем*?（И. Грекова）/难道养育孩子可以随随便便吗？（无人称句）

（84）– Без тебя *Бог знает что бы было*! Какая ты счастливая, Анна! – сказала Долли. – У тебя все в душе ясно и хорошо.（Л. Толстой）/"要不是你，天晓得会弄到什么地步！安娜，你是多么幸福啊！"多莉说，"你是一个心眼好、光明正大的人。"（非现实条件句）

3. 溶合结构中的疑问代词所充当的成分和所使用的格形式已经不取决于"бог знает"，而是取决于句中真正谓语的配价属性，溶合结构也因此可以在句中履行各种句法功能，如：

（85）Мы заезжали *бог знает на какие окраины*.（Д. Рубина）/ 天晓得我们后来又去了什么郊区。（句中溶合结构"бог знает на какие окраины"作地点状语，使用带前置词的第四格形式）

（86）При вашей юридической безграмотности *вы Бог знает чего можете наговорить*.（К. Глинка）/因为你们缺乏法律知识，天晓得你们会说出什么来。（溶合结构"Бог знает чего"作句中谓语можете наговорить的补语）

（87）Готовить не умеют, продукты покупают *бог знает какие*, да и времени у них на это нет, устают они, а ведь еще в школе учиться надо.（А. Маринин）/他们不会做饭，天晓得买的是什么食品，况且他们也没有时间做这些事，因为还要上学。（句中溶合结构"бог знает какие"作直接补语"продукты"的定语）

4.此外，溶合结构还可以在句中起到总括词的作用，常常以冒号将溶合结构与后面起具体解释说明的成分区分分开，如：

（88）... мы в Афгане *бог знает в каких условиях жили*: и в палатках, и в бронетранспортерах, и в боевых машинах пехоты.（М. Ахмедова）/我们在阿富汗什么环境没待过：帐篷里，装甲车里，步兵的战车里；

（89）... вообще *Бог знает сколько подобных ударов* папа перенес: смерть матери и собственную неудачную первую женитьбу – но никому о них не поведал, унеся все разочарования и горести с собой（А. Варламов）/总之，天晓得爸爸承受了多少类似的打击：母亲的去世和自己第一次失败的婚姻，但他没对任何人说过，将所有的失望和痛苦都自己带走了。

溶合结构也可以用于句末作为句子的收尾部分，起到总结概括的作

用，将没办法穷尽的人和事一言以蔽之。如:

(90) ... посетители кушают блюда европейской, японской, китайской и *бог знает какой еще кухни* ... (А. Старобинец) / 客人品尝着欧洲菜、日本菜、中国菜还有不晓得是什么菜系的菜……

(91) И здесь, в новой кооперативной девятиэтажке, – все инструменты под рукой, в аккуратной кладовке в коридоре: две ножовки, большая и маленькая, и топорик, *и еще Бог знает что*. (М. Александер) / 在这里，在这座新的九层楼里，所有的工具都在手边，在走廊的小储藏室里：两把刀锯，一把大的，一把小的，一把斧头，还有些天晓得的什么东西。

(92) Соня не просто журналист, она аналитик, переговорщик, экономист *и еще бог знает кто*. (М. Трауб) / 索尼娅不仅仅是记者、分析研究专家、谈判人员、经济学家，天晓得她还是什么身份。

(93) В первые годы с Ритой разговаривали ночами напролет: обсуждали знакомых, родственников, книги, фильмы, фантазировали, спорили *бог знает о чем*. (Ю. Трифонов) / 最初那几年和丽达整晚整晚地聊天：熟人、亲戚、书籍、电影都是我们讨论的话题，还一起幻想，争论着什么。

5.这类句中除了以"бог знает"为核心词的溶合结构，还可见以"бог весть""бог ведает"以及"черт знает"等为核心词的溶合结构，如：

(94) Потому что наутро корабль его уходил *бог весть куда и навсегда*. (Л. Улицкая) / 次日晨他的轮船开走了，不知道驶向何方，不知是不是永不返航。

(95) – На самом деле я *черт знает кто*. (Э. Рязанов) / 实际上，天晓得我是谁。

(96) ... она по вечерам с ним уезжает и возвращается *черт знает*

когда ...(А. Писемский)/她每到晚上就和他出去，回来就不知道是什么时候了。

6.就词序而言，溶合结构可以位于句中谓语之前，也可以位于句中谓语之后。

7. 从语义层面看，溶合结构中的бог和черт沿袭了Аб环节的虚化意义，和"никто"构成同义词，整个溶合结构发生意义的整合，相当于"неизвестно""неведомо"（不知道，不晓得）。在这个意义上，俄语的表达方式和汉语及英语不谋而合，如：

（97）天晓得我哪来这般好耐性、好脾气、好体力（《读者》）[①]；

（98）在成绩和荣誉的背后，天晓得他付出了多少心血（徐向阳）；

（99）这一句问住了夏世富，天晓得还有几天（周而复）；

（100）兰香拉着我跳了一阵，鬼知道跳的是什么舞。（戴厚英）；

（101）肚子里一堆古里古怪的玩意儿，手写的经书，泥做的小佛，绸子上画了些花花朵朵，——鬼知道有什么用。五百年宝贝，一钱不值。（沈从文）

《朗文当代高级英语辞典》[②]也将God（only）knows who, what, how等作为口语中的固定结构来表示"无法知晓或无法解释的事物"，如：

（102）*God knows* what he would be doing now if he had never gotten in trouble.（MAG: Bleacher Report[③]）

（103）*God knows* where I was in a previous life.（SPOK: THE FIVE 5:00 PM EST）.

[①] 中文例句来源于北京大学中国语言学研究中心语料库: http://ccl.pku.edu.cn:8080/ccl_corpus/。
[②] 《朗文当代高级英语辞典》，外语教学与研究出版社，2009年，第971页。
[③] 英文例子来源于美国当代英语语料库（Corpus of Contemporary American English，简称COCA）: http://corpus.byu.edu/coca/。

至于汉语中缘何"不晓得"用"天晓得"来表示,金克木①曾在《谈"天"》一文中指出:"天,我们天天见到,从来不大注意。古时人对天很熟悉,越古的人越熟悉。最大的世界叫作'天下',最高的统治者叫作'天子',梁山泊好汉'替天行道','不知道'是'天晓得',如此等等。"语言是社会文化的载体,它反映着一个民族的世界观和价值观。不管是俄罗斯人信奉的东正教,还是英美人广泛信奉的基督教,上帝都占有极其重要的地位,可以说是上帝造就一切,是上帝赋予一切,也是上帝判定一切,这种"神创论"相应地会在语言中有所反映,因此人们将无从判定、无从知晓的事情归为"上帝判定""上帝知晓",俄语和英语中这类溶合结构的来源也大概如此。

正是由于"бог знает"类语义的不断虚化,使得它进一步演化为具有词素性质的词法单位,在俄语国家语料库就可见这样的结构,如:

(104)Человек может молиться богу каким-то своим *бог-знает-каким способом*.(Геннадий Горелик)/人以自己的某种方式向上帝祈祷。(这句话中的бог-знает-какой通过连词符号演变为一个形容词,бог-знает成为一个词素。)

(105)О нем близкий родственник *в бог знает какие времена* беспокоился.(И. Краева)/走得近的亲戚在某个时期曾经很惦记他。(这句话中将бог знает какой看作一个整体,共同修饰限定名词времена,一起和前置词в连用。)汉语中也找到了类似的表达,如:

(106)只得用白漆把那些天晓得的"美术字"盖掉。(陈世旭)

我们可以将这类用法归类到аБ环节。

纵向对比过渡率А环节、Аб环节、АБ环节和аБ环节的类型句:

А: Один бог знает, кто виноват.

Аб: Бог знает, что может случиться.

---

① 金克木,谈"天",《读书》,1989年第12期,第6-10页。

АБ: Он принес бог знает что.

аБ: Можно молиться бог-знает-каким образом.

可以看出，从句子结构而言，从А环节典型的主从复合句过渡为аБ环节的简单句；从句法功能和述谓性特征而论，"бог знает"的句法作用在逐渐减弱，在А环节充当主句的主语和谓语，具有完整的时间、人称等述谓性特征，在Аб环节，бог的语义发生泛化，但句子仍然具有述谓性，бог在主句中充当主语，знает履行谓语的功能，到АБ环节"бог знает"发生熟语化，丧失述谓性，原来用于区分主句和从句的标点符号消失，发生了主句和从句在语义层面和结构层面的溶合，在句中开始充当句子成分，整个句子因为溶合结构而变得复杂，因此介于复合句和简单句的中间环节，直到аБ环节"бог знает"彻底演变为构词手段，其存在不再对句子的结构产生干扰。

我们之所以没有把бог-знает-какой类列为最后一个环节，也就是Б环节，是因为它还没有彻底转化为词素，和какой-то之类的不定代词还是有所不同，还处于不稳定的变化中。

从词汇化和语法化的角度看，А→Аб→АБ环节正是语言单位词汇化的过程，通俗点讲，也是熟语化的过程，是"бог знает"由一个句法单位通过主句凝结转化为词（词的等价物）的过程，但从АБ环节到аБ环节则是从词汇化到语法化的过渡，是从词到词素的转化，也由此可以看出，词汇化和语法化是紧密相连、互为条件的。从句子的词汇组成和自由度来看，从А环节到аБ环节呈现逐渐降低的趋势。

值得一提的是，我们采用历时过渡率来分析这类溶合结构只是尝试揭示其演变过程，实际上它们在语言中是共存的，是通过语言手段的细微差别来表达不同的语义内容。

至于 неизвестно что 类溶合结构 [如：（107）Кальцатый вел его *неизвестно куда*, мимо спящих домов, мимо гостиницы и магазина.

(А. Азольский)/卡里察特带着他不知去了哪里，经过那些熟睡的房屋，经过宾馆和商店。(108) Река вытекала *неведомо откуда* и впадала *неведомо куда*.(К. Арутюнова)/河流不知发源于何处又流向何方。]，它经历了和 бог знает 溶合结构相似的演变溶入过程，可以在句中充当多种成分，如：(109) Более того, это *«неизвестно что»* делится на две фракции — темную материю и темную энергию.(В. Рубаков)/此外，这个"不明物"又分为两大阵营——暗物质和暗能量。(作主语)(110) Один был художник Рюмин, другой – *неизвестно кто*. [А. Т. Аверченко. /一个是艺术家柳明，另一个不知是什么人。(作谓语)(111) Вот и Арман *неизвестно кого спасал*.(О. Павлов) /这阿尔曼不知是救了谁。(作补语)(112) – Идиот ... Сам *неизвестно с кем* время проводит, а меня проверяет.(Дмитрий Каралис)/"真是白痴……自己不知道和谁共度时光，却在检查我。"(作状语)

可以说，неизвестно что 类结构已经和不定代词（不定副词）形成同义关系，如：(113) *Кто-то*, до сих пор *неизвестно кто*, стал торить путь к этой отставке.(В. Бейдер) /有人，目前为止还不知是何人，已经开始为这次离职踩路了。但需要注意的是，它们并没有转变为不定代词（副词），和不定代词（副词）相比，"它们在语义上除了表示不确定之外，还有不可知的语义成素"[1]，可以说，"过渡的未完结性恰恰说明在现代俄语中共存着这些句式，可见语言表达和标点符号使用的多样性"[2]。

---

[1] Бабайцева В.В. Явления переходноти в грамматике русского языка. М., Издательство «Дрофа», 2000, стр. 113.

[2] Там же, стр. 114. 对此类句式的过渡性描写，请参见 Бабайцева В.В. Явления переходности в грамматике русского языка. М., Издательство «Дрофа», 2000, стр. 111-113.

3. 熟语式溶合结构

这类结构包括во что бы то ни стало, куда глаза глядят, хоть убей, хоть умри, 关联词＋попало等类型，《54年语法》将这类结构归为"熟语性短语（фразеологический оборот）"[1]。如果说第一类和第二类溶合结构和其原始结构在现代俄语中还保持着某种对应关系的话，这一类溶合结构可以说和原结构的脱离程度明显增强，"已经凝固、定型，不再有变化，整个结构犹如一个词原封不动地作句子成分"[2]。如：

（114）– Понимаешь, тайна! Никому, *хоть умри*, ни слова. (Е. Велтистов)／"知道么，这是秘密！对任何人，无论如何都必须缄口不言。"

（115）Ведь уж он меня *хоть зарежь*, я его любить не буду. (А. Островский)／他哪怕把我杀了，我也不会爱他。

（116）Без физической подготовки так концентрироваться не получается, *хоть убей*. (Д. Коваленин)／没有身体上的充分准备，无论如何也做不到如此集中精力。

（117）На дворе было темно, *хоть глаз выколи*. (М. Лермонтов)／外面很黑，简直伸手不见五指。

（118）И денег вроде как, слава богу, хватает, и не нужно ничего, а тоска сердце разъедает, и одиночество, *хоть волком вой*. (Ю. Андреева)／谢天谢地，钱看起来是够的，也不需要什么，但寂寞，还有孤独吞噬着他的心，让他无处可逃。

（119）– Идет он по городу *куда глаза глядят* и вдруг пришел на реку. (И. Грекова)／他在城里信步而行，竟然一下子来到了河边。

---

[1] Грамматика русского языка. Т. 2. Ч. 2. М., Издательство Академии наук СССР, 1954, стр. 316.
[2] 孙夏南，《俄语口语语法》，上海译文出版社，1989年，第238页。

(120) Надежды должны сбыться *во что бы то ни стало*. (В. Шаламов)/无论如何都应该把希望变为现实。

(121) Подмастерья надо мной насмехаются, посылают в кабак за водкой и велят красть у хозяев огурцы, а хозяин *бьет чем попадя*. (А. Чехов)/工匠们嘲笑我，差遣我到小酒馆去买伏特加，指使我偷东家的黄瓜，东家随便操起什么就往我身上打。

4. 小结

溶合结构的研究者曾从不同角度探讨溶合结构产生的原因，比较集中的论述有成语化说、谓语固定化说、省略说①，实际上可以概括为两个原因，就是经济原则和熟语化原则。经济原则主要体现在语言表现层，而熟语化主要体现在语言内容层。如果说第一类自由式溶合结构的形成主要是依据经济原则，第三类熟语性溶合结构体现的是熟语化原则，那么在第二类固定式溶合结构中则既体现经济原则，又兼顾了熟语化原则，可以说是两者共同作用的产物。

溶合结构直接体现了语言单位的简化趋势，但每一类溶合结构所呈现的简化特征并不相同，不仅在演化类型上（主句凝结或从句凝结）有区别，更在演化程度上有很大不同，虽然同为溶合结构，其内部的结构语义特征并不相同。我们上面分析的三个类型便直观再现了溶合结构内部的过渡性特征。

---

① 关于溶合结构形成的原因，参见吴君，《现代俄语口语复合句》，外语教学与研究出版社，2003年，第226-227页；孙夏南，《俄语口语语法》，上海译文出版社，1989年，第247页；Лаптева О.А. Русский разговорный синтаксис. М., Книжный дом «ЛИБРОКОМ», 2013, стр. 65.

第六章
俄语复合句的过渡类型研究

第一节 俄语复合句的过渡类型概述

复合句研究在俄语句法学研究中占据着不可或缺的位置，各派语言学家都对复合句的本质、复合句的划分标准、复合句的结构—语义类型等诸多问题做过分析和论述，但关于复合句的讨论一直持续到今天。通常，句法关系（синтаксическая связь）可以分为有连接词的联系和无连接词的联系，其中有连接词的联系又进一步分为并列联系（сочинительная связь）和主从联系（подчинительная связь）。同理，复合句按照有无连接词，可以分为带连接词复合句和无连接词复合句；按照连接词的属性和表达的语义内容，在带连接词复合句中又可区分出并列复合句和主从复合句[1]；按照复合句构成成素的多少，可以分

---

[1] 传统语法认为，并列复合句通常利用联合、对比或区分连接词来连接，其组成部分在语法关系上是平等的，具有相对独立性；主从复合句通常利用从属连接词或关联词连接，有的从句在语法关系和意义上常依附于主句。参见 Грамматика русского языка. Т.2. Ч.2. М., Издательство Академии наук СССР, 1954, стр. 177, 268；吴贻翼，《现代俄语复合句法学》（第二版），北京大学出版社，2015年，第42-43页。《70年语法》和《80年语法》也是按照连接手段来对复合句进行划分，参见 Грамматика современного русского литературного языка. М., Издательство«Наука», 1970, стр. 654-655; Русская грамматика. Т.2. М., Издательство «Наука», 1980, стр. 462.

为由两个部分组成的普通复合句和由三个及以上部分组成的多成素复合句①。通常复合句的表现层和内容层②具有一致性，如联合和对别关系常借助于并列连接词и, a, но来表达；而条件关系、时间关系、目的关系常借助于主从连接词если, когда, чтобы来表达。但还有一些复合句却很难对其进行准确的分类和描述，这就构成复合句研究中的特殊问题。正如《54年语法》所言："复合句中各分句之间相互依附和相互制约的程度参差不齐，往往不可能把并列关系和主从关系一刀切。"③《70年语法》和《80年语法》中都对并列复合句和主从复合句的区别和划分标准以及两者之间的复杂问题有过论述④。

俄苏学者关于这类问题的论述不仅仅体现在三部科学院语法中，论文集《现代俄语复合句系统中的过渡性》⑤收录了19篇论文，分别从复合句的语义结构和形式结构、复杂结构的主从复合句以及复合句系统中的过渡结构这几个层面来展开论述。

---

① 《54年语法》称之为复杂型复合句（сложные предложения усложненного типа），参见 Грамматика русского языка. Т.2. Ч.2. М., Издательство Академии наук СССР, 1954, стр. 359; 亦有学者称其为多成素复合句（многокомпонентные сложные предложения），参见 В.В. Бабайцева. Синтаксис русского языка. М., Издательство «ФЛИНТА», Издательство «Наука», 2015, стр. 510.
② 复合句的表现层主要指复合句的结构要素，包括联系手段（连接词、关联词、主从句动词谓语的时体对应和排列顺序等），内容层主要指其语法意义，也就是其各部分的意义关系，比如时间关系、条件关系等。请参见吴贻翼，《现代俄语复合句句法学》（第二版），北京大学出版社，2015年，第41-44页。
③ Грамматика русского языка. Т.2. Ч.1. М., Издательство Академии наук СССР, 1954, стр. 102.
④ 参见 Грамматика современного русского литературного языка. М., Издательство «Наука», 1970, стр. 682; Русская грамматика. Т. 2. М., Издательство «Наука», 1980, стр. 462-464.
⑤ Переходность в системе сложного предложения современного русского языка. Издательство Казанского университета, 1982.

第六章　俄语复合句的过渡类型研究　175

俄罗斯语言学家巴巴依采娃[①]对复合句间的过渡类型做了非常详尽的分析和描写,她形象地用多个圆环揭示了复合句间的过渡现象,并指出过渡类型的复合句不仅限于并列复合句和主从复合句之间,在带连接词复合句和无连接词复合句之间,在主从复合句和多成素复合句内部,都存在着过渡类型。详见下图:

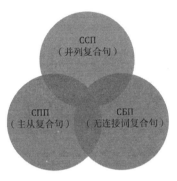

近年来也有很多俄罗斯学者发表学术论文来具体分析复合句间的过渡现象问题。费奥多罗夫(А. К. Федоров)[②]指出有必要区分从句的主要意义和次要意义。如: 1) Машина мчалась так быстро, как мы и ожидали(这句是单一的表示程度的从句); 2) Машина мчалась так быстро, что никто не запомнил ее номера(此句兼程度和结果); 3) Машина мчалась так быстро, чтобы успеть к отправлению самолета(此句兼程度和目的); 4) Машина мчалась так быстро, будто участвовала в гонках(此句兼程度和比较)。他在文章中区分出三种不同类型的混合型关系,并分析了产生这些混合类型的条件和原因。格卢希赫(В.М. Глухих)[③]

---

① Бабайцева В.В. Явления переходности в грамматике русского языка. М., «Дрофа», 2000, стр. 499-512.

② Федоров А. К. О синкретизме придаточных предложений в современном русском языке//Русский язык в школе, 2006, №4.

③ Глухих В.М. О некоторых трудностях в разборе сложных предложений//Русский язык в школе, 2004, №3.

论述了含有混合语义的复合句，指出句法意义的不可切分性是构成复合句语义分析的难点之一。

我国学者也对复合句的过渡现象有所论述。陈国亭于1988年发表论文《主从？并列？——谈某些复合句形式和语义分离的现象》，该文列举分析了主从＋并列、主从→并列、并列→主从、主从或并列四种关系；他指出，"所谓过渡型的带连接词的复合句，其组成部分之间的关系实质上反映着形式手段和语义功能之间的一种分离现象"[1]。

江鹏认为对现行的俄语复合句分类法既不能否定，也不能使之绝对化，而是应在并列复合句和主从复合句这两大类之外另建一类复合句——中间性复合句，从而把现行复合句分类法很难确定归属的那些复合句也包括进去[2]。他在文章中分析了三类中间性句子。第一种情况是复合句各部分之间的语义关系及表达这种关系的联系手段发生矛盾；第二种是并列关系和主从关系混杂在一起的情况；第三种是两部分是相互从属的关系，很难区分出哪部分是主句，哪部分是从句。

吴贻翼[3]在《复合句的语义》一文中提及了复合句的语法结构和语义结构不吻合、不对称的情况，文中列举了数量不对称和质量不对称两种情况。他在《现代俄语复合句句法学》[4]论述复合句中的并列关系和主从关系时也分析了介于并列关系和主从关系间的过渡类型。

陶源[5]在论文《论俄语复合句分类中的模糊现象》中主要借鉴巴巴依采娃的过渡性理论，列举了并列复合句和主从复合句之间、主从复合句

---

[1] 陈国亭，主从？并列？——谈某些复合句形式和语义分离的现象，《中国俄语教学》，1988年第2期，第21页。

[2] 江鹏，并列复合句和主从复合句间构中间性句子，《外语研究》，1989年第2期，第19页。

[3] 吴贻翼，复合句的语义，《外语研究》，1994年第1期，第25-29页。

[4] 吴贻翼，《现代俄语复合句句法学》（第二版），北京大学出版社，2015年，第42-44页。

[5] 陶源，论俄语复合句分类中的模糊现象，《山东外语教学》，2006年第1期。

和无连接词复合句之间、并列复合句和无连接词复合句之间、并列复合句、主从复合句和无连接词复合句之间这四类复合句中的过渡类型。

总结上述研究成果，可以看出：形成复合句间过渡现象的主要原因是"形"和"义"的矛盾，当意义获得形式的支持，也就是获得表现手段支持的时候，意义更容易被受众接受和理解；但当意义没有获得表现手段的支持或者出现了多个表现手段共存的情况时，则产生了复合句间的过渡交叉类型，尤其是并列复合句和主从复合句间的过渡类型，而无连接词复合句本身不具备形态连接手段。巴巴依采娃认为，"在复合句系统中可以发现两种对立的发展趋势——语言手段的多余性和经济性，其结果是形成了复合句中的非对称结构，这中间就有不少是混合型构成"①。巴巴依采娃的论述实际上是和上面的"形"和"义"的矛盾相对应的，多余性就是指意义获得了多个语言表达手段的支持，而经济性则是指缺乏语言表达手段的支撑。

综上所述，可以说，并列复合句和主从复合句并不是截然分开，中间存在着许多过渡类型。复合句间的过渡类型②（сложные

---

① Бабайцева В.В. Явления переходности в грамматике русского язык,. М., «Дрофа», 2000, стр. 501.
② 语法学家曾采用不同的术语来描述这类句型，加尔金娜-菲多鲁克、巴巴依采娃称之为并列复合句和主从复合句间的过渡类型（сложные предложения, переходные между сложносочиненными и сложноподчиненными），也有学者称之为带有混合语义的复合句（сложные предложения с синкретичной семантикой）或者中间型的复合句（промежуточные предложения）。参见 Современный русский язык. Синтаксис. М., Издательство Московского университета, 1957, стр. 346; Бабайцева В.В. Синтаксис русского языка. М., Издательство «Флинта», Издательство «Наука», 2015, стр. 502; Глухих В.М. О некоторых трудностях в разборе сложных предложений//Русский язык в школе, 2004, №3, стр. 113; 江鹏，并列复合句和主从复合句间构中间性句子，《外语研究》，1989年第2期，第23页。本书综合各家之言，称这类句子为复合句的过渡类型（сложные предложения переходного типа）。

предложения переходного типа)大致可以划归为两大类:变色龙型(多功能型)和混合型。

一、变色龙型复合句

所谓变色龙型复合句,也就是说复合句的表达手段通常具有多功能性,其表达的语义内容常常需要依据具体的上下文来确定,具体而言,也就是说并列复合句的连接词可以表达主从复合句的语义内容,这在连接词и连接的复合句中表现得最为充分;另一种情况是有些连接词既可以用于并列复合句,也可以用于主从复合句,这主要涉及连接词в то время как, между тем как, тогда как и если ...,(то)...等。下面对这两小类句子进行具体分析。

1. 连接词"и"通常用于并列复合句中,表示联合关系,如:(1)Она ушла, и Аня заняла ее место около серебряного самовара с чашками. (А. Чехов)/她走了,阿尼雅就接替她的位子,守着银茶炊和茶杯。该句中的连接词"и"将先后发生的两个行为连接在一起,但连接词"и"也同样可以表示原因—结果关系,比如:(2)Но в голосе его слышались слабость, доброта, и никто его не боялся.(А. Чехов)/可是他的声音里流露出软弱和善良,所以谁都不怕他。句中并列连接词"и"表示的实际上是因果关系,可以替换为:Но в голосе его слышались слабость, доброта, *так что* никто его не боялся. 再如:(3)Половина жалованья уходит у него на покупку книг, и из шести комнат его квартиры три завалены книгами и старыми журналами.(А. Чехов)/他一半的薪水花在了购书上,家里的六个房间中有三个堆满了书和旧期刊。(4)Вы умный человек, и я наслаждаюсь вами.(Чехов)/您是聪明人,我感到跟您在一起很快活。

这类句子的因果关系常借助于поэтому, потому, оттого等副词[①]得到进一步的确认，如：(5) Мне нравится Индия, *и поэтому* сейчас я еду по Индии. (В. Пелевин) / 我喜欢印度，所以我去印度旅行。(6) – Я ли, который стараюсь ничем не обеспокоить пассажиров, или этот эгоист, который думает, что он здесь умнее и интереснее всех, *и оттого* никому не дает покоя?? (А. Чехов) / "是我这个竭力不打搅乘客的人，还是这个自以为比谁都聪明有趣因而不让人安静的利己主义者呢？"(7) Больных много, а времени мало, *и потому* дело ограничивается одним только коротким опросом и выдачей какого-нибудь лекарства, вроде летучей мази или касторки. (А. Чехов) / 病人很多，时间却少，因此他的工作只限于简短地问一问病情，发给一点药品，例如氨搽剂或者蓖麻油等。

这类组合正如《70年语法》所指出的："连接词и, а, но本身并不表达明确的语义关系，只具有宽泛的抽象意义，其意义可以通过句中的具体语义填充成素得到进一步的确认"[②]，"句中词поэтому, потому, оттого兼容了连接词的功能和副词—复指代词的功能"[③]。可以说，这类句子的语义结构是由连接词+加确词来共同构成的，进一步说，加确词起到了比连接词更大的作用，因此很多时候连接词的作用进一步弱化，会发生连接词и和连接词а意义的中和现象，这类带有两种联系手段的句子在带连接词а的句子也常见，如：(8) Он выполняет «процент», то есть исполняет свой главный долг перед государством и обществом, *а потому* всеми уважается. (В. Шаламов) / 他完成"份额"，也就是完成自己对国家和社

[①] 也有学者称поэтому, потому 等词为"类连接词"，详见吴贻翼，《现代俄语复合句法学》（第二版），北京大学出版社，2015年，第81-82页。

[②] Грамматика современного русского литературного языка. М., Издательство «Наука», 1970, стр. 663.

[③] Там же, стр. 674.

会应尽的主要职责，而正因此得到大家的尊重。(9) Тебе нельзя будет оставаться под своим старым именем, *а поэтому* имя и фамилию тебе придется изменить.(Е. Сухов)/你不能再用自己的老名字，必须得更名改姓。(10) Издевался он грубо, плоско и, видимо, сам чувствовал это, *а оттого* еще больше впадал в бешенство.(М. Арцыбашев)/他粗暴地、庸俗地嘲讽着，看得出来，他自己也察觉到了这一点，因而更加狂怒起来。

可以说，使用连接词"и"还是连接词"а"并不影响"连接词+加确词组合"的意义。

俄语连接词"и"的语义曾引起很多学者的关注①，如果讲，由连接词"и"构成的纯联合意义句是并列复合句的最典型结构的话，那么上文提及的由连接词"и"所表示的因果意义则占据并列复合句的边缘环节，它们在语义上向主从复合句接近和靠拢，从而可以和主从复合句构成同义关系。也由此可以看出，判断并列复合句的语义内容不能仅仅依靠连接词，还需要综合考虑具体的词汇填充以及句中成分的相互作用等多种因素，这对于俄语学习者来说尤为重要。

2. 第二小类变色龙型复合句是带有连接词между тем как, в то время как, тогда как, если ... , то ...等的复合句，这四个连接词虽然常表示不同语义内容的主从关系，但也可以表示对比、对立意义的并列关系，并和并列连接词а, но连接的并列复合句构成同义结构②。比如：(11) Не могу не напомнить вам общеизвестного факта, что многих способных

---

① 参见王立刚，试论俄语连接词 и 的语义，《外语学刊》，2004 年第 5 期；曲志坚，连接词 и, а, но 在并列复合句中的使用以及它们之间的代换，《外语学刊》，1991 年第 6 期等。

② 参见李勤、孟庆和，《俄语语法学》，上海外语教育出版社，2006 年，第 598 页；信德麟、张会森、华劭编，《俄语语法》，外语教学与研究出版社，1990 年(2004 年第 12 次印刷)，第 775 页。

людей погубила эта страсть, *между тем как* при воздержании они, быть может, могли бы со временем сделаться высокопоставленными людьми.（А. Чехов）/我不能不向您提起人人都知道的事实：许多有才干的人都是被这种嗜好毁掉的，然而他们一戒掉酒，也许能逐渐成为头面人物。这句话完全可以替换为带有连接词"но"的并列复合句：Не могу не напомнить вам общеизвестного факта, что многих способных людей погубила эта страсть, *но* при воздержании они, быть может, могли бы со временем сделаться высокопоставленными людьми. 再如：

（12）Способность человека любить ограничена, *в то время как* потребность в любви – бесконечна.（«Экран и сцена»）/一个人爱的能力是有限的，而对爱的需求是无限的。这句话完全可以替换为带有表示对比意义的连接词"а"的并列复合句：Способность человека любить ограничена, *а* потребность в любви – бесконечна. 再如：（13）У коммунистов по-прежнему сильна партийная дисциплина. На участки они пойдут «колоннами» под привычными флагами и лозунгами, *тогда как* в рядах «Единой России» от 3 до 5% членов тайно проголосуют за КПРФ.（В. Костиков）/共产党员和以前一样保持着很强的组织纪律性。他们是举着熟悉的旗子和口号排着队去的投票站，而在"统一俄罗斯"的队伍中，3-5%的人秘密地去为俄罗斯共产党投票。（14）*Если* эти двое связаны прошлым, *то* другая пара — не радужным настоящим и непонятным будущим.（коллективный）/这两个人是被曾经的过往紧密相连，而将那一对儿紧密相连的却不是快乐的今朝和不明朗的明日。（13）和（14）这两例中的连接词完全可以替换为并列连接词а，表示对比的语义关系。

连接词 между тем как, в то время как, тогда как, если ..., то ... 表示并列关系时，除了语义内容和连接词"а"和"но"构成同义关系外，

另一个特征是句中组成部分"可以互换位置而并不对句子的意义产生决定性的影响"[1]，如：（15）Наблюдается тенденция увеличения производства овощей, плодов и ягод на данных участках, *в то время как* объемы выращиваемого картофеля сокращаются.（«Вопросы статистики»）/Объемы выращиваемого картофеля сокращаются, *в то время как*（*между тем как, тогда как*）наблюдается тенденция увеличения производства овощей, плодов и ягод на данных участках.

需要指出的是，表示对比、对别关系并不是上述四个连接词的典型核心意义，对于连接词в то время как和между тем как而言，表示主、从行为的同时关系是其主要意义，如：（16）*В то время как* она выходила из гостиной, в передней послышался звонок.（Л. Толстой）/当她从客厅里走出来的时候，前厅里响起了铃声。（17）*Между тем как* он писал свое, она думала о том, как ненатурально внимателен был ее муж с молодым князем Чарским...（Л. Толстой）/就在他埋头写作的时候，她心里想的是丈夫对恰尔斯基公爵特别关注这件事……

而对于连接词если而言，条件意义是它最主要的意义。由此可见，俄语中的一些连接词因其多义性可以在多种句子结构中履行自己的功能，它们表达的是主从关系还是并列关系已经不能单从词形来判断，而是需要将句子的结构和语义相结合。

二、混合型复合句

混合型复合句不管在形式层面还是在语义内容层面表达的都不止一个信息，按照兼容并列复合句和主从复合句结构—语义信息的特点，又

---

[1] Апресян В.Ю. Уступительность. Механизмы и взаимодействия сложных значений в языке. М., Издательство «Языки славянской культуры», Москва, 2015, стр. 77.

区分为两小类：一类是形式和语义上兼容并列和主从特征的复合句；另一类是在主从复合句内部兼容不同语义内容的复合句。

1. 第一小类混合型复合句常见于带有让步从句的复合句中，句中除了出现表示让步意义的主从连接词，还常见"но, однако"等表示对别意义的并列连接词，形成连接词组合。如：（18）*Хотя* в судьбе моей нет ничего трагического, *но я*, признаюсь, изведал нечто в этом роде. (И. Тургенев) / 虽然我的一生中并没有发生什么悲剧事件，但我承认我经历过类似的事情。（19）– *Хоть* и не веришь, *но* оно как-то покойнее, когда помолишься. (А. Чехов) / 即使你不信神，但祷告一下，心里总还是踏实点。

这类由复合连接词"хотя（хоть）– но（а, однако）"共同组成的复合句表示让步—对别关系。类似的连接词组合还有"пусть（пускай）– но（однако）等"，如：（20）*Пусть* это будут несложные упражнения, *но* какую пользу они принесут в будущем! (А. Луговская) / 纵然这些练习并不复杂，但它们会为将来带来什么益处呢？（21）*Пускай* он и малокультурный тип и наверняка жулик, *однако* все же человек. (А. Рекемчук) / 纵使他文化水平不高，也确实是个骗子，但他终究还是个人。

这类句子之所以可以采用并列—主从的联合手段，其主要原因是语义内容的一致性，也就是对别意义（противительность）和让步意义（уступительность）具有非常大的共性，都是以一些事实与另一些事实的对立为基础，但各有侧重点。对别关系强调复合句的两部分内容相互对立，相互矛盾；让步从句侧重表示阻碍主句行为实施的条件，但主句行为不受这些条件的阻碍而照常进行。吴贻翼教授将这类带有"но""однако"等对别连接词的让步句划为介于主从关系和并列关系之间的过渡现象①。俄罗斯学者也指出"连接词хотя和хоть既具有让步意义，又具有对别意义"②。可见，对别关系和让步关系紧密相连。

另外，从交际层面看，采用并列—主从的联合手段可以更好地实现交际目的，表现层的明示手段越丰富，内容层所表达的语义关系就越清晰，交际的效果就越好。采用并列—主从联合手段来表达让步—对别关系（或称让步转折关系）是汉语里非常普遍的表达手段③，如：

（22）我们尽管在根本上把实用主义教育划归为科学主义教育范畴，但它也融入了不少人文色彩，以致一些学者还把它归入人本主义范畴。

（23）虽然现在计算机的网络带宽、存储速度、计算能力有了非常大的提高，但要实现支持大规模用户的多媒体点播仍存在很多困难。

（24）英语教学如果只停留在语音、词汇、语法等语言知识层面上，学生即使掌握了标准的语言、丰富的词汇、正确的语法，也不能很好地理解语言，更不能进行成功而有效的交际。

联合使用相似的语言手段可以准确地传达细微意义，表达让步—对别意义所凭借的正是并列—主从的联合手段。正如《70年语法》所讲，"让步句中的对别连接词履行的是双重功能，一方面是标志着复合句两部分间的界限；另一方面更加明确和强调构成让步句语义必需成素的对

---

① 吴贻翼，《现代俄语复合句句法学》（第二版），北京大学出版社，2015年，第90-91、303-304页。

② Апресян В.Ю. Уступительность. Механизмы образования и взаимодействия сложных значений в языке. М., Издательство «Языки славянской культуры», 2015, стр. 35. 作者也在这本专著中详细论述了让步和对别的细微差别。

③ 参见张健军，关联论视角下的转折复句反预期表达现象分析，《世界汉语教学》，2013年第4期；丁志丛，关系标记对汉语有标转折复句使用频率的影响，《汉语学报》，2013年第3期。

别意义"①。

  2. 第二小类的混合型复合句主要常见于主从复合句中。虽然主从复合句的分类标准曾一直引起很多语言学家的争议，但学者们对其语义类型的描述比较有共识，一般分为修饰关系（定语关系）、说明关系、疏状关系（地点、行为方法、程度和度量、比较、时间、条件、让步、目的、原因和结果）和接续关系等语义类型②，但值得一提的是在这些语义类型中也有混合了两种甚至多种语义内容的，这在带行为方法、程度和度量从句的主从复合句中体现得最为明显③。

  （25）И он был *так* поражен, *что* не захотел идти дальше и вернулся домой.（А. Чехов）/他大为震动，不愿意再往前走，回家去了。（从句兼含有结果意义）

  （26）Она вышла на площадку, под лунный свет, и стала *так*, *чтобы* видели ее всю в новом великолепном платье и в шляпе.（А. Чехов）/她走出去，站在小平台上，让月光照着她，好让大家都看见她穿着漂亮的新衣服，戴着帽子。（从句兼含有目的意义）

---

① Грамматика современного русского литературного языка. М., Издательство «Наука», 1970, стр. 723.
② 关于这些语义类型的描写，参见 Бабайцева В.В. Синтаксис русского языка. М., Издательство «ФЛИНТА», Издательство «Наука», 2015, стр. 464-485; Бабайцева В.В., Инфантова В.В. и др. Современный русский язык. Синтаксис. Ростов-на-Дону, «Феникс», 1997, стр. 404-407; Современный русский литературный язык, под редакцией П.А. Леканта. М., АСТ-ПРЕСС, 2013, стр. 722-741; 王福祥、吴汉樱，《现代俄语句法（复合句）》，人民教育出版社，1984 年，第 72-236 页; 吴贻翼，《现代俄语复合句句法学》（第二版），北京大学出版社，2015 年，第 119 页。
③ 吴贻翼教授称行为方法、程度和度量句是主从复合句中非分解型和分解型之间的过渡类型。请参见吴贻翼，《现代俄语复合句句法学》（第二版），北京大学出版社，2015 年，第 183 页。

（27）Во время детского чая большие сидели на балконе и разговаривали *так, как будто* ничего не случилось…（Л. Толстой）/孩子们喝茶的时候，大人们坐在阳台上聊天，就如同什么事都没发生一样……（从句兼含有虚拟比较意义）

（28）У него глаза *такие, что* запомнить каждый должен.（А. Ахматова）/他有一双那样特别的眼睛，每个人都会记住。（这是程度意义和结果意义的混合）

（29）А хотя, впрочем, у меня *такое чувство, как будто* я никогда не умру.（А. Чехов）/不过，话说回来，我又有一种感觉，好像我永远也不会死似的。（这是程度意义和虚拟比较意义的混合）

需要注意的是，复合句的语义关系绝不是仅仅依靠连接词或关联词来体现，它依靠的是句子成分的综合作用，对于上述复合句来说，行为方式、程度和度量意义借助于主句中的指示词так, такой等来表达，而结果意义、目的意义和比较意义则是靠连接词что, чтобы, будто (как будто)来凸显，正是由于这两部分的综合运用，才形成了表达多种语义内容的混合型复合句。

另外，在对某些表示情感或状态的词或词组进行说明时，说明从句很多情况下兼容了原因意义。如：

（30）Я счастлива, *что* Вовочка встретил такую девочку.（С. Спивакова）/沃沃奇卡找到了这么好的姑娘，真让我感到幸福。

这类句子就结构而言是隶属于带有说明从句的复合句，但从语义来看实际上蕴含着原因关系，完全可以替换为带有потому что类连接词的原因从句，如：Но семья слонов и в самом деле была счастлива, *потому что* все они очень любили друг друга.（А. Дорофеев）/但大象的家族确实非常幸福，因为大家都相亲相爱。

说明关系和原因关系的混合实际上体现着语言学家对复合句的认识在不断发展和变化。传统的语言学家将从句和句子成分相等同，认为有什么样的句子成分，就有什么样的从句。照此观点，上述句子正是表达原因意义，从句起着原因状语的功能；而结构—语义学派关注的是从句是与整个主句发生关系还是与主句中的某个词或词组发生关系，照此观点，上述句子是对主句中的词进行进一步阐释的说明从句①。由此可见，两类分类标准所关注的正是复合句的两种结构—语义关系。

　　毫无疑问，我们列举和分析的只是一小部分具有混合语义的主从复合句，复合句的语义内容不仅取决于句中连接词所表示的逻辑语义关系，它和句子成素的具体词汇—语法填充、语调甚至词序都密切相关，绝不能仅仅依靠连接词就将复合句进行简单机械地归类。另外，对于中国的俄语学习者来说，还需注意汉语和俄语复合句表达层面的区别，张会森在《俄汉对比中的复（合）句问题》一文中②提到了汉语和俄语句子的形合和意合问题。汉语由于其自身特点，形式特征相对缺乏，重意合；而俄语是屈折语，形态手段丰富，更重形合。尽管俄语重形合，也不能单纯依靠形式手段来对句子的语义内容进行判断，需要考虑到复合句中的过渡现象，这样才能通过俄语复合句的"形"更好地把握住它的"意"，从而更加准确地进行翻译。

　　实际上在复合句所表示的语义关系中还有另外一类很引起争议的类型，那就是接续关系。第二节我们将对接续关系做具体而详尽的分析。

---

① 参见王福祥、吴汉樱，《现代俄语句法（复合句）》，人民教育出版社，1984年，第243-244页。
② 张会森，俄汉对比中的复（合）句问题，《外语学刊》，2000年第1期，第10页。

第二节 俄语接续关系综论

接续（присоединение）①作为学术术语在俄语学界是由谢尔巴首次提出的，他在论及连接词的功能时指出："（并列连接词）还有另外一个用途，那就是它们并不把某些成分联结成为一个整体，而只是把这些成分接续到前面的成分上。"②在谢尔巴之后，维诺格拉多夫在《"黑桃皇后"的风格》③长文中也对接续结构（присоединительные конструкции）进行了界定和功能分析，维诺格拉多夫指出，接续表示的不是一个意义层面的内容，其组成部分在逻辑上不构成一个整体，但形成一个进行连续叙述的链条。克留奇科夫（С.Е. Крючков）④可以说是第一个对俄语中的接续关系进行详尽分析的学者，他在《论现代俄语中的接续关系》一文中不仅论述了接续关系的特点和带连接词的接续关系的主要类型，而且对

---

① 参见 Щерба Л. В. Избранные работы по русскому языку. М., Учпедгиз, 1957, стр. 80; Крючков С. Е. О присоединительных связях в современном русском языке//Вопросы синтаксиса современного русского языка. М., Учпедгиз, 1950, стр. 398; Виноградов А. А. Структура и функции присоединительных конструкций в современном русском литературном языке. КД, Ужгород, 1984, стр. 3. "присоединение" 作为术语在我国的俄语学界多被翻译成接续，但也有学者，如胡孟浩先生将其翻译为承接，我们采用大多数学者的观点，保留接续这一术语。关于胡孟浩先生的论述，参见胡孟浩，几种表示承接联系的无连接词复合句，《外语教育与俄语句法文集》，上海外语教育出版社，1985年，第 98-106 页。
② Щерба Л. В. Избранные работы по русскому языку. М., Учпедгиз, 1957, стр. 80.
③ Виноградов В.В. Стиль «Пиковой дамы»//Избранные труды: о языке художественной прозы. М., «Наука», 1980, стр. 233-235.
④ Крючков С.Е. О присоединительных связях в современном русском языке//Вопросы синтаксиса современного русского языка, М., Учпедгиз, 1950, стр. 397-411.

具体语篇（小说中的片段和诗歌）中的接续关系表达方式进行了描述。继这几位语言学家的论述之后，接续和接续关系可以说引起了众多学者的兴趣，成为各大语言学著作的描写对象[1]，但现代俄语句法体系对接续和接续关系暂时还没有一个明确的定位。

综合学者们的论述，与接续相关的争论主要集中在两个方面：一是接续关系的归属问题，也就是和并列关系以及主从关系的关系问题；二是接续结构和其他相似结构的区别以及接续结构所包括的类型问题。

并列关系和主从关系是现代句法学的两个基本结构——语义关系类型，以此为基础，一些学者将接续关系独立于并列关系和主从关系之外，认为接续关系是句法关系的一种新类型，接续作为句法关系的一种类型既有别于并列关系，又有别于主从关系，并列关系中的成分是平等的，而主从关系的成分则处于依附关系。此外，在并列关系和主从关系中，其成分都是处于同一个意义层面，而接续结构则不是处于一个层面，其典型特点是结构组成部分之间语调和句法的分离性（разрыв）[2]，"接续是一种特殊的句法关系，它既不同于并列关系，也不同于主从关系，其在语义层面和形式层面都有自己的特色"[3]，我国学者胡孟浩先生和周春祥先生[4]也认为接续关系既不同于并列联系，又不同于主从联系。

而另一些语言学家则认为接续关系从属于并列关系和主从关系，

---

[1] 关于接续从句作为一种主从复合句的类型的论述，参见 Современный русский литературный язык, под редакцией П.А. Леканта. М., АСТ-ПРЕСС, 2013, стр. 721.

[2] 参见 Валгина Н.С. Синтаксис современного русского языка. М., «Высшая школа», 1991, стр. 274-275.

[3] Сидорова Е.Г. Присоединительные конструкции в системе современного русского языка//Вестник Волгоградского государственного университета. Сер. 2, Языкознание. 2012, №2, стр. 60.

[4] 胡孟浩，几种表示承接联系的无连接词复合句，《外语教育与俄语句法文集》，上海外语教育出版社，1985年，第98页；周春祥等，《俄语实用语法》，上海译文出版社，2003年，第323页。

将接续关系作为并列关系和主从关系的一种特殊类型来看待,"接续关系是现代俄语中并列关系和主从关系的一种特殊类型,主要应用于口语中"①,"接续占据着并列和主从之间的过渡位置,是在它们的基础之上形成了接续联系的特殊表达手段"②,在《54年语法》《70年语法》及《80年语法》中,对接续关系的论述分散在对并列关系和主从关系的论述中,并且主要论述的是表示接续(扩展)关系的主从复合句,所用术语也各不相同③。还有一些学者对接续关系做了进一步的分析,认为接续关系之所以复杂,是因为它兼容了并列关系和主从关系的一些特点,我国学者张威武便认为接续关系是介于并列关系和主从关系之间的过渡类型,他指出:"接续成分具有一种双重性质,那就是它与被说明成分既有从属性,又有分离性。"④

关于接续结构的类型,学者们也各有说法,莫衷一是。巴巴依采娃详细分析了在双成素不完全句、句子的同等成分以及复合句中使用接续

---

① Крючков С. Е. О присоединительных связях в современном русском языке//Вопросы синтаксиса современного русского языка, М., Учпедгиз, 1950, стр. 397.

② Бабайцева В.В. Синтаксический статус присоединенных компонентов// Русский язык в школе, 2011, № 5, стр. 77.

③ 参见 Грамматика русского языка. Т. 2. Ч. 2. М., Издательство Академии наук СССР, 1954, стр. 198, 257, 352-353; Грамматика современного русского литературного языка. М., Издательство «Наука», 1970, стр. 664, 735; Русская грамматика. Т. 2. М., Издательство «Наука», 1980, стр. 527-530. 《70年语法》中将并列复合句中表示接续意义的句子称为"联合—扩展句"(соединительно-распространительные предложения),将主从复合句中表示接续意义的句子称为"关联—扩展句"(относительно-распространительные предложения)。

④ 张威武,俄语句子的接续成分,《华中师范大学学报》(哲学社会科学版),1978年第3期,第87页。

成素(присоединенный компонент и присоединяемый компонент)①的情况，瓦尔金娜在句法学著作中也论述了俄语接续结构②，普立亚特金娜则将接续结构作为繁化句的手段进行论述③。可见，对于接续结构的分析非常庞杂，接续结构又和独立成分、插入成分、嵌入结构、分割结构等形成既有区别又有交叉的语言现象④。

尽管学者们对接续和接续关系的争论较多，但对接续结构的特点还是达成了一定的共识，可以简单概括为：1)两个部分；2)一个特点；3)三个命题；4)多种表达手段。两个部分是指接续结构由两个部分组成，一部分是主要部分(основная или базовая часть)，另一部分是补充部分(дополнительная часть)，也就是接续部分，这两个部分的顺序固定，主要部分在前，接续部分在后。一个特点是指接续结构的最本质特

---

① 巴巴依采娃将语句中的补充成分称为接续成分，俄文有两个表达方法"присоединенный компонент"和"присоединяемый компонент"，前者用于分析言语范例，后者用于表示带有新内容成素的构成机制。参见 Бабайцева В.В. Синтаксический статус присоединенных компонентов//Русский язык в школе, 2011, № 5, стр. 72.

② Валгина Н.С. Синтаксис современного русского языка. М., «Высшая школа», 1991, стр. 274-284.

③ Прияткина А.Ф. Русский язык: Синтаксис осложненного предложения. М., «Высшая школа», 1990, стр. 152-155.

④ 参见 Сидорова Е.Г. Присоединительные конструкции в системе современного русского языка//Вестник Волгоградского государственного университета. Сер. 2. Языкознание. 2012, №2. стр. 58; Прияткина А.Ф. Русский язык: Синтаксис осложненного предложения. М., «Высшая школа», 1990, стр. 155; Бабайцева В.В. Синкретизм парцеллированных и присоединенных субстантивных фрагментов текста//Филологические науки, 1997, № 4, стр. 56-65; Бабайцева В.В. Вводные, вставные и присоединенные компоненты//Русский язык в школе, 2011, № 7, стр. 67-72; 伍铁平，俄语独立语、加确语、接续语的新分类法，《外语教学与研究》，1962年第4期，第43-49页；鲍红，如何正确看待俄语中的分割现象和接续现象，《外语与外语教学》，1998年第11期，第13-14页。

征是接续部分和主要部分不处于一个语义层面，它是对从形式到内容已经完结的主要部分所做的补充叙述、评价或总结，接续结构从本质来说属于非连贯言语，也就是说它在书面语言中模拟的是口语的实际言语交际中边想边说、边说边续的原则。从深层逻辑—语义架构看，接续体现的是主要部分和补充部分的语义关系，接续结构实际上包含了三个命题（пропозиция）①，主要部分和接续部分各表达一个命题，在主要部分和接续部分这两个部分之间实际上还包含着第三个命题，这就是接续部分所带来的对语句意义进行解读的新成分；就表达手段而言，接续结构可以有词汇手段、语法联系手段，也可以通过停顿、语调以及标点符号等多种手段来表达。

因此，综合上述论述，我们认为，将接续定义为语义范畴更符合语言实际，对主要部分进行补充说明是其最主要的功能。作为语义范畴，接续同时紧密地和实现它的形式特征（词汇手段、语法联系手段以及标点符号、语调停顿等形式手段）相联系。同时，作为语义范畴的接续实际上具有自己的功能语义场，接续意义既有典型的核心表达手段，也有不典型的表达方法，从而构成一个多层级的整体。我们将具有接续意义的整个语句统称为接续结构。

在复合句范围内，我们赞同关于接续关系是介于并列关系和主从关系间过渡类型变体的观点，主要基于以下考虑：

---

① 命题是句子的称名层面，也就是纯语义层面，也可以说命题是基本意义单位，或者说是构成意义的分子。参见 Большой энциклопедический словарь. Языкознание. М., Большая Российская энциклопедия, 1998, стр. 401; 李勤，论句子语义中的命题，《燕山大学学报》（哲学社会科学版），2006 年第 1 期，第 1-6 页；郎曼，语篇微观连贯的认知研究——命题之间的语义联系分析，《解放军外国语学院学报》，2012 年第 3 期，第 20 页。关于接续所体现的语义关系以及语义场的论述，请参见 Виноградов А.А. Структура и функции присоединительных конструкций в современном русском литературном языке. КД, Ужгород, 1984.

1) 从结构关系而论，接续关系具有主从关系的从属性和并列关系的分离性；分离性是指主要部分具有独立性，接续部分并不对主要部分的内容产生影响，但接续部分同时又具有从属性，也就是缺了主要部分，接续部分不可以独立存在。这样，就其主要部分而言，接续关系更接近于并列关系，而就接续部分而言，接续关系更接近于主从关系。

2) 从语义内容而论，接续表达的语义内容，和并列与主从相区别，也可以说接续揭示的是次级语义，因此，它和某些并列和主从意义构成交叉关系，即某些复合句可以在表达并列意义或主从意义的基础上兼表接续意义。

3) 从表达手段而言，接续关系可以通过专门的连接词，比如да и, причем等来表达，也可以借助于并列连接词和主从连接词以及其他词汇、语法手段来表达。

本部分将表示接续意义的复合句分为四类：一、带有接续连接词以及借助词汇手段表示接续意义的复合句；二、表示接续意义的并列复合句；三、表示接续意义的主从复合句；四、无连接词结构①。每类都有自己的典型结构和非典型结构。

一、带有接续连接词以及借助词汇手段表示接续意义的复合句

复合连接词"да и"可以说是"唯一的，只表示接续意义，没有其他功能的连接词"②，如：

（1）– Ваш брат здесь, – сказал он, вставая. – Извините меня, я не

---

① 本部分主要参照了瓦尔金娜对接续结构的分类法，但我们与她的分类的不同之处在于：1) 考虑到了表达接续意义的典型和非典型手段，这个特点不仅体现在这四类分类中，也体现在每一类具体的分类中；2) 增加了表达接续意义的词汇因素。关于瓦尔金娜对接续结构的论述，参见 Валгина Н.С. Синтаксис современного русского языка. М., «Высшая школа», 1991, стр. 276.

② Грамматика русского языка. Т. 2, Ч. 2. М., Издательство Академии наук СССР, 1954, стр. 262.

узнал вас, *да и* наше знакомство было так коротко, – сказал Вронский, кланяясь, – что вы, верно, не помните меня. (Л. Толстой) /"您的哥哥来了。"弗龙斯基站起来说道。"真对不起，我没有认出您来，再说我们那次见面太短了。"弗龙斯基一面说，一面点头致意，"您大概不记得我了。"

带有连接词"да и"的接续结构是弗龙斯基对没能认出安娜的原因的进一步解释和补充说明，类似的例句还有：

（2）Анна первое время избегала, сколько могла, этого света княгини Тверской, так как он требовал расходов выше ее средств, *да и* по душе она предпочитала первый. (Л. Толстой) /安娜起初尽量避开贝特西公爵夫人这个圈子，因为这里的花销超过她的进项，再说她也更喜欢第一个圈子。

在接续结构中还可以见到使用"да и тот (та, то, те)"等连接手段的复合句，如：

（3）Болезнь моя только в том, что за двадцать лет я нашел во всем городе одного только умного человека, *да и тот* сумасшедший. (А. Чехов) /我的病只在于二十年来我在全城只找到了一个有头脑的人，而且这个人还是个疯子。

（4）С последней нашей встречи тринадцать лет минуло, *да и та* длилась меньше минуты. (А. Моторов) /从我们最后一次见面已经过去了13年，而且就是那次见面也仅持续了不到一分钟。

（5）До недавнего времени даже среди зоопсихологов и этологов бытовало мнение, что имитировать речь человека могут только птицы, *да и то* на уровне простого повторения коротких слов и фраз. (А. Дубров, О. Силаева, В. Ильичев) /不久前，动物心理学家和动物行为学专家中流传着这样一种意见，就是说只有鸟类可以模

仿人的语言，而且也仅仅是简单地重复短小的词或句子。

（6）Мебели никакой— кушетка, стол, два стула, — *да и те* должны увезти завтра.（А. Волос）/几乎没有任何家具——有靠枕的小沙发床、桌子、两把凳子，就连这些明天也要运走。

这类连接手段的归属问题曾一度引起争议，我国学者许贤绪曾撰文[①]专门进行论述，他认为"да и то"是合成连词，译成汉语是"而且还是，而且还要"的意思，而"да и тот"他认为也是一个词，并且具有关联词的功能，因为тот（та, те）代表了复合句中前一部分的名词，在后一部分中作为句子成分（主语或补语），他还指出"и то"比"и тот"的抽象化程度高。奥热果夫的《俄语详解辞典》将"да и то"视为独立的连接词，用于"接续补充、限制或者确认信息"[②]，这部词典未对"да и тот"进行讨论。

如果采用过渡性理论来进行分析的话，从上面带有"да и тот"的例句可以看出，"да и тот（та, те）"可以说是位于"да и"和"да и то"这两个独立连接词的中间环节，它的特点是既起到接续的作用，同时其中的тот（та, те）还有复指前句成分的功能。也可以说，正是由于"то"的抽象化程度高，它可以代指前句的任何成分，或者可以代指前句的内容，它才从"да и тот"系列中抽离出来，逐渐演变为独立的连词。

另外两个常作为接续连接词使用的是притом和причем，借助于它们，接续部分和主要部分得以联系，如：

（7）После дождя было слишком мокро, чтобы идти гулять; *притом* же и грозовые тучи не сходили с горизонта и то там, то здесь проходили, гремя и чернея, по краям неба.（Л. Толстой）/雨后

---

① 许贤绪，关于几种连接手段的质疑，《中国俄语教学》，1993年第4期，第12-15页。
② Ожегов С.И., Шведова Н.Ю. Толковый словарь русского языка, 4-е издание, дополненное, М., 1999, стр. 150.

地面很湿,不宜出去散步,而且乌云还没有退出地平线,时而飘过这里,时而飘过那里,时而还有雷声传来,时而天空变得黑沉沉的。

(8) Свободные места в наличии оказались, *причем* один из двух пустующих столиков располагался, на его взгляд, очень удачно – у широкого окна.(Илья Пряхин)/那里有空闲的位置,并且在他看来,两张空出来的桌子中的一张位置特别好——正位于宽敞的窗户旁边。

接续意义很多时候需要借助于连接词和具体词汇手段的综合运用,如使用副词еще, также, тоже, вдобавок等,使用加强语气词даже以及接续短语к тому же等,或者是借助于连接词和其他一些词汇手段,如:

(9) – Видно, что ей как-то не по себе, *да и* экзаменаторам *тоже* не по себе.(С. Капица)/看得出来,她有点不自在,再说考官们也有点不自在。

(10) – Я не умею скрывать своих мыслей, *к тому же* я слишком болтлив.(Ф. Искандер)/我不会隐藏自己的想法,何况我本就是特别健谈的人。

(11) Условия в палате были просто ужасные ... *Вдобавок* мне одной надо было как-то обеспечивать детей – сын у меня тогда учился на третьем курсе института, дочка – на первом.(Эльвира Савкина)/病房里的条件糟透了……此外,我一个人还应该供养孩子们——儿子当时在大学三年级就读,女儿在一年级。

二、表示接续意义的并列复合句

1. 单独使用"и""а""но"等连接词来表示接续意义。这类句子的结构特点是接续部分的句首借助于并列连接词"и""а""но"等开始,紧跟在连接词之后的是对主要部分的全部内容或部分内容进行复现的语义成素，比如：

（12）Чтобы не проводить времени в праздности, он составлял подробный каталог своим книгам и приклеивал к их корешкам билетики, *и эта механическая, кропотливая работа* казалась ему интереснее, чем чтение.(А. Чехов)/为了不至于在无所事事中消磨时间，他给他的书开列了一个细目，在书脊上粘贴小小的签条，他觉得这种机械而烦琐的工作倒比读书有趣。

在这句话中，连接词"и"起到了对主要部分内容进行接续的结构—形式连接手段，在连接词"и"之后的эта работа是对第一部分内容的复指，从而建立了和主要部分的语义连接。

语篇语言学将指向前面已经过去的表述的句际衔接手段称为回指[1]，最常见的是名词回指和代词回指，这些手段在接续结构中也经常使用。名词回指常采用词汇的直接重复[2]，如：

（13）Во все стороны высоко разлетелись мелкие брызги, *и среди этих брызг* на мгновение возникла крошечная радуга. (С. Георгиев)/这些溅起的飞沫高高地向各个方向飞溅，在这些飞溅中瞬间产生了小小的彩虹。

（14）... она вспомнила, что с вечера ей пришлось долго лазать

---

[1] 参见史铁强、安利，《语篇语言学概论》，外语教学与研究出版社，2012年，第56页。

[2] 词汇重复是句际句法联系的独特标志，索尔加尼克曾对借助词汇重复构成的链式联系做过详细的分析，详见 Солганик Г. А. Синтаксическая стилистика（сложное синтаксическое целое）. М., «Высшая школа», 1991, стр. 49-54; 索尔加尼克，《俄语句法修辞学（复杂的句法整体）》，顾霞君译，上海外语教育出版社，1989年，第57-64页。需要注意的是，词汇重复本身和接续作为语言现象既有着相似之处，又有着区分性特征，本部分讨论的是起到接续作用的词汇重复。关于两者的详细讨论，参见 Севрюгина Е.В. Присоединение и лексический повтор в русском языке//Русский язык в школе, 2013, № 9, стр. 69-73.

по ящикам письменного стола в поисках некоторой потерянной бумаги, *и от этих поисков* и завязался дурацкий сон.(Л. Улицкая)/她回想起，还是从晚上开始她就不得不在写字台的抽屉翻来翻去地找一些丢了的文件，正是在这寻找的时候这荒谬的梦境开始了。

有时，也可以使用动词—名词的同义回指，就是说主要部分用动词来描述情形，在接续部分采用同义的名词来对前面的内容进行复现，"前一句的动词谓语转变为后一句中起主语、补语或状语作用的抽象名词，这样的转变可以建立句际紧密的联系"①，如：

（15）Будучи уже студентом четвертого курса, Сергей заболел скоротечною чахоткой и умер, *и эта смерть* как бы послужила началом целого ряда несчастий, которые вдруг посыпались на семью Громовых.(А. Чехов)/谢尔盖在大学里读到四年级，得了急性结核病，死了。这次死亡似乎是开了个头，此后就有一连串的灾难忽然降到格罗莫夫的家庭里。

（16）Они разговаривали долго, *и этот разговор* отнял у Лучано последние силы.(О. Гаврилина)/他们交谈了很久，这次谈话夺走了卢卡诺最后的气力。

代词回指可以使用人称代词、物主代词以及代名词это②等，如：

（17）Старшеклассники ставили сценку из какой-то бытовой пьесы, *а после них* мы начинали разыгрывать свои роли.(Ф. Искандер)/高年级学生排演的是某个描写日常生活的剧本，而在

---

① Солганик Г. А., Синтаксическая стилистика (сложное синтаксическое целое). М., «Высшая школа», 1991, стр. 53; 索尔加尼克，《俄语句法修辞学（复杂的句法整体）》，顾霞君译，上海外语教育出版社，1989年，第63页。
② это 用于双部句主语时的词类归属和句法功能曾引起很多争议，参见 Бабайцева В.В. Избранное 1955-2005, Сборник статей, Москва/Ставрополь, 2005, стр. 172.

他们之后我们开始排演自己的角色。句中人称代词они和动词时、体的运用充分表达了接续意义。

在并列复合句表示接续意义的例子中，还经常会发现以и(а)это为起始的句子，如：

(18) А дело в том, что мы с вами мыслим; мы видим друг в друге людей, которые способны мыслить и рассуждать, *и это* делает нас солидарными, как бы различны ни были наши взгляды. (А. Чехов) / 问题在于我和您都在思考，我们看出彼此都是善于思考和推理的人，不管我们的见解怎样分歧，这一点却把我们联系起来了。

(19) – Нужно будет принимать решение по смещению русла реки, *а это* затронет интересы местных жителей. (Е. Утегулов) / 需要对河床移位采取措施，但这将触动当地居民的利益。

(20) Марек что-то говорил, говорил, *но это* пролетало мимо, как снег. (Л. Улицкая) / 马列克还一直在说着什么，但这都跟雪花一样，随风而去了。

我们将这类句子中的"это"称为"代名词"，它在接续部分既充当主语，又浓缩了主要部分的全部信息，起到连接主要部分和接续部分的作用，并给出结论、评价等补充信息，如：

(21) Развод произошел только через 10 лет после свадьбы, *и это* был один из самых странных браков, которые когда-либо видела Англия. (Е. Гордиенко) / 离婚发生在结婚十年之后，这也是英国见证的最奇葩的婚姻之一。

在这类接续结构中使用连接词"но"的情况比使用连接词"и"和"а"的情况少，并且连接词"и"和"а"在表示接续意义的复合句中发生意义的弱化和中和，两个连接词意义差别不大。《70年语法》就曾明确指出，"对比扩展句就意义而论和联合扩展句类似，并且具有相同的结构特点。"①

需要注意的是，主要部分和接续部分可以表示前后发生的行为，这样更加凸显了接续的意义。如：

（22）Театр впервые за 25 лет поставил новую «Кармен», *и эта премьера* вызвала ажиотаж в городе и послужила причиной нашего приезда в Новосибирск.（Л. Залесова-Докторова）/在最近25年间这个剧院第一次上演了新的《卡门》，这次首演在城里引起了轰动，也成为我们到访新西伯利亚市的原因。

2. 综合使用连接词"и""а""но"和表示接续意义的语气词、副词、情态词，如притом, вдобавок, кроме того, к тому же, помимо того等词汇成素，具体例子如下：

（23）Но для этой поездки надобно было иметь деньги, *а притом* куда девать, на кого оставить двух маленьких детей?（С. Аксаков）/这次出行需要钱，并且两个年幼的孩子该放在哪里，留给谁好呢？

（24）Они поглощают Истину, кислород воздуха, зарплату и, как и все другие люди, выделяют углекислый газ, *но вдобавок* они производят новые сведения…（К. Левитин）/他们（物理学家、生物学家、化学家）掌握着真理、空气中的氧气、工资，并和其他所有人一样排出二氧化碳，但与此同时他们还制造着新的信息……

（25）Не надо было спрашивать, это могло его разозлить, *и к тому же* — я ведь и так знал ответ.（В. Белоусова）/本不需要问的，这样会激怒他，更何况我原本就知道答案。

（26）Ежегодно в университете проводится студенческая междисциплинарная научная конференция, *но помимо того*

---

① Грамматика современного русского литературного языка. М., Издательство «Наука», 1970, стр. 669.

наши студенты, аспиранты стремятся попробовать свои силы за пределами вуза(Время события люди(2003)//«Встреча»(Дубна), 2003.02.26)/每年大学里都会举行大学生跨专业的学术研讨会，除此以外，研究生们还力求在大学之外发掘自己的潜力。

通过上述具体例子的分析可以看出，这类句子中的连接词已经发生语义的弱化，它只起到形式上的连接功能，接续意义的表达实际上依靠的是位于连接词之后的词汇成素。这就形成语法意义和语义联系的分化，也就是应用分析化的表达手段，这便使并列复合句在结构上更为复杂，语义表达层面的信息更为准确。

三、表示接续意义的主从复合句

学者们对这类句子在主从复合句中的归类和命名各不相同，《54年语法》区分出主语从句、谓语从句、补语从句、定语从句、状语从句（内部按意义区分出若干小类）以及接续从句，其中带接续从句的主从复合句被称为"带有从属—接续从句的复合句（сложные предложения с придаточными подчинительно-присоединительными）"；《70年语法》和别拉沙普科娃的句法学著作称之为"关联扩展句（относительно-распространительные предложения）"，他们指出，关联扩展句一方面和分解结构句类似，一方面又和非分解句相关；《80年语法》将其纳入非分解结构句中代词联系句框架下的指代整个主句的句子，并称之为扩展说明句（распространительно-изъяснительные предложения）和扩展疏状句（распространительно-обстоятельственные предложения）；瓦尔金娜称之为带有接续从属部分的主从复合句（сложноподчиненные предложения с придаточной частью присоединительной）；列卡恩特称为带有接续从句的主从复合句（сложноподчиненные предложения с придаточными присоединительными)①。

虽然关于接续从句的归类和命名不同，但各大句法学著作中关于表达接续意义的主从复合句的核心类型比较有共识，那就是在这类接续句子中，从句在结构上与整个主句发生关系，借助于关联词что和почему, зачем, отчего等连接于主句，在语义上对主句内容进行补充报道、追加说明或结论，接续从句位于主句之后②。

1. 接续意义可以借助于关联词что及其相应的格的形式（带前置词或不带前置词）来表达，如：

（27）…вылет Андрея задерживался на полтора часа, *что* было вполне ожидаемо и не вызвало ни раздражения, ни досады. (И. Пряхин)/安德烈的航班延误一个半小时，这完全在意料之中，也没有引起不满和懊恼。

（28）Освободившееся время она теперь уделяла престарелой матери и домашнему уюту. Строго соблюдала посты, *в чем* контролировала и мужа. (А. Снегирев)/空出来的时间她都用来陪伴年

---

① 参见 Грамматика русского языка. Т.2. Ч.2. М., Издательство Академии наук СССР, 1954, стр. 352-353; Грамматика современного русского литературного языка. М., Издательство «Наука», 1970, стр. 735; Русская грамматика. Т.2. М., Издательство «Наука», 1980, стр. 527-529; Валгина Н. С. Синтаксис современного русского языка. М., «Высшая школа», 1991, стр. 350-351; Современный русский язык, под редакцией В.А. Белошапковой. М., «Высшая школа», 1989, стр. 755; Современный русский литературный язык, под редакцией П.А. Леканта. М., АСТ-ПРЕСС, 2013, стр. 740-741.

② 关于这类句子的结构—语义描述，参见吴贻翼，《现代俄语复合句句法学》（第二版），北京大学出版社，2015 年，第 347 页。《80 年语法》认为接续从句可以位于主句之后、主句之前和主句之中，位于主句之前和之中时具有插入成分的特点，瓦尔金娜也指出接续从句位于句首的情况，这时候接续从句具有倒装的特点，参见 Русская грамматика. Т. 2. М., Издательство «Наука», 1980, стр. 529. Валгина Н. С. Синтаксис современного русского языка. М., «Высшая школа», 1991, стр. 352.

迈的母亲和营造家庭的舒适环境。她严格持斋，也监督丈夫这样做。

（29）– Вы с ним потанцевали и вместе ушли, насколько я знаю, *после чего* его никто больше не видел.（О. Гаврилина）/ "你们一起跳舞，然后一起离开了，据我所知，这件事之后再也没有任何人见过他。"

在这类句子中，关联词что所负载的语义含量相当于整个主句的信息内容。

对于连接词/关联词что来讲，用于说明从句是其最主要的句法功能，它在结构上与主句中的基础词（表示言语、思维、意愿、感情或感受、存在、评价等意义的词或词组）发生关系，在语义上补充说明这些词所叙述的内容①。如：（30）Ей казалось, *что* страх к этому человеку она носит в своей душе уже давно.（А. Чехов）/她觉得她灵魂里仿佛早就存在对这个人的畏惧似的。（31）Но она послушлива, она видит, *чего* от нее ждет отец.（А. Слаповский）/但她是很听话的，她知道，父亲在她身上期待着什么。

对比带"что"的接续从句和说明从句，可以发现：从主、从句的关系来看，说明从句和主句的关系是矛盾的，名义上的主句并不是"主要的"，而从句才是"必需的"，主句需要借助于从句来达到结构和语义的完整性；而对于接续从句来说，从句对于主句是可有可无的，主句在结构和语义上都具有完整性和独立性②。

接续结构的松散性进一步发展就会在表达形式上有所体现，如：

（32）Длинноволосых беспощадно выгоняют из школы. Очередная волна репрессий. *Что* и грозит Батору.（Геннадий Башкуев）/长头发的

---

① 参见吴贻翼，《现代俄语复合句句法学》（第二版），北京大学出版社，2015年，第156-157页。
② 参见 Русская грамматика. Т. 2. М., Издательство «Наука», 1980, стр. 528-529.

(孩子)被毫不留情地赶出了学校。这是新的一波镇压浪潮。它同样也威胁着巴特尔。句中句号的使用突破了句子的完整性,"主句之后的语调停顿和语气词'и'的使用凸显了从句的交际自足性。"①

2. 接续意义借助于почему, зачем, отчего等关联词来表达。例如:

(33) Водитель включил свет и в автобусе, *отчего* явилось какое-то праздничное настроение отдыха после трудов и бед. (Ф. Горенштейн) /司机把公交车里的灯打开了,由此营造了劳动和苦难之后欢快的心情。

(34) От всех остальных родичей своей крови она отличалась тем, что имела на лбу черную звезду, *почему* отец и назвал ее звездой. (Д. Мамин-Сибиряк) /她和所有其他的亲人不同,她的额头上有一颗黑色的星星,正因此父亲叫她"星星"。

这类关联词"以指代前面整个句子内容,把它当做从句的原因、结果、目的等等"②。有时句中还会出现加强语气词"и""вот"来强调所叙述的内容是对主句行为产生的原因、结果、目的等意义的补充③,如:(35) Во всяком случае, рассказ напишу, *зачем и* приехал сюда (А. Чехов) /无论如何都会把小说写完的,这就是我此行的目的。(36) Абсурд этого мы поняли давно, *почему и* хотели сократить свои арсеналы. (Д. Сафонов) /这件事的荒谬之处我们早就明白了,这就是我们想缩减军械库的原因。(37) Я боялся вызвать скуку, *вот отчего* эти рассказы такие короткие. (А. Битов) /我害怕读者会觉得枯燥,这就是

---

① Русская грамматика. Т.2. М., Издательство «Наука», 1980, стр. 528.
② 信德麟、张会森、华劭编,《俄语语法》,外语教学与研究出版社,1990年(2004年第12次印刷),第727页。
③ 参 见 Валгина Н.С. Синтаксис современного русского языка. М., «Высшая школа», 1991, стр. 351; Бабайцева В.В., Максимов Л.Ю. Современный русский язык. Ч. 3. М., Издательство «Просвещение», 1987, стр. 212.

这些小故事都很短小的原因。

需要注意的是：зачем, отчего, почему在说明从句中用作关联词是它们最主要的句法功能，如：(38) Женщина не сразу поняла, *зачем* Костя встал и пошел ... (В. Шукшин) / 这位女士没有立刻明白，科斯佳为什么站了起来并出去了……(39) Я знаю, *почему* ты плакала в учительской три дня назад. (А. Геласимов) / 我知道你为什么三天前在教师休息室哭了。这就要求在进行主从复合句分类和翻译时要特别考虑这类关联词的多功能性。

3. 接续意义借助于когда, где, откуда, куда, который等关联词来表达。关于这些关联词是否具有接续意义，学者们有不同的看法。《54年语法》认为关联词когда, как, где, откуда, куда（未包括который）具有接续意义，认为它们和主句中的某一个成分或某一组成分相对应①，但在《54年语法》中并没有对带有上述关联词表示接续意义的句子进行详细描述，《70年语法》②和《80年语法》都将其作为说明名词句中的扩展类型来进行论述，《80年语法》中提及此类关联词具有接续的特点，"由副词'где, куда, откуда'来连接的扩展关系不是必须的，它们具有自由接续的特点"③；别拉沙普科娃在对关联—扩展句的描写中只列举了带有关联词"как"的一个例句④；瓦尔金娜认为где, куда, откуда, когда等关联词以及连接词как只有在和紧随其后的"и"连接使用时，才具有接续功能⑤，如：

---

① Грамматика русского языка. Т. 2. Ч.2. М., Издательство Академии наук СССР, 1954, стр. 352.
② Грамматика современного русского литературного языка. М., Издательство «Наука», 1970, стр. 699-700.
③ Русская грамматика. Т. 2, Синтаксис. М., Издательство «Наука», 1980, стр. 527.
④ Современный русский язык, под редакцией В.А. Белошапковой. М., «Высшая школа», 1989, стр. 755.
⑤ Валгина Н.С. Синтаксис современного русского языка. М., Издательство «Высшая школа», 1991, стр. 351.

(40) Он возвратился домой ровно в пять часов, *когда и* должен был прийти.(Ф. Достоевский)/他在五点整回到了家，这正是他应该回来的时间。

定语句通常可以分为两个类型：限制句（ограничительные предложения）和扩展句（распространительные предложения）①。限制句也可以称为纯定语句，从结构而言，这类句子具有非分解结构的性质，是对主句中的基础词的扩展，是展词句；从语义而言，限制句是对主句中的名词或名词化词组的修饰和限定，被说明词具有语义的依附性②，如：(41) На том месте, *где* садилась тарелка, лежал ровный, нетронутый снег.(С. Козлов)/盘子落下的地方，覆盖着平整的、一尘不染的白雪。

而扩展句虽然在形式上说明和依附于主句中的名词或名词化的组合，但就其实质而言是与整个主句发生关系，因此这类句子在结构层面具有分解结构的性质，就语义而言，是对主句内容的补充和进一步说明，如：(42) В шестнадцатом веке картофель завезли в Европу, *откуда* он и попал в Россию, *где* началась его многострадальная история.(А. Азольский)/马铃薯在16世纪被运到欧洲，它又从那里来到了俄罗斯，由此开始了它跌宕起伏的故事。

---

① 吴贻翼教授还区分出纯定语句和扩展句之间的过渡类型，详见吴贻翼，《现代俄语复合句句法学》（第二版），北京大学出版社，2015年，第146-148页。
② 关于限制句和扩展句的结构语义特点，请详见吴贻翼，《现代俄语复合句句法学》（第二版），北京大学出版社，2015年，第118-120，133-135页；宁琦，试谈现代俄语中定语句扩展类型的特征——以 который 连接的定语句为例，《外语学刊》，1996年第2期，第17页。

由此可见，扩展句①和主句在结构和语义上都具有一定的独立性，并且由于扩展句是对主句中已知信息的说明，被扩展的经常是专有名词或特指名词，可以说，它也因此获得了接续意义，是对主句信息的补充和完善。因此，我们将这类句子也列为具有接续意义的主从复合句的类型，只是和上述两类典型结构比，它们在结构和语义层面都有所欠缺，可以列为边缘类型。具体例子如下：

（43）Женской прислуги он не держал из страха, чтобы о нем не думали дурно, а держал повара Афанасия, старика лет шестидесяти, нетрезвого и полоумного, *который* когда-то служил в денщиках и умел кое-как стряпать.（А. Чехов）/女仆他是不用的，因为担心别人会对他有不好的想法。他就雇了个六十岁上下的老头儿做厨师，名叫阿法纳西，傻头傻脑，总是喝得醉醺醺的，从前做过勤务兵，好歹会做一点菜；

（44）... После переселения нашего в коммунальные кущи Дом сделался некой дачей, *куда* родители отправляли меня к старикам на воскресенья, томительные календарные праздники и однообразные каникулы.（М. Палей）/我们搬到公用住房之后，这房子就变成了"某类别墅"，父母常派我去那里，去和老人们一起过周日、过难熬的日历上的节日和单调的假期。

（45）Сына же вскоре мобилизовали в армию, *откуда* попал он в войска МВД, а позже переведен был в надзиратели.（А. Солженицын）/

---

① 国内关于定语句中的限制型和扩展型讨论最多的是带有"который"的定语从句，学者们对这类从句的界定、划分标准、翻译等多个层面进行了探讨，详见吴贻翼，现代俄语中带который定语句的使用规范，《外语教学》，1993年第4期；宁琦，试谈现代俄语中定语句扩展类型的特征——以который连接的定语句为例，《外语学刊》，1996年第2期；徐邦俊，语言翻译中的事件分析——以带который限定句的主从复合句汉译为例，《俄语学习》，2014年第2期。

很快儿子被动员参了军，从那里又去了内务部队，后来又被调去作警监。

另外，扩展句具有语义自足性，这种自足性可以表现为：

1）从句变为独立的句子，而整个句子的语义内容不受影响，如：

(46) Побывав у мещанина и возвращаясь к себе домой, он встретил около почты знакомого полицейского надзирателя, *который* поздоровался и прошел с ним по улице несколько шагов и почему-то это показалось ему подозрительным. (А. Чехов) /他到小市民家里去了一趟，正走回家去，却在邮局附近遇见一个认识的警官，那人打了个招呼，跟他一起在街上走了几步，不知什么缘故，他觉得这件事可疑。句中的从句完全可以转化为单句：Побывав у мещанина и возвращаясь к себе домой, он встретил около почты знакомого полицейского надзирателя. *Этот надзиратель* поздоровался и прошел с ним по улице несколько шагов и почему-то это показалось ему подозрительным；再如前述例句：В шестнадцатом веке картофель завезли в Европу, откуда он и попал в Россию, где началась его многострадальная история. (А. Азольский) 这句话则可以变为三个单句：В шестнадцатом веке картофель завезли в Европу. *Оттуда* он и попал в Россию. *Там* началась его многострадальная история.

2）从句在表示扩展主句意义的同时也可以兼容其他关系，如兼容因果关系：(47) Он рад был случаю загладить вчерашнюю вину и помириться и в душе благодарил Хоботова, *который* даже не заикнулся о вчерашнем и, по-видимому, щадил его. (А. Чехов) /他暗自高兴，总算有个机会把昨天的错处弥补一下，从此和解了，就心里感激霍包托夫，昨天的事霍包托夫连提也没有提到，分明原谅他了。兼容时间关系：(48) Иные уезжали в близкие или далекие

города, *где* находили работу, поначалу писали, звонили, присылали к революционным праздникам открытки с поздравлениями. (В. Быков) /另一些人去了附近或遥远的城市，然后在那里找到了工作，起初还写信、打电话、寄来革命节的祝贺卡片。(主句和从句虽然都使用未完成体的过去时形式，但从句表示的是在主句行为之后发生的行为。)
兼容目的关系：(49) И только через много, много лет я его встретил в нашем городе на верхнем ярусе водного ресторана "Амра", *куда* я зашел выпить кофе. (Ф. Искандер) /过了很多年很多年之后，我在我们城里的水上餐厅"阿姆拉"的顶层看到了他，我当时去那里是喝咖啡。兼容让步关系：(50) Анна Федоровна про гипс услышала впервые и прониклась вдруг недобрым чувством к давно умершему отцу, *которого* в детстве горячо любила. (Л. Улицкая) /安娜·费奥多罗夫娜第一次听说关于石膏雕像的事，她突然对早就去世的父亲产生了不好的感觉，尽管小时候她是那么热烈地爱着爸爸。

对于俄语学习者来讲，从语法结构分析定语句并不难，难的是如何判定定语句的具体类型，因为在限制句和扩展句中使用的是同样的关联词，但其和主句的结构和语义联系却并不相同，很多情况并不能一刀切，这不但对学习者理解句意造成障碍，也为语言的翻译带来困难。

4. 其他表示主从关系的连接词也可以兼容接续意义，比如连接词 хотя, хоть, несмотря на то что 等可以兼容让步—接续意义，这时候从句位于主句之后，"从句是对主句所述内容的补充说明或者是修正"[①]，"从句扩展整个主句，强调单方面从属。这时所述重心在主句，从句

---

① Золинова Е. В. Присоединительно-уступительные конструкции в русском и английском языках (на материале публицистического стиля)//Вестник КГУ им. Н. А. Некрасова, 2008, № 2, стр. 103.

表示纯让步意义，往往伴有接续意味"①，如：(51) В конференции участвовали в основном мужчины, девяносто процентов собравшихся – качественные мужчины, интеллектуальные и обеспеченные. Было даже несколько красивых, *хотя* умный мужчина – красив всегда. (Т. Виктория)/来参加研讨会的主要是男士，百分之九十与会者是高端男士，既有学识，又有经济保障。这中间还有几位美男子，当然聪明的男士总是帅的。(作者借助于连接词хотя提出自己关于智慧和外貌的看法。) (52) Она приветствовала меня почтительно, как полагается, она опустила голову и пошла дальше. А я стоял и смотрел ей вслед, *хоть* это было и неприлично. (Г. Садулаев)/她按规矩毕恭毕敬地欢迎我，然后垂下头继续向前走了。而我站在那里一直目送着她，尽管这有点不礼貌。(作者借助于连接词хоть来对行为进行评价。)

从句的接续意义可以通过分割手段得到强化，比如：(53) Алексей Сотников и Леонид Курмышов оставались друзьями много лет. И продолжают ими оставаться. *Несмотря на то*, что сделал Леня. (А. Маринина)/阿列克谢·索特尼科夫和列昂尼德·库尔梅绍夫依旧做了多年的朋友，并且将继续把友谊保持下去，不受廖尼亚所作所为的影响。(54) Я усилием воли себя успокоила. Все-таки я врач. Не сделают они меня просто «больной». *Пусть* временно больная, но – врач. (И. Грекова)/我靠着意志力使自己安静下来。不管怎样，我是医生。他们不会只把我当作"病人"的，尽管是临时的病人，但我还是医生。(作者在借助于分割结构，不断修正自己产生的想法。)

---

① 吴贻翼，《现代俄语复合句句法学》(第二版)，北京大学出版社，2015年，第303页。

四、表示接续意义的无连接词复合句

提及无连接词(бессоюзие)这一概念,必然会联想起连接词(关联词),因此,在语言学界关于无连接词复合句的论述也多是根据与带有连接词(关联词)的并列复合句和主从复合句的对比而展开的。由于无连接词复合句本身的句法地位和分类在俄语学界尚未有定论①,《80年语法》甚至将无连接词复合句排除在复合句的范围之外,称之为"句子的无连接词组合(бессоюзные соединения предложений)②",所以,关于接续意义的无连接词复合句的论述便少之又少,且在已有的论述中也有不少互相矛盾之处。综合起来,关于接续意义的无连接词复合句大致有三种观点:

1)一些学者将接续类型(присоединительный тип)作为无连接词复合句的一个独立类型来论述,如《54年语法》详细分析了四类接续类型的无连接词复合句,并指出,"在接续类型的无连接词复合句中,第二部分的内容就其实质而言都和第一部分紧密相连,第一部分内容或者表示第二部分所言事情实现的外部环境或条件,或者告知某个事实的外部内容,而其实质或深层意义则在第二部分得到具体的揭示"③。巴巴

---

① 关于无连接词复合句的研究历史,参见 Грамматика русского языка. Т. 2. Ч.2. М., Издательство Академии наук СССР, 1954, стр. 382-403; Грамматика современного русского литературного языка. М., Издательство «Наука», 1970, стр. 736-738; Современный русский литературный язык, под редакцией П.А. Леканта. М., АСТ-ПРЕСС, 2013, стр. 743-746; Розенталь Д.Э. и др. Современный русский язык. М., Айрис-пресс, 2010, стр. 410-412; Бабайцева В.В. Синтаксис русского языка. М., Издательство «ФЛИНТА», издательство «Наука», 2015, стр. 506-510; 黄颖,《Бессоюзное сложное предложение в современном русском языке》,北京大学博士研究生学位论文,1998年。

② Русская грамматика. Т. 2. М., 1980, стр. 634-635.

③ Грамматика русского языка. Т.2. Ч.2. М., Издательство Академии наук СССР, 1954, стр. 401.

依采娃根据无连接词复合句的语义将句子分为七类,其中一类就是表示接续意义的无连接词复合句(сложные бессоюзные предложения с присоединительным значением)。关于这类接续意义,她讲道:句子的第二部分包涵着第一部分的补充信息或者是对第一部分内容的评价,她也提及在第二部分会出现诸如代词主语это, вот что, то等语法标志[①]。

2)另一些学者将接续类型作为无连接词复合句中的特殊类型,列卡恩特将无连接词复合句区分为等值句(равнозначные)和非等值句(неравнозначные),其中等值句表示列举、对比等关系,而非等值句最典型的关系是说明关系、条件关系、因果关系等[②]。接续类型在无连接词复合句体系中占据着特殊的位置,位于等值句和非等值句的中间环节。对于接续类型的无连接词复合句而言,其典型特点是具有补足性,句子的各个部分是独立的,具有完结的结构和语义。

3)还有一些学者并不将接续类型作为单独的一类无连接词复合句划分出来。在《70年语法》和别拉莎普科娃的《现代俄语》一书中,接续类型的句子是作为无连接词复合句带有复指成分句(предложения с анафорическим элементом)的一部分来进行描述的,即第二分句是带有复指成分的句子,也就是带有指示代词、人称代词以及语气词вот与关系代词的组合的句子,第二分句通常是补充的报道,表达扩展意义[③]。

---

① Бабайцева В.В. Синтаксис русского языка. М., Издательство «ФЛИНТА», Издательство «Наука», 2015, стр. 506-510.
② Современный русский литературный язык, под редакцией П.А. Леканта. М., АСТ-ПРЕСС, 2013, стр. 745.
③ Грамматика современного русского литературного языка. М., Издательство «Наука», 1970, стр. 737; Современный русский язык, под редакцией В.А. Белошапковой. М., «Высшая школа», 1989, стр. 767-768; 李勤、孟庆和,《俄语语法学》,上海外语教育出版社,2006年,第686页。

我国学者①关于接续类型的无连接词复合句的论述多沿袭第一类俄罗斯学者的观点，将接续类型作为独立的一类无连接词复合句划分出来，但分析讨论的多是带有это, вот что, такой等复指成分的结构。实际上，接续类型的无连接词复合句可以带有这些具有复指意义的词汇表达手段，也可以缺失这些手段，仅仅依靠句子的语义内容、句序、标点符号等其他手段来表达接续意义。下面对这两类接续类型的无连接词复合句进行具体分析。

1. 带有复指成分的接续类型，这类无连接词复合句的特点是第二部分含有对第一部分进行复指的诸如это, такой, так, таков, вот что等代词或副词成分，进而对第一部分内容进行补充说明或进行评价，两个部分间可以使用逗号、分号、冒号、破折号等。如：（55）Дед Иван делал по две шкатулки в неделю и продавал их на субботнем базаре, *на это* он и питался.（Л. Петрушевская）/伊万爷爷每周做两个音乐盒，然后在周六的集市上出售，他以此为生。（56）Пусть ваш сегодняшний день будет легким, радостным и пронизанным лучами солнечного света — *этого* вам желает популярная эстонская певица Гуна Тамас.（В. Пелевин）/愿您的今日轻松且愉快，充满阳光——这就是爱沙尼亚的歌手顾娜·塔玛斯对您的祝愿。（57）Не буду вам описывать состояние матери, *таково* было состояние всех матерей России.（А. Рыбаков）/我将不给您描述母亲的状况了，俄罗斯所有母亲的状况都是如此。

关于这类无连接词复合句在结构上的特点，胡孟浩指出："第二部分

---

① 参见吴贻翼，《现代俄语复合句句法学》（第二版），北京大学出版社，2015年，第396页；王福祥、吴汉樱，《现代俄语句法（复合句）》，人民教育出版社，1984年，第292页；胡孟浩，几种表示承接联系的无连接词复合句，《外语教育与俄语句法文集》，上海外语教育出版社，1985年，第98-106页；黄颖，《Бессоюзное сложное предложение в современном русском языке》，北京大学博士研究生学位论文，1998年。

带有总括第一部分内容的代词это, вот что, вот это或таков。……必须指出，这些代词的存在不但削弱了第二部分意义上的独立性，而且也削弱了这一部分结构上的独立性。"①

由于无连接词复合句缺乏形式的联系手段，两个分句的句法联系松散，很容易独立成句，例如：（58）Мы же в принципе государственники. *Таково* наше мировоззрение.（А. Андреев）/原则上我们还是坚持国家利益至上的人。我们的世界观如此。

2. 没有连接手段的接续类型，也正是由于连接词的缺省，无连接词复合句在结构上没有鲜明的特征，在语义上也往往具有模糊性和多义性，因此辨别无连接词复合句的接续类型较有难度，后一句通常包含有对前一句所述内容的进一步解释和说明等信息。如：

（59）В сорок лет（ты）меня в старуху превратил, на ходу разваливаюсь!（В. Добросоцкий）/我才四十岁，你就把我变成了老太婆，走着路我就能摔倒！

（60）В этот раз ему вспомнилась какая-то дрожь в голосе доктора – профессор был явно чем-то озабочен.（В. Добросоцкий）/这一次他回想起医生说话的声音有些颤抖——教授明显有些不安。

接续作为语义范畴具有普遍性，它体现在句法单位的各个层面，本部分只是探讨了复合句范围内接续意义的体现手段和表达方式。实际上，接续意义在简单句层面以及语篇（片段）层面都会获得表现形式。在简单句范围内，接续部分和插入成分、嵌入成分等语言现象既相互区别又紧密联系；在语篇（片段）范围内，接续部分和分割结构相交叉，形成特殊的具有表情色彩的表达手段。与此同时，作为语义范畴的接续还具有层次性，既有典型的核心表达手段，也有不典型的表达方法，形

---

① 胡孟浩，几种第二部分带有结构词汇的无连接词复合句，《外语教育与俄语句法文集》，上海外语教育出版社，1985年，第213页。

成一个多层级的整体。接续关系的复杂性和表达手段的丰富性也为俄语学习者和研究者带来一定的困扰,学会识别和运用接续关系的表达手段不仅有助于更好地理解俄语,同时也对俄译汉和汉译俄工作大有裨益。

结　语

　　语言现象是纷繁复杂的，虽然今天的语言学研究者试图从多角度对语言现象进行全面的分析和阐释，但对语言现象研究得越深入就越发现，语言现象之间实际上并没有坚实的壁垒，大到词汇和语法之间、词法和句法之间，小到词类内部和句子的分类都存在着众多的过渡交叉现象，这就为语言研究者和学习者带来一定的困扰。本书从过渡性理论视角切入，通过对词法和句法过渡现象的分析提出自己的思考：

　　1. 过渡现象具有开放性，其包括的语言现象庞杂，涵盖的内容广泛。本书只讨论了词法和句法中的几类引起争议最多，也是对我国的俄语学习者有一定难度的过渡类型，但这并不是过渡现象的全貌，需要对过渡现象给予持续的关注和研究。

　　2. 过渡现象是语言中的普遍现象，西方语言学的认知理论、词汇化理论、语法化理论与源于俄罗斯语言学土壤的过渡性理论在阐释语言现象时有异曲同工之处。因此，本书的分析方法对其他语言现象的研究也可以起到抛砖引玉的作用。

　　3. 共时过渡现象和历时过渡现象紧密相连，本书虽然主要是对语法中的共时过渡现象进行分析，但同时也关注历时现象，从共时和历时双角度同时对语言现象进行考察更有助于认清语言现象。并且，随着语言的缓慢变化，某些共时语言现象之间也会发生历时更替。可以说，今天的共时现象是以往历时变化的结果，同理，今天的共时现象随着语言的发展变化也可能会带来下一步的历时更替。

4.本书借助过渡率来阐释语法问题,这不但可以一目了然地分析俄语语法中的过渡现象,清晰地揭示其产生、变化的规律以及与其他语言现象的关系,还有助于直观地将语言现象之间的复杂关系展示给学生,帮助学生更加准确灵活地掌握俄语语法,从而优化和促进我国的俄语语法教学。本书将语言学研究和语言教学相结合,对我国的俄语教学有实践指导意义。

诚然,本书只是应用过渡性理论对语法中的某些过渡现象进行了分析和阐释,肯定会有分析得不够全面、透彻之处,恳请读者多多指正。

参考文献

1. Brinton L.J. & Traugott E. C., *Lexicalization and Language Change*. Cambridge: Cambridge University Press, 2005.
2. Croft W., Cruse D. A.,《认知语言学》(*Cognitive Linguistics*),北京大学出版社,2006年。
3. Hatch E. & Brown C., *Vocabulary, Semantics and Language Education*. Beijing: Foreign Language Teaching and Research Press, 2001.
4. Hopper P.J. & Traugott E.C., *Grammaticalization*. New York: Cambridge University Press, 2003.
5. Oswald J. L. Szemerenyi. *Introduction to Indo-European Linguistics*. Oxford: Clarendon Press, 1996.
6. Абдуллаев Х. Н. Валентные свойства отглагольных существительных в современном русском языке. Автореферат. Ташкент, 1987.
7. Андреева С. В., Кагдина Т.А. Явления нетипичности и синкретичности второстепенных членов предложения//Русский язык в школе, 2003, № 5.
8. Апресян В.Ю. Уступительность. Механизмы и взаимодействия сложных значений в языке. М., Издательство «Языки славянской культуры», 2015.
9. Аристотель. Сочинения в четырех томах. Т. 2. М., Издательство «Мысль», 1978.
10. Аристотель. Сочинения в четырех томах. Т. 4. М., Издательство «Мысль», 1983.
11. Арутюнова Н.Д. Бытийные предложения в русском языке//Известия

АН СССР. Серия литературы и языка, 1976, том 35, № 3.

12. Арутюнова Н.Д. Предложение и его смысл. Логико-семантические проблемы. М., Издательство «Наука», 1976.

13. Арутюнова Н.Д. Язык и мир человека. М., Издательство «Языки русской культуры», 1999.

14. Арутюнова Н.Д., Ширяев Е.Н. Русское предложение. Бытийный тип. М., Издательство «Русский язык», 1983.

15. Бабайцева В.В. Вводные, вставные и присоединенные компоненты// Русский язык в школе, 2011, № 7.

16. Бабайцева В.В. Зона синкретизма в системе частей речи современного русского языка//Филологические науки, 1983, № 5.

17. Бабайцева В.В. Избранное 1955-2005: Сборник научных и научно-методических статей. Москва/Ставрополь, Издательство СГУ, 2005.

18. Бабайцева В.В. Место переходных явлений в системе языка (на материале частей речи)//Переходность и синкретизм в языке и речи (Межвузовский сборник научных трудов). М., 1991.

19. Бабайцева В.В. Переходные конструкции в синтаксисе. Автореферат. Л., 1969.

20. Бабайцева В.В. Русский язык. Теория. 5-9 классы. М., Издательский дом «Дрофа», 1997.

21. Бабайцева В.В. Синкретизм парцеллированных и присоединенных субстантивных фрагментов текста//Филологические науки, 1997, № 4.

22. Бабайцева В.В. Синтаксис русского языка. М., Издательство «Флинта», Издательство «Наука», 2015.

23. Бабайцева В.В. Синтаксический статус присоединенных компонентов// Русский язык в школе, 2011, № 5.

24. Бабайцева В.В. Система односоставных предложений в современном русском языке. М., «Дрофа», 2004.

25. Бабайцева В.В. Система членов предложения в современном русском

языке. М., Издательство «Флинта», издательство «Наука», 2011.

26. Бабайцева В.В. Явления переходности в грамматике русского языка. М., «Дрофа», 2000.
27. Бабайцева В.В., Инфантова Г.Г. и др. Современный русский язык. Синтаксис. Ростов-на-Дону, Издательство «Феникс», 1997.
28. Бабайцева В.В., Максимов Л.Ю. Современный русский язык. Ч. 3. М., Издательство «Просвещение», 1987.
29. Беднарская Л.Д. Синтаксис. Простое предложение. Сложное предложение. Теория. Практика. Орел, Изд-во ОГУ имени И. С. Тургенева, 2020.
30. Березин Ф. М. История русского языкознания. М., Высшая школа, 1979.
31. Богданов С. И., Смирнов, Ю.Б. Переходность в системе частей речи. Субстантивация. СПб., Филол. Фак-т СПбГУ, 2004.
32. Божок И.А. Эллиптические предложения в современном русском языке. М., 1989.
33. Большой энциклопедический словарь. Языкознание. М., Большая Российская энциклопедия, 1998.
34. Бондарко А. В. Основы функциональной грамматики: Языковая интерпретация идеи времени. СПб.: Издательство СПбГУ, 1999.
35. Бондарко А. В. Функциональная грамматика. Л., «Наука», Ленинградское отделение, 1984.
36. Бондарко А.В. О структуре грамматических категорий (отношения оппозиции и неоппозитивного различия) //Вопросы языкознания, 1981, №6.
37. Бондарко А.В. Принципы функциональной грамматики и вопросы аспектологии. М., Эдиториал УРСС, 2001.
38. Буланин Л.Л. Трудные вопросы морфологии. М., «Просвещение», 1976.
39. Валгина Н.С. Синтаксис современного русского языка. М., «Высшая

школа», 1991.

40. Виноградов А. А. Структура и функции присоединительных конструкций в современном русском литературном языке. КД, Ужгород, 1984.
41. Виноградов В.В. Основные типы лексических значений слова//Вопросы языкознания, 1953, № 5.
42. Виноградов В.В. Основные вопросы синтаксиса предложения//Исследования по русской грамматике. М., 1975.
43. Виноградов В.В. Русский язык. Грамматическое учение о слове. Москва-Ленинград, Учпедгиз, 1947.
44. Виноградов В.В. Стиль «Пиковой дамы»//Избранные труды: о языке художественной прозы. М., «Наука», 1980.
45. Володина Г. И. Выражение факта наличия безглагольными предложениями//Проблемы учебника русского языка как иностранного. Синтаксис. М.,1980.
46. Востоков А.Х. Русская грамматика Александра Востокова, по начертанию его же Сокращенной грамматики, полнее изложенная. Санкт-Петербург, 1831.
47. Всеволодова М.В. К вопросу о методологиях и методиках лингвистического анализа (на примере категорий пространственных, временных и причинных отношениях) (Статья первая)//Вестник Московского университета, 2005, серия 9. филология.
48. Глухих В. М. Инфинитив как член предложения//Русский язык в школе, 2002, №4.
49. Глухих В.М. О некоторых трудностях в разборе сложных предложений//Русский язык в школе, 2004, №3.
50. Грамматика русского языка. Т. 1. М., Издательство Академии наук СССР, 1953.
51. Грамматика русского языка. Т.2. Ч.1-2. М., Издательство Академии наук СССР, 1954.

52. Грамматика современного русского литературного языка. М., Издательство «Наука», 1970.
53. Греч Н. Чтения о русском языке. Т. 2. СПб, 1840.
54. Девятова Н.М. О соотношении придаточных определительных предложений и причастных оборотов//Русский язык в школе, 2013, №10.
55. Девятова Н.М. Одиночное деепричастие и проблемы его обособления в русском языке//Русский язык в школе, 2012, № 2.
56. Долженко Н.Г. Значение лица в предложениях с отглагольными существительными//Русский язык в школе, 2005, №6.
57. Дускаева Л.Р. Диалогическая природа газетных речевых жанров. Санкт-Петербург, 2012.
58. Дускаева Л.Р. Композиционно-стилистическая вариативность публицистической статьи: о соотношении литературных и речевых жанров в журналистском дискурсе//Медиалингвистика, 2015, № 1.
59. Жирмунский В.М. О границах слова//Вопросы языкознания, 1961, № 3.
60. Земская Е.А. Русская разговорная речь: лингвистический анализ и проблемы обучения. М., Издательство «Флинта», Издательство «Наука», 2011.
61. Золинова Е. В. Присоединительно-уступительные конструкции в русском и английском языках (на материале публицистического стиля)//Вестник КГУ им. Н. А. Некрасова, 2008, № 2.
62. Золотова Г.А. и др. Коммуникативная грамматика русского языка, М., Филол. фак. МГУ им. М. В. Ломоносова, 1998.
63. Золотова Г.А. Коммуникативные аспекты русского синтаксиса. М., КомКнига, 2010.
64. Золотова Г.А. О видо-временных значениях имен существительных// Филологические науки, 2006, №5.
65. Иванов В.В., Потиха З.А. Исторический комментарий к занятиям по

русскому языку в средней школе. М., «Просвещение», 1985.

66. Камынина А.А. О формально-синтаксических признаках полупредикативных конструкций в русском языке// Синтаксис современного русского языка. Хрестоматия и учебные задания. СПб., Факультет филологии и искусств СПбГУ., 2009.

67. Касаткин Л.Л. и др. Краткий справочник по современному русскому языку. М., Издательство «Высшая школа», 1995.

68. Кокорина С.И. Структурно-семантическая типология конструкций с глаголом «быть»//Преподавание русского языка студентам и специалистам нефилологического профиля. М., 1978.

69. Копотев М.В., Стексова, Т.И. Исключение как правило: Переходные единицы в грамматике и словаре. М., Языки славянской культуры: Рукописные памятники Древней Руси, 2016.

70. Крылова О.А., Максимов Л.Ю., Ширяев Е.Н. Современный русский язык: Теоретический курс. Синтаксис. Пунктуация. М., Издательство РУДН, 1997.

71. Крючков С. Е. О присоединительных связях в современном русском языке//Вопросы синтаксиса современного русского языка, М., Учпедгиз, 1950.

72. Кубрякова Е.С. Язык и знание: На пути получения знаний о языке: Части речи с когнитивной точки зрения. Роль языка в познании мира. М., Языки славянской культуры. 2004.

73. Курилович Е. Очерки по лингвистике. М., Издательство иностранной литературы, 1962.

74. Лао Шэ. Избранные произведения. М., 1991.

75. Лаптева О.А. Русский разговорный синтаксис. М., Книжный дом «ЛИБРОКОМ», 2013.

76. Ломоносов М.В. Полное собрание сочинений. Т. 7. Труды по филологии. 1739-1758 гг. Москва-Ленинград, Издательство Академии наук СССР, 1952.

77. Лукин М. Ф. О степенях сравнения причастий, перешедших в прилагательные//Русский язык в школе, 1958, № 4.
78. Лукин О.В. Части речи в античной науке (логика, риторика, грамматика) // Вопросы языкознания, 1999, № 1.
79. Мейеров В. Ф. Инфинитив, его семантика и структура//Филологические науки, 1985, № 3.
80. Мещанинов И.И. Члены предложения и части речи. Л., «Наука», Ленинградское отделение, 1978.
81. Ожегов С.И., Шведова Н.Ю. Толковый словарь русского языка. 4-е издание, дополненное. М., 1999.
82. Палевская, М. Ф. Омонимия как следствие лексикализации отдельных грамматических форм и перехода слов из одной части речи в другую//Русский язык в школе, 1960, № 3.
83. Переходность в системе сложного предложения современного русского языка. Издательство Казанского университета, 1982.
84. Петерсон М.Н. О частях речи в русском языке// Вопросы грамматического строя. М., Издательство Академии наук СССР, 1955.
85. Петрова М.С. Учебные тексты и грамматическая наука на рубеже античности и средневековья// Диалог со временем. М., 2015, № 51.
86. Пешковский А. М. Русский синтаксис в научном освещении. М., Учпедгиз, 1956.
87. Политова И. Н. Переходность в системе подчинительных словосочетаний в современном русском языке. Коломна, Коломенский государственный педагогический институт, 2008.
88. Попова Л. А. Грамматика Лаврентия Зизания//Омский научный вестник, 2006, № 9.
89. Поспелов Н.С. О некоторых закономерностях в развитии структурных типов сложноподчиненного предложения в русском литературном языке XIX века//Вопросы языкознания, 1961, № 6.
90. Потебня А.А. Из записок по русской грамматике. Т. 1-2. М., Учпедгиз,

1958.

91. Потебня А. А. Из записок по русской грамматике. Т.4. Глагол. Местоимение. Числительное. Предлог. Москва-Ленинград, Издательство Академии наук СССР, 1941.

92. Прияткина А.Ф. Русский язык: Синтаксис осложненного предложения. М., «Высшая школа», 1990.

93. Розенталь Д.Э. и др. Современный русский язык. М., Айрис-пресс, 2010.

94. Русская грамматика. Т. 1-2. М., Издательство «Наука», 1980.

95. Русский язык. Морфология, под ред. Г.Г. Инфантовой. М., Академический проект, 2010.

96. Русский язык. Школьный энциклопедический словарь. Санкт-Петербург, Санкт-Петербургский государственный университет, 2013.

97. Сай С.С. Действительное причастие. Материалы для проекта корпусного описания русской грамматики (http://rusgram.ru). На правах рукописи. М., 2014.

98. Сай С.С. Причастие. Материалы для проекта корпусного описания русской грамматики (http://rusgram.ru). На правах рукописи. М., 2011.

99. Самарин Д.А. «Грамматика» Мелетия Смотрицкого как предтеча русских лингвистических концепций XVIII-XIX веков// Вестник Череповецкого государственного университета, 2017, № 5.

100. Севрюгина Е.В. Присоединение и лексический повтор в русском языке//Русский язык в школе, 2013, № 9.

101. Селиверстова О.Н. Семантический анализ предикативных притяжательных конструкций с глаголом Быть//Вопросы языкознания, 1973, №.5.

102. Селиверстова О.Н. Труды по семантике. М., Языки славянской культуры, 2004.

103. Сидорова Е.Г. Присоединительные конструкции в системе современного русского языка//Вестник Волгоградского государственного университета. Сер. 2, Языкознание. 2012, №2.
104. Сичинава Д.В. Части речи. Материалы для проекта корпусного описания русской грамматики. На правах рукописи. Москва, 2011. (http://rusgram. ru.)
105. Смирнова Е.В. Окказиональные субстантиваты: структура, семантика, функционирование. Тюмень, Тюменский государственный университет, 2007.
106. Соболевский С. И. Грамматика латинского языка. Часть первая (теоретическая). Морфология и синтаксис. М., 1950.
107. Современный русский литературный язык, под редакцией П.А. Леканта. М., АСТ-ПРЕСС, 2013.
108 Виноградова Е.Н. Грамматикализация в русском языке: от формы существительного к предлогу// Вопросы языкознания, 2016, № 1.
109. Современный русский язык, под редакцией В.А. Белошапковой. М., «Высшая школа», 1989.
110. Современный русский язык. Синтаксис. М., Издательство Московского университета, 1957.
111. Солганик Г. А. Синтаксическая стилистика (сложное синтаксическое целое). М., «Высшая школа», 1991.
112. Старославянский словарь (по рукописям x-xi веков), под редакцией Р. М. Цейтлин, Р. Вечерки и Э. Благовой. М., «Русский язык», 1994.
113. Супрун А. Е. Части речи в русском языке. М., Издательство «Просвещение», 1971.
114 Теория функциональной грамматики: Введение. Аспектуальность. Временная локализованность. Таксис. Л., Издательство «Наука», 1987.
115. Теория функциональной грамматики: Темпоральность. Модальность. Л., Издательство «Наука», 1990.

116. Теория функциональной грамматики: Локативность. Бытийность. Посессивность. Обусловленность. СПб., «Наука», 1996.

117. Тухватулина С. И. Предложения типа Кататься весело и Весело кататься с точки зрения смысловой и интонационной целостности// Русский язык в школе, 2014, №1.

118. Федоров А. К. О синкретизме придаточных предложений в современном русском языке//Русский язык в школе, 2006, №4.

119. Федосюк М.Ю. Зачем нужна неопределенная форма глагола// Русский язык в школе, 2013, №4.

120. Фомина М.И. Современный русский язык. Лексикология. М., «Высшая школа», 1990.

121. Фортунатов Ф.Ф. Избранные труды. Т. 1. М., Учпедгиз, 1956.

122. Хрестоматия по истории русского языкознания, под редакцией Ф.П. Филина. М., «Высшая школа», 1973.

123 Цзяхуа Чжан. Аспектуальные семантические компоненты в значении имен существительных в русском языке//Вопросы языкознания, 2007, № 1.

124. Черкасова Е. Т. Переход полнозначных слов в предлоги. М., Издательство «Наука», 1967.

125. Чеснокова Л.Д., Печникова В. С. Современный русский язык. Морфология. Ростов-на-Дону, «Феникс», 1997.

126. Чуглов В. И. Категория залога и времени у русских причастий// Вопросы языкознания, 1990, №3.

127 Чуглов В.И. Осложненное предложение: полупредикативные и пояснительные конструкции в современном русском литературном языке: структурно-семантический аспект. Автореферат ДД. Ярославль, 2012.

128. Чуглов В.И. Причастный, деепричастный и другие обороты в составе предложения//Русский язык в школе, 2013, № 10.

129. Чупашева О. М. Деепричастие в односоставном предложении//

Русский язык в школе, 2000, №3.

130. Чупашева О. М. О полупредикативности деепричастий// Филологические науки, 2006, №4.
131. Чупашева О.М. Почему деепричастие – глагол//Русский язык в школе, 2011, №5.
132. Чупашева О.М. Грамматика русского деепричастия. Автореферат ДД. М., 2010.
133. Шанский Н.М., Тихонов А.Н. Современный усский язык. В 3 частях. Часть 2. Словообразование. Морфология. М., «Просвещение», 1987.
134. Шатуновский И.Б. Предложения наличия vs. бытийные и локативные предложения в русском языке//Логический анализ языка. Языки пространств. М., «Языки русской культуры», 2000.
135. Шахматов А.А. Очерк современного русского литературного языка. М., Учпедгиз, 1941.
136. Шахматов А.А. Синтаксис русского языка. М., Эдиториал УРСС, 2001.
137. Шумарин С.И. Синкретизм синтаксических конструкций с сочетаниями типа неизвестно кто (что, где и т.п.)//Исследование языковых единиц в их динамике и взаимодействии. Москва-Уфа, 2000.
138. Щерба Л. В. Избранные работы по русскому языку. М., Учпедгиз, 1957.
139. Щерба Л. В. Некоторые выводы из моих диалектологических лужицких наблюдений//Избранные работы по языкознанию и фонетике. Т. 1. Л., ЛГУ, 1958.
140. Янко Т. Е. Бытование или обладание: конструкции с глаголом быть// Логический анализ языка. Языки пространств. М., «Языки русской культуры», 2000.
141. Сюй Инь. К характеристике ранней лингводидактической традиции: представление о частях речи в первых учебных пособиях по церковнославянскому языку//Слово. Грамматика. Речь: Материалы VI Международной научно-практической конференции «Текст: проблемы и перспективы. Аспекты изучения в целях преподавания

РКИ»: Москва, фил-фак МГУ имени М.В. Ломоносова, 26-28 ноября 2015 г., М.: МАКС Пресс, 2015, Выпуск XVI.

142. 《大俄汉词典》，黑龙江大学俄语系词典编辑室编，商务印书馆，1985年。
143. 《大学俄语（东方）》（新版）第1册，外语教学与研究出版社，2008年。
144. 《大学俄语（东方）》（新版）第2册，外语教学与研究出版社，2010年。
145. 《大学俄语（东方）》（新版）第4册，外语教学与研究出版社，2010年。
146. 《朗文当代高级英语辞典》，外语教学与研究出版社，2009年。
147. 鲍红，如何正确看待俄语中的分割现象和接续现象，《外语与外语教学》，1998年第11期。
148. 蔡捷，《过渡性理论视角下俄语形动词和副动词分析》，北京大学硕士研究生学位论文，2014年。
149. 曹越明，关于并列/主从复合句中过渡现象的成因，《中国俄语教学》，2015年第2期。
150. 陈国亭，主从？并列？——谈某些复合句形式和语义分离的现象，《中国俄语教学》，1988年第2期。
151. 陈勇，词类理论的历史流变，《解放军外国语学院学报》，2002年第5期。
152. 褚敏，《当代俄语现状研究》，北京大学出版社，2016年。
153. 邓滢，俄语功能语义场和意义系统理论对教学的启示——兼评俄语功能—交际语法的教学观，《外语教学》，2010年第4期。
154. 丁志丛，关系标记对汉语有标转折复句使用频率的影响，《汉语学报》，2013年第3期。
155. 董秀芳，《词汇化：汉语双音词的衍生和发展》（修订本），商务印书馆，2011年。
156. 杜桂枝，简述А.В. Бондарко的功能语义场理论，《外语学刊》，2000年第2期。
157. 杜桂枝，《现代俄语句法学》，北京大学出版社，2019年。
158. 段世骥，用作次要谓语的俄语副动词，《俄语句法论文集》，商务印书馆，1980a。

159. 段世骥，作方式状语的副动词，《俄语句法论文集》，商务印书馆，1980b。
160. 范文芳，名词化隐喻的语篇衔接功能，《外语研究》，1999年第1期。
161. 龚千炎，现代汉语的时间系统，《世界汉语教学》，1994年第1期。
162. 郭锐，《现代汉语词类研究》，商务印书馆，2002年。
163. 郭淑芬，俄语描写述谓的基本类型及其功能语体特点，《中国俄语教学》，2007年第4期。
164. 郭淑芬，俄语领属关系述体模型句及其教学策略，《中国俄语教学》，2010年第1期。
165. 胡孟浩，现代俄语中几种由复合句转化为简单句的句型，《外语教学与研究》，1962年第2期。
166. 胡孟浩，《外语教育与俄语句法文集》，上海外语教育出版社，1985年。
167. 胡壮麟，语法化研究的若干问题，《现代外语》，2003年第1期。
168. 华劭，《现代俄语语法新编》（下册），商务印书馆，1979年。
169. 华劭，名词的指称和语用，《外语学刊》，1995年第4期。
170. 黄新峰，俄语同音词略论，《俄语学习》，2010年第4期。
171. 黄颖，《新编俄语语法》，外语教学与研究出版社，2008年。
172. 黄颖，《Бессоюзное сложное предложение в современном русском языке》，北京大学博士研究生学位论文，1998年。
173. 季小军，《俄语简单句的半述谓性研究》，上海外国语大学硕士学位论文，2006年。
174. 江鹏，并列复合句和主从复合句间构中间性句子，《外语研究》，1989年第2期。
175. 姜宏，关于俄语句子独立成分问题的思考，《中国俄语教学》，2002年第4期。
176. 姜宏，俄汉时间范畴的语义系统对比研究，《中国俄语教学》，2012年第2期。
177. 姜宏、许汉成，俄罗斯功能语法理论与系统功能语言学的基本学理对比，《外语研究》，2018年第4期。

178. 金克木，谈"天"，《读书》，1989年第12期。
179. 郎曼，语篇微观连贯的认知研究——命题之间的语义联系分析，《解放军外国语学院学报》，2012年第3期。
180. 雷洪霞，试论俄语中的实词虚化，《中国俄语教学》，2009年第4期。
181. 雷容、郭熙煌，英汉语可让渡及不可让渡领属结构的认知解释，《湖北大学学报》（哲学社会科学版），2015年第6期。
182. 李丽娟，《俄语句子中的半述谓性及其在汉译俄时的体现》，北京大学硕士研究生学位论文，2001年。
183. 李勤，论句子语义中的命题，《燕山大学学报》（哲学社会科学版），2006年第1期。
184. 李勤、孟庆和，《俄语语法学》，上海外语教育出版社，2006年。
185. 李向东、杨秀杰、陈戈，《当代俄罗斯语言与文化研究》，北京大学出版社，2015年。
186. 李旭平，汉语"有"字句和存在命题，《当代语言学》，2020年第2期。
187. 李莹莹，《过渡性理论观照下的俄语口语溶合结构研究》，北京大学硕士研究生学位论文，2011年。
188. 刘丹青，"有"字领有句的语义倾向和信息结构，《中国语文》，2011年第2期。
189. 刘坚、曹广顺、吴福祥，论诱发汉语词汇语法化的若干因素，《中国语文》，1995年第3期。
190. 刘同英，俄语词类的实质及其划分——介绍《80年语法》有关词类部分的论述，《中国俄语教学》，1988年第3期。
191. 刘长春，特种类型简化复句初探，《中国俄语教学》，1985年第2期。
192. 罗耀华，《副词化、词汇化与语法化——语气副词探微》，华中师范大学出版社，2015年。
193. 吕凡等编，《俄语修辞学》，外语教学与研究出版社，1988年。
194. 吕叔湘、朱德熙，《语法修辞讲话》，商务印书馆，2013年。
195. 苗力田主编，《亚里士多德全集》（第一卷），中国人民大学出版社，1990年。

196. 倪波、顾柏林，《俄语语义学》，上海外语教育出版社，1995年。
197. 宁琦，试谈现代俄语中定语句扩展类型的特征——以который连接的定语句为例，《外语学刊》，1996年第2期。
198. 彭玉海，预设的语义描写功能，《中国俄语教学》，2001年第4期。
199. 齐光先，现代俄语中的次要主语，《外语教学与研究》，1980年第1期。
200. 齐光先，现代俄语中的错合现象（下），《中国俄语教学》，1985年第5期。
201. 齐光先，现代俄语中简单句和复合句的界限，《外语研究》，1990年第1期。
202. 清华大学俄文教研组，《俄语语法手册》（上册），商务印书馆，1958年。
203. 曲志坚，连接词и, а, но在并列复合句中的使用以及它们之间的代换，《外语学刊》，1991年第6期。
204. 邵欣，关于完成体副动词的一个用法，《中国俄语教学》，1985年第6期。
205. 沈家煊，"语法化"研究综观，《外语教学与研究》，1994年第4期。
206. 沈家煊，《名词与动词》，商务印书馆，2016年。
207. 沈家煊，实词虚化的机制——《演化而来的语法》评介，王寅、赵永峰主编《认知语言学著作述评》，北京，高等教育出版社，2010年。
208. 沈家煊，转指和转喻，《现代汉语语法的功能、语用、认知研究》，商务印书馆，2005年。
209. 沈阳，领属范畴及领属性名词短语的句法作用，《北京大学学报》，1995年第5期。
210. 石毓智，《语法化理论——基于汉语发展的历史》，上海外语教育出版社，2011年。
211. 石毓智、李讷，《汉语语法化的历程——形态句法发展的动因和机制》，北京大学出版社，2001年。
212. 史铁强、安利，《语篇语言学概论》，外语教学与研究出版社，2012年。
213. 孙汝林，俄语动词独立不定式的结构功能，《外语教学》，1982第3期。

214. 孙淑芳，言语行为理论中若干术语的阐释，《外语学刊》，2002年第3期。
215. 孙夏南，论俄语词类转化——兼评Виноградов的构词法观，《中国俄语教学》，1996年第4期。
216. 孙夏南，现代俄语口语中的溶合结构句，《外语学刊》，1988年第1期。
217. 孙夏南，《俄语口语语法》，上海译文出版社，1989年。
218. 陶源，论俄语复合句分类中的模糊现象，《山东外语教学》，2006年第1期。
219. 陶源，从俄语词的过渡现象谈某些"词类外词"的归属问题，《山东外语教学》，2004年第4期。
220. 王灿龙，词汇化二例——兼谈词汇化和语法化的关系，《当代语言学》，2005年第3期。
221. 王冬梅，动名互转的不对称现象及成因，《现代汉语语法的功能、语用、认知研究》，商务印书馆，2005年。
222. 王福祥、吴汉樱，《现代俄语句法（复合句）》，人民教育出版社，1984年。
223. 王福祥，《现代俄语口语学概论》，外语教育与研究出版社，2001年。
224. 王立刚，试论俄语连接词и的语义，《外语学刊》，2004年第5期。
225. 王铭玉，二十一世纪语言学的八大发展趋势（中），《解放军外国语学院学报》，1999年第5期。
226. 王铭玉、于鑫，俄罗斯功能语法探析，《现代外语》，2005年第4期。
227. 王铭玉、于鑫，佐洛托娃的句子模型理论，《外语教学》，2009年第1期。
228. 王彤，俄、汉语时间范畴多视角对比研究，黑龙江大学博士学位论文，2005年。
229. 王辛夷，俄语文艺语篇中嵌入结构的表情性功能及其表达方式，《中国俄语教学》，2017年第3期。
230. 王寅，《认知语言学》，上海外语教育出版社，2007年。
231. 王寅、赵永峰，《认知语言学著作述评》，高等教育出版社，2010年。
232. 吴梅，《俄汉语句子中过渡现象对比研究》，上海外国语大学博士学位论文，2009年。
233. 吴福祥，《汉语语法化研究》，商务印书馆，2005年。
234. 吴君，《现代俄语口语复合句》，外语教学与研究出版社，2003年。
235. 吴君，《现代俄语口语溶合结构》，外语教学与研究出版社，2001年。
236. 吴贻翼，《现代俄语复合句句法学》（第二版），北京大学出版社，2015年。
237. 吴贻翼，《现代俄语功能语法概要》，北京大学出版社，1991年。
238. 吴贻翼，《现代俄语句法学》，北京大学出版社，1988年。
239. 吴贻翼，复合句的语义，《外语研究》，1994年第1期。
240. 吴贻翼，试谈俄语句子/表述的述谓性，《中国俄语教学》，1997年第2期。
241. 吴贻翼，现代俄语句法研究中的某些重要倾向，《外语学刊》，1988年第3期。
242. 吴贻翼，现代俄语中副动词的使用及其规范，《外语学刊》，1983年第1期。
243. 吴贻翼，现代俄语中带который定语句的使用规范，《外语教学》，1993年第4期。
244. 吴贻翼，现代俄语中的提位—复指结构，《山东外语教学》，1985年第2期。
245. 吴贻翼，再谈现代俄语中的无动词句，《中国俄语教学》，2000年第2期。
246. 吴贻翼、雷秀英、王辛夷、李玮，《现代俄语语篇语法学》，商务印书馆，2003年。
247. 伍铁平，俄语独立语、加确语、接续语的新分类法，《外语教学与研究》，1962年第4期。
248. 信德麟、张会森、华劭，《俄语语法》，外语教学与研究出版社，1990年（2004年第12次印刷）。
249. 徐邦俊，语言翻译中的事件分析——以带который限定句的主从复合句汉译为例，《俄语学习》，2014年第2期。
250. 徐来娣，试论俄语成语的固定性和变体性，《中国俄语教学》，2004年第2期。

251. 徐通锵，《语言学是什么》，北京大学出版社，2007年。
252. 徐通锵，《语言论——语义型语言的结构原理和研究方法》，商务印书馆，2014年。
253. 许崇信，论俄语语法中的过渡现象，《福建师范学院学报》，1959年第2期。
254. 许凤才，不定式的主观情态意义及与汉语的对比，《中国俄语教学》，2003年第2期。
255. 许贤绪，关于几种连接手段的质疑，《中国俄语教学》，1993年第4期。
256. 薛恩奎，现代俄语动词时间范畴的语义描述，《解放军外国语学院学报》，2000年第2期。
257. 薛恩奎，语言中的时间系统与时间定位，《外语学刊》，2006年第1期。
258. 于鑫，俄语动名词的句法语义分析，《外语研究》，2004年第1期。
259. 于鑫，试析俄语构词中的名词化现象，《中国俄语教学》，2007年第2期。
260. 袁毓林等，"有"字句的情景语义分析，《世界汉语教学》，2009年第3期。
261. 张崇实，论形动词的时间意义——兼论其特征意义，《外语与外语教学》，2000年第4期。
262. 张崇实，试论现代俄语中的紧缩结构，《外语学刊》，1986年第1期。
263. 张崇实，俄语中具有双向联系的句子成分，《外语与外语教学》，1998年第12期。
264. 张道真，《实用英语语法》，外语教学与研究出版社，2002年。
265. 张会森，《当代俄语语法》，商务印书馆，2010年。
266. 张会森，《现代俄语语法新编》（上册），商务印书馆，1979年。
267. 张会森，俄汉对比中的复（合）句问题，《外语学刊》，2000年第1期。
268. 张惠芹、Т.Г. Добросклонская，俄罗斯传媒语言学研究状况与发展趋势，《中国俄语教学》，2015年第1期。
269. 张家骅，《新时代俄语通论》（上、下册），商务印书馆，2006年。
270. 张健军，关联论视角下的转折复句反预期表达现象分析，《世界汉语教学》，2013年第4期。

271. 张威武，俄语句子的接续成分，《华中师范大学学报》（哲学社会科学版），1978年第3期。

272. 张志军，俄汉语体貌、时貌及时序的范畴结构对比，《外语学刊》，2000年第1期。

273. 赵国栋，У кого X 与 У кого есть X对比，《外语学刊》，2004年第6期。

274. 赵爱国，俄罗斯语言学传统中的方法论特质，《俄罗斯研究》，2016年第4期。

275. 赵爱国主编，《20世纪俄罗斯语言学遗产：理论、方法及流派》，北京大学出版社，2012年。

276. 郅友昌主编，《俄罗斯语言学通史》，上海外语教育出版社，2009年。

277. 钟锡华主编，略谈俄语中的谓语副词，《中国俄语教学》，1983年第1期。

278. 周春祥，俄语不定式句的情态意义，《外语学刊》，1988年第2期。

279. 周春祥，谈俄语动词不定式的独立用法，《外语教学与研究》，1982年第2期。

280. 周春祥等，《俄语实用语法》，上海译文出版社，2003年。

281. 周瑞敏，语法过渡现象研究，《中国俄语教学》，2013年第2期。

282. 朱德熙，《语法讲义》，商务印书馆，1982年。

283. 朱德熙，现代书面汉语里的虚化动词和名动词——为第一届国际汉语教学讨论会而作，《北京大学学报》（哲学社会科学版），1985年第5期。

284. 朱永生，名词化、动词化与语法隐喻，《外语教学与研究》，2006年第2期。

285. 劳蕾尔·J. 布林顿、伊丽莎白·克洛斯·特劳戈特，《词汇化与语言演变》，罗耀华等译，商务印书馆，2013年。

286. 约瑟夫·房德里耶斯，《语言》，岑麒祥、叶蜚声译，商务印书馆，2012年。

287. 苏联国立莫斯科大学，《现代俄语形态学》，商务印书馆，1959年。

288. 索尔加尼克，《俄语句法修辞学——复杂的句法整体》，顾霞君译，上海外语教育出版社，1989年。

289 列夫·托尔斯泰,《安娜·卡列尼娜(上、下)》,乔振绪译,北京少年儿童出版社,2015年。

290. 谢尔巴,《论俄语词类》,宋南天等译,时代出版社,1957年。

291. 亚里士多德,《诗学》,陈中梅译注,商务印书馆,1996年。

292. 奥托·叶斯柏森,《语法哲学》,何勇等译,商务印书馆,2010年。